Brinkschulte / Gerlach / Heise
Freikaufgewinr'

Wolfgang Brinkschulte
Hans Jörgen Gerlach
Thomas Heise

Freikaufgewinnler

Die Mitverdiener im
Westen

Ullstein

Ullstein Report
Ullstein Buch Nr. 36611
im Verlag Ullstein GmbH,
Frankfurt/M – Berlin

Originalausgabe

© 1993 by Verlag Ullstein GmbH,
Frankfurt/M – Berlin
Alle Rechte vorbehalten
Umschlagentwurf:
Hansbernd Lindemann
Herstellung:
Ditmar Bernhardt
Gesamtherstellung:
Ebner Ulm
Printed in Germany 1993
ISBN 3 548 36611 2

April 1993
Gedruckt auf Papier
mit chlorfrei
gebleichtem Zellstoff

Die Deutsche Bibliothek –
CIP-Einheitsaufnahme

Brinkschulte, Wolfgang:
Freikaufgewinnler: die Mitverdiener im Westen /
Wolfgang Brinkschulte; Hans Jörgen Gerlach;
Thomas Heise. – Orig.-Ausg. – Frankfurt/M; Berlin:
Ullstein, 1993
(Ullstein-Buch; 36611: Ullstein-Report)
ISBN 3-548-36611-2
Ne: Gerlach, Hans Jörgen:; Heise, Thomas:; GT

Inhalt

Vorwort: Deutsche zu verkaufen

Es begann als humanitäre Aktion Mitte der fünfziger Jahre, doch schon bald wurde es zu einem knallharten, weltweit einmaligen Geschäft: Menschenhandel zwischen Deutschland Ost und Deutschland West. Die DDR bot mißliebige Bürger, die dem Sozialismus den Rücken kehren wollten, dem Klassenfeind zum Kauf an – und die Bundesrepublik griff zu.

Eine Ungeheuerlichkeit für zivilisierte Gesellschaften, die sich rühmten, die Würde des Menschen zu achten. Die »humanitären Bemühungen« aller Bundesregierungen für politische Häftlinge und getrennte Familien entwickelten sich zu einer einträglichen Devisenquelle für die DDR. Doch auch die westdeutsche Seite vernachlässigte das Humanitäre zugunsten eines guten Verhandlungsklimas mit der Ost-Berliner Staatsführung und innenpolitischen Prestigegewinns. Politische Deals wurden der Bundesregierung wichtiger, als den Unrechtsstaat DDR an den Pranger zu stellen. Inoffizielle Treffen hochrangiger Regierungsvertreter ersetzten offizielle Politik. Deshalb mußte der Handel mit Deutschen im Dunkeln bleiben; und er blieb es, fast vierzig Jahre lang.

Die Geschichte des Freikaufs ist die Geschichte einer grenzenlosen politischen Erpressung. Die Bundesregierung, einmal gefangen im Zwielicht deutsch-deutscher Geheimdiplomatie, mußte zahlen, was immer die DDR verlangte. Noch nach der Wende in der DDR, der Weg in die westliche Freiheit war offen, vereinbarte die Bundesregierung den letzten Häftlingsfreikauf. Erklärlich nur durch die unkontrollierbare Grauzone, in die sie sich begeben hatte. Sie ermöglichte dubiose, teils kriminelle Machenschaften außer Kontrolle geratener Zwischenhändler.

Das Geschäft lockte renommierte Rechtsanwälte und hohe Kirchenvertreter an, Staatssekretäre und Geheimdienstler. Jeder von ihnen streng auf seinen Vorteil bedacht, waren alle gemeinsam nur um eines bemüht: ihren Menschenschacher geheimzuhalten. Erstmals kann hier detailliert beschrieben werden, wie der An- und Verkauf Hunderttausender Menschen und die dazugehörigen Verhandlungen wirklich funktionierten. Dabei befaßt sich dieser Report in erster Linie nicht mit der politischen Analyse, sondern mit den offenkundigen Fehlleistungen der jeweiligen Handlungsbevollmächtigten.

Eine Hauptrolle im deutsch-deutschen Drama spielte der Ost-Berliner Rechtsanwalt Wolfgang Vogel. Jahrzehntelang wandelte Vogel unbehelligt von Ost nach West und zurück. Seine Dienste wurden von beiden deutschen Staaten gerne in Anspruch genommen. Nach der Wende war es mit dem Wohlwollen vorbei. Im Dezember 1989 wurde er von der Kriminalpolizei in Ost-Berlin verhaftet, nach der Wiedervereinigung von der Kripo im Westen. Vogel, der als seine Lieblingsbeschäftigung Helfen und Skilaufen in romantischer Landschaft nennt, soll DDR-Bürger im Zusammenhang mit ihrer Ausreise erpreßt und genötigt haben.[1] Ein weiterer Vorwurf der Berliner Ermittler lautet auf Steuerhinterziehung in Millionenhöhe.

Das Ministerium für Staatssicherheit führte seinen einträglichen Devisenbeschaffer jahrelang unter dem Decknamen »Georg«. Bis in die letzten Tage der DDR soll Vogel für die STASI gearbeitet haben. Ursula Beyer, früher Sekretärin von STASI-General Hans Carlsohn, dem Bürochef Erich Mielkes, kann sich gut daran erinnern: »Es gab zwei Leitzordner, in die ich Berichte von Prof. Vogel abgeheftet habe. Diese Ordner habe ich auf Weisung von Generalmajor Carlsohn vernichtet.« Sogar eine Rente in Höhe von

3500 Mark habe die Stasi ihrem Mitarbeiter versprochen, erzählte Carlsohn der Berliner Staatsanwaltschaft. 4 Millionen Mark, 1,5 Mio DM und 2,5 Mio Ost-Mark, soll die Stasi ihrem Mitarbeiter und Unterhändler bis 1989 gezahlt haben.[2]

Vogel selbst hat in einem Vermerk vom 18. Dezember 1989 festgehalten, wie er den Handel mit Menschen zwischen Ost und West beurteilte: »Der ›Freikauf‹ ist 1964 von beiden Kirchen in der BRD und auch in der DDR vorgeschlagen, organisiert und zwischen beiden Regierungen durch Vermittlung von Rechtsanwälten vereinbart worden. Er hat bis Anfang November 1989 funktioniert und betraf politische Häftlinge, Ausreisen und Botschaftsfälle. Die Kirchen waren bis zuletzt aktiv beteiligt. Prälat Zinke (katholische Kirche) und Nachfolger sowie Präses Scharf (evangelische Kirche) und Nachfolger waren stille Vermittler.«

Überhaupt begannen nach der Wende in der DDR so manche im Freikaufgeschäft involvierte Persönlichkeiten mit der Rückerinnerung und schrieben Bücher oder gaben ausführliche Interviews. Alle haben sie gemeinsam, daß fast ausnahmslos »Humanisten« – hüben wie drüben – geschildert werden, die nur das Wohl verfolgter und erniedrigter DDR-Bürger im Auge hatten und dafür unermüdlich im Einsatz waren.

Sie taten es nicht aus reiner Barmherzigkeit. Pfarrer, Prälaten, Bischöfe und andere Glaubensbrüder mischten eigennützig und zum Wohle ihrer Kirche mit; unter ihnen auch der damalige Konsistorialpräsident Manfred Stolpe.

Wertvolle Immobilien ausreisewilliger DDR-Bürger gelangten genauso an Kirchenobere wie an STASI-Offiziere. Kirchenmitarbeiter beteiligten sich an illegalen Devisengeschäften und agierten als Geldboten beim Freikauf. Über allem liegt bis heute der Mantel des Schweigens.

Die Evangelische Kirche in Deutschland (EKD), die beim Freikauf als Unterhändler der Bundesregierung tätig war, sah zu, wie DDR-Devisenbeschaffer Alexander Schalck-Golodkowski mit ihrer Hilfe die Kassen seines Bereiches »Kommerzielle Koordinierung« füllte. Die Kirchenmanager vom Diakonischen Werk der EKD sollten Warenlieferungen als wirtschaftliche Gegenleistung an die DDR organisieren. Produkte für die Menschen statt Bargeld für die Regierenden war die Devise der Bundesregierung. Doch leichtfertig ließen die Kirchenmitarbeiter zu, daß Schalck und Co. die Waren gleich zu Geld machten. So besserte Schalck seine Devisenpläne für das Ost-Berliner Politbüro auf. Die Bundesregierung wußte darüber Bescheid: der Bundesnachrichtendienst hatte sie ausführlich informiert.

Während die evangelische Kirche mit dem Milliardengeschäft eine große Bürde trug, konnte sich die katholische Kirche dem karitativen Engagement in der DDR widmen. Doch es blieb nicht allein bei der hilfreichen Ausstattung von Krankenhäusern mit medizinischem Gerät. So jonglierte ihr Caritasverband mit Geldern ausreisewilliger DDR-Bürger, die, im Westen eingetroffen, statt mit dem versprochenen Startkapital mit leeren Händen dastanden. Zweifelhafte Finanztransaktionen des Verbandes gerieten vorwiegend nicht nur zum humanitären Nutzen, sondern zum Wohle einiger Profiteure in Ost und West.

So war der Caritasverband auch beteiligt, als der Bonner Verhandlungsführer im Freikauf, Edgar Hirt, mit Regierungsgeldern eine schwarze Kasse anlegte, aus der nicht nur er selbst, sondern auch die DDR über Wolfgang Vogel bedient wurde. Undurchschaubar für Aufsichtsbehörden und an der parlamentarischen Kontrolle vorbei verschwanden jahrelang Millionen. Als 1982 die Selbstbedienung im Innerdeutschen Ministerium aufflog, wurde Ministerialdirektor Hirt eilig überführt und in einem Geheimprozeß 1986 verurteilt. Ein Bauernopfer paßte allen Beteiligten gut in den Kram. Der Inhalt der Prozeßakten ist so brisant, daß die meisten bis in das nächste Jahrtausend unter Verschluß gehalten werden sollen. Die »amtlich geheim« gestempelten Papiere offenbaren Details, über die bisher nur spekuliert werden kann.

Weitgehend unter Ausschluß der Öffentlichkeit sollte ein ganz spezieller Weg bleiben, aus der DDR herauszukommen: das sogenannte »1503-Verfahren« der Vereinten Nationen. Dieser Artikel drohte, die Ausreisepraxis der DDR als Menschenrechtsverletzung zu ahnden. Die Schriftstellerin Brigitte Klump erreichte mit diesem Druckmittel zunächst die Ausreise naher Verwandter; in den folgenden Jahren verhalf sie rund 4000 Ausreisewilligen in den Westen. Insgesamt verließen etwa 12.000 Menschen mit der UNO im Rücken die DDR. Um internationales Ansehen nicht zu verspielen, gab die DDR in diesen Fällen nach und ließ die Antragsteller ausreisen. Wäre dies einer breiten Öffentlichkeit bekannt geworden, hätte es der DDR das Freikaufgeschäft und der Bundesregierung die guten Beziehungen zum östlichen Nachbarn verdorben. Deshalb durfte ein Buch der Brigitte Klump über das UNO-Verfahren kein Erfolg werden, und deshalb zahlte Bonn einfach auch für diese Fälle.

Selbst die verfeindeten Geheimdienste beider deutscher Staaten nutzten die eingespielten Kontakte der Freikaufunterhändler, um Agenten auszutauschen. Sie beteiligten sich im Zeichen »humanitärer Bemühungen« an einem Handel, von dem alle profitierten. Erst die deutsche Einheit beendete die Geschäfte der Freikaufgewinnler.

Anmerkungen

1 Frankfurter Allgemeine Zeitung/Magazin vom 23. März 1989.
2 Diese Angaben stammen von dem ehemaligen Militärstaatsanwalt Frank
  Michalak. Er stieß bei einer Durchsuchung der Büroräume von STASI-
  Chef Mielke Ende 1989 angeblich auf Teile einer zweiten STASI-Akte
  »Georg«. Sie enthielt unter anderem Quittungsbelege, auf denen Wolf-
  gang Vogel den Erhalt der Millionen von der STASI bestätigte. Michalak
  übergab die Akten, so seine Aussage, an seinen Chef Oberst Bösel weiter.
  Irgendwann bekam der ehemalige Generalstaatsanwalt der DDR, Hans-
  Jürgen Joseph, die Akten in die Hände und beschloß in Absprache mit
  Bösel, die Dokumente an Vogel zu übergeben.

»Humanitäre« Bemühungen: Vierzig Jahre Menschenhandel in Deutschland

Wenn es galt, ein Loch in der Staatskasse zu füllen, waren die Herrscher dieser Welt stets erfindungsreich. Rußlands Zar Alexander II. verscherbelte 1867 für 7,2 Millionen Dollar Alaska an die Vereinigten Staaten von Amerika. Auch in der deutschen Geschichte finden sich Beispiele. So verborgte der hessische Landgraf Friedrich II. 12.000 Soldaten per Subsidienvertrag von 1784 mit Großbritannien an die nach Unabhängigkeit strebenden Nordamerikaner und strich dafür mehrere Millionen Taler ein.

Rund zweihundert Jahre nach dem blaublütigen Deal handelten wieder zwei Staaten mit Menschen: die Deutsche Demokratische Republik und die Bundesrepublik Deutschland. Diesmal waren es keine Soldaten, sondern – zumindest in den Anfängen – Häftlinge, die der »erste sozialistische Staat auf deutschem Boden«, wie sich die DDR nannte, an den Klassenfeind verkaufte. Unter dem Stichwort »Freikauf« ging der Menschenhandel in die jüngste deutsche Geschichte ein.

Um die Anfänge des Freikaufs von Häftlingen aus Gefängnissen der ehemaligen DDR – und eng damit verbunden stets auch die »normale« Ausreise von DDR-Bürgern – historisch einzuordnen, muß festgehalten werden, daß diesem grotesken und unmenschlichen Zustand zwei Teilungen Deutschlands vorausgingen. Die erste Teilung vollzog sich infolge der Niederlage des Nationalsozialismus. Die Siegermächte beschlossen in den Konferenzen von Jalta und Potsdam die Aufteilung Deutschlands. Doch was mit dem geteilten Land in der Zukunft geschehen sollte, ließen sie offen. Dafür gab es die offene »deutsche Frage« und gemäß der

Präambel des Grundgesetzes die Verpflichtung der Bundesrepublik zur Wiedervereinigung. Der Alleinvertretungsanspruch der Bundesrepublik für alle Deutschen wurde zu einem entscheidenden Element der deutsch-deutschen Politik.

Die zweite – bis zum 9. November 1989 anhaltende – Teilung ergab sich durch die am 13. August 1961 durch Berlin gezogene Mauer. Über Nacht waren Familien getrennt; Kinder von ihren Eltern, Frauen von ihren Männern.

Die Vorgeschichte

Erste humanitäre Kontakte in den Osten knüpften bereits 1947 die evangelische und die katholische Kirche sowie private Helfer wie der Verleger Axel Cäsar Springer. Sie kümmerten sich um Kriegsgefangene und Zivilinternierte, die sich in den Händen der sowjetischen Siegermacht befanden, und verhandelten mit Behörden, um inhaftierte kirchliche Mitarbeiter und Pfarrer aus den Gefängnissen herauszuholen. Der spätere Berliner Bischof Kurt Scharf engagierte sich besonders und erreichte in zahlreichen Fällen die Freilassung oder zumindest eine Hafterleichterung. Auch nach Gründung der beiden deutschen Staaten 1949 gingen die kirchlichen und privaten Bemühungen weiter. Da die Bundesregierung auf ihrem Anspruch bestand, daß nur sie als demokratisch gewählte Regierung berechtigt sei, für ganz Deutschland zu sprechen, hatte sie offiziell keine Möglichkeit, mit der DDR direkt zu verhandeln. Doch Repräsentanten der bundesdeutschen Seite versuchten auf informellen Wegen die Bemühungen um die Freilassung und Ausreise politischer Häftlinge fortzusetzen. Der erste Deutsche Bundestag richtete einen Ausschuß für Gesamtdeutsche Fragen ein. Vorsitzender wurde Herbert Wehner, was für die kommenden Humanitärfragen beider deutscher Staaten sicherlich ein Glücksgriff war. Sitzungen des Ausschusses in den fünfziger Jahren in West-Berlin nutzte Wehner gern, um Abstecher in den Ostteil der Stadt zu unternehmen. Offiziell sprach er nie darüber, mit wem er in Ost-Berlin verhandelte. Dabei kamen ihm seine Kontakte aus vergangenen KPD-Tagen zugute. So war einer seiner Gesprächspartner in Ost-Berlin Erich Glückauf. Wehner und der Altkommunist Glückauf kannten sich seit Anfang der dreißiger Jahre, als sie gemeinsam in Berlin den Widerstand gegen die Nazis organisierten. Der SED-Mann Glückauf, im Westen lediglich Insidern ein Begriff, war Spezialist für West-Kontakte und leitete ab 1958 die West-Abteilung des ZK der SED.[1]

Nach seinem Rücktritt als Bundeskanzler im Mai 1974 beklagte sich Willy Brandt darüber, daß Wehner ihm Kontakte mit Ost-Berlin, so beispielsweise mit Erich Glückauf, vorenthalten hatte.[2] Was die Motive Wehners dafür waren, läßt sich bis heute nicht belegen. Fest steht, daß er sich bereits ab 1949 kontinuierlich um die bedrängten Menschen im Ostteil Deutschlands bemühte. Vor allem war er stets dann ein stiller Vermittler, wenn wieder einmal eine politische Eiszeit zwischen den beiden deutschen Staaten anbrach und die Leidtragenden die Menschen in beiden Teilen Deutschlands waren.

Gerade für inhaftierte DDR-Bürger war es seitens offizieller Stellen der Bundesregierung quasi unmöglich, auf dem Verhandlungsweg mit der DDR etwas zu erreichen; dazwischen lag die »Hallstein-Doktrin«. Der spätere Präsident der Kommission der Europäischen Wirtschaftsgemeinschaft und damalige Staatssekretär im Auswärtigen Amt, Walter Hallstein, dachte sich 1955 eine Formel mit der Zielsetzung aus, die DDR außenpolitisch zu isolieren. Die Bundesregierung unter Konrad Adenauer gab an Drittländer die Parole aus, sie werde eine diplomatische Anerkennung der DDR als »unfreundlichen Akt« bewerten und keine Beziehungen zu Ländern aufnehmen, die ihrerseits diplomatische Beziehungen zur DDR aufnehmen oder unterhalten. Bekanntlich durchbrachen diese Forderung lediglich die Staaten des Warschauer Paktes sowie einige Länder der Dritten Welt. Einerseits war die DDR auf der internationalen Bühne zumindest der diplomatischen – ausgeschaltet, andererseits befand sich die Bundesregierung mit ihrer Deutschlandpolitik in einer Sackgasse. Wie sollte mit einer DDR gesprochen oder gar verhandelt werden, die es aus bundesrepublikanischer Sicht eigentlich gar nicht gab?

Neben Wehner, den Kirchen und Axel Springer bemühten sich auch Persönlichkeiten der bundesdeutschen Wirtschaft, Mitarbeiter ihrer Unternehmen, die in der DDR in Haft geraten waren, freizubekommen. Eine Initiative entstand Mitte der fünfziger Jahre in Hamburg. Im Hilfswerk »Helfende Hände«, das aus der Hilfsgemeinschaft der Wohlfahrtsverbände hervorgegangen war, hatten sich Industrielle und Verbandsvertreter zusammengefunden und organisierten die unkonventionelle Hilfe. An ihrer Spitze standen die Reederswitwe Marianne Fritzen und der Direktor der »Pintsch-Öl«, Otto Dinse, sowie Rosemarie Springer, die über ihren Mann Rat und Kontakte einholte. Unter den in die Austauschbemühungen einbezogenen Internierten befanden sich auch viele Spione, tummelten sich doch Agenten aller Herren Länder im gespaltenen Berlin der fünfziger Jahre. Sie machten die Stadt zu einer Drehscheibe der internationalen Geheimdienste. Rund fünfzig aktive Dienste, darunter Abgesandte des Vatikans, versuchten die Stadt auf beiden Seiten des Eisernen Vorhanges zu kontrollieren.

Vor dem Bezirksgericht Chemnitz stand im Herbst 1956 der West-Berliner Kaufmann Wolfgang Lindmar. Er hatte bereits seit Februar jenes Jahres in Untersuchungshaft gesessen. Der Staatsanwalt warf ihm vor, als Vertreter des Schweizer CIBA-Konzerns Spionage und Sabotage zum Schaden der DDR betrieben zu haben. Lindmar hatte zwei DDR-Wirtschaftsfunktionäre bestochen, um Informationen über den Farbstoffbedarf der mitteldeutschen Textilbetriebe zu erhalten und damit der CIBA größere Aufträge zu verschaffen. Im Vorfeld des Prozesses hatte der CIBA-Mitarbeiter Lucien Elsässer im Auftrag seiner Firma am 15. März 1956 mit dem Ost-Berliner Rechtsanwalt Wolfgang Vogel verhandelt. Er kündigte gegenüber Vogel an, daß die CIBA bereit wäre, ihre Handelsbeziehungen mit der DDR auszubauen. Elsässer schlug vor, daß auch solche Waren geliefert werden könnten, die auf der Sperrliste der USA standen. Die CIBA wäre bereit, für die Freilassung Lindmars 50.000 DM zu bezahlen.[3] Ost-Berlin lehnte ab, und Lindmar wurde zu fünf Jahren Zuchthaus verurteilt.

Nach dem 13. August 1961

In der ersten Zeit nach dem Mauerbau kam es zu einschneidenden Veränderungen in der deutsch-deutschen Politik. Während der Westen sich erst einmal von dem Schock erholen mußte, war die DDR damit beschäftigt, den »antifaschistischen Schutzwall« vor der Weltöffentlichkeit zu verteidigen. Von den insgesamt 2.686.942 Menschen, die von 1949 bis zum 13. August 1961 die DDR verließen, nutzten fast alle – zumindest ab Mai 1952, als die DDR eine Sperrzone entlang der innerdeutschen Demarkationslinie errichtete – die offene Grenze zwischen Ost- und West-Berlin zur

Flucht. Die »Grenzsicherungsmaßnahme« am 13. August 1961 war der DDR unter der Stabsführung des späteren ersten Mannes im Staat, Erich Honecker, perfekt gelungen. Die Sowjetunion demonstrierte Solidarität: Ihr Staats- und Parteichef Nikita Chruschtschow besuchte demonstrativ Ost-Berlin und nahm am VI. Parteitag der SED teil.

Der eigentliche Häftlingsfreikauf begann 1962. Neben West-Berliner Senatsstellen bemühte sich die evangelische Kirche intensiv um eine Lösung für die über viertausend durch den Mauerbau von ihren Eltern getrennten Kinder. Rechtsanwalt Reymar von Wedel, Referent des EKD-Vorsitzenden Kurt Scharf, und sein Ost-Berliner Anwaltskollege Wolfgang Vogel erreichten zu Weihnachten 1962 die Freilassung von 20 Häftlingen und 20 Kindern. Der Preis betrug drei Eisenbahnwaggons Kalisalze als Düngemittel für die DDR-Landwirtschaft. Da sich zu dieser Zeit nach Schätzungen der Bundesregierung circa 12.000 politische Häftlinge in den Kerkern der DDR befanden, witterte Ost-Berlin ein glänzendes Geschäft. Sich der politischen Häftlinge anzunehmen war eine zwingende moralische Aufgabe für die Bundesregierung, weil die DDR die Menschenrechte in ihren Zuchthäusern mißachtete.

In Bonn hatten sich durch die Kabinettsumbildung Konrad Adenauers vom 14. Dezember 1962 einige Veränderungen ergeben. So wurde der bisherige Bundesminister für Gesamtdeutsche Fragen, Ernst Lemmer, durch Rainer Barzel ersetzt. In der Berliner Außenstelle des Gesamtdeutschen Ministeriums nahm der Leiter des Ministerbüros, Rolf May, seinen Abschied, um in die Dienste des Verlegers Axel Springer zu treten. Sein Nachfolger wiederum wurde, noch von Lemmer eingesetzt, Ludwig Rehlinger. Der 1927 geborene Jurist brachte es in der Folgezeit dank seiner diplomatischen Fähigkeiten bis zum Innerdeutschen Staatssekretär.[4]

Als ein weiterer zukünftiger Protagonist der deutsch-deutschen Verhandlungen brachte sich auf bundesdeutscher Seite Jürgen Stange durch seinen westdeutschen Paß, mit dem er im Gegensatz zu den West-Berlinern problemlos in die DDR einreisen konnte, ins Gespräch. Die DDR-Seite wollte eine Garantie, daß Stange auch wirklich mit einem Mandat der Bundesregierung verhandelte. Der West-Berliner Anwalt ging zum damaligen Innerdeutschen Minister Barzel und sagte ihm, daß er eine schriftliche Vollmacht benötige, damit die Gegenseite ihn akzeptiere. Es ging aber um mehr als das: Die DDR wäre durch diesen Trick de facto zu einer offiziellen Anerkennung gelangt.

Barzel, nicht begeistert von der Vorstellung, daß die DDR durch ihn anerkannt würde, hatte einen besseren Plan. Er schlug vor, daß er, Stange, ihn nach Mitternacht im Hotel am Zoo besuchen und lautstark Barzels Namen rufen solle. Auch Nebensächlichkeiten hatte der Nachwuchspolitiker bedacht: Falls der Portier Stange abweisen würde, solle der Anwalt Krach schlagen und anständig schimpfen, er, Barzel, würde dann herunterkommen. Anschließend könnten sie dann zehn Minuten über den Kurfürstendamm spazieren, und die Leute, die es beträfe, würden sehen, daß Barzel Stange gut kenne.

Barzel hatte hoch gepokert, ging es doch auch um seine politische Zukunft. Der damalige Bundeskanzler Adenauer wies seinen Minister bei einem Treffen im Vorfeld des ersten Freikaufs ausdrücklich darauf hin, daß er, wenn die Sache schiefginge, seinen Hut nehmen müsse. Barzel wollte sich durch ein Gespräch mit Stange und Springer nochmals rückversichern. Der Verleger überzeugte ihn und forderte ihn nach dem Gespräch auf, Adenauer anzurufen. Da der junge Minister den Kanzler im Urlaub nicht stören wollte, griff Springer selbst zum Telefon, ließ sich mit dem Kanzler verbinden und erklärte ihm das Vorhaben. Adenauer willigte ein: »Wenn Se' meinen, dat jeht, dann machen Se' dat doch«, sagte er auf seine unnachahmliche Art.[5]

Der erste Häftlingsfreikauf ging wenig später unter strengster Geheimhaltung über die Bühne. Die STASI hatte während des nächtlichen Theaters am Bahnhof Zoo gesehen, was sie sehen sollte und wollte. Barzel hatte immer noch Bedenken: »Wir wußten ja nicht, ob wir hier reingelegt werden. Es war ja der Höhepunkt des Kalten Krieges. Wir hatten keine Beziehungen mit der DDR.«[6] Diesmal tricksten sie Barzel nicht aus, schlugen sie doch selbst genügend Kapital aus dem Geschäft. Knapp zehn Jahre später verhinderte die STASI Barzels Einzug ins Kanzleramt. Beim Mißtrauensvotum gegen den SPD-Kanzler Willy Brandt besorgte der ostdeutsche Geheimdienst die beiden entscheidenden Stimmen, die Barzels Kanzlerwahl verhinderten und ihn ins politische Abseits versetzten. Die eine Stimme kam von dem Abgeordneten Julius Steiner und kostete die STASI 50.000 DM. Die andere steuerte pikanterweise Barzels Nachfolger im Ministeramt, Erich Mende, bei und war kostenlos.[7]

Der erste Häftlingsfreikauf

Barzel, Rehlinger und Stange besprachen kurz vor Ostern 1963 im Münchner Hotel »Deutscher Kaiser« die notwendigen Modalitäten aus Sicht der westlichen Seite. Von östlicher Seite brachte Stange kurz darauf die Nachricht mit, daß tausend Häftlinge gegen Geld in die Freiheit könnten und man von westlicher Seite eine Namensliste erwarte. Da in der Rechtsschutzstelle des Ministeriums rund 12.000 politische Gefangene in der DDR bekannt waren, mußte selek-

20

tiert werden. Dieses »Auswahlspiel« ließ die DDR im Humanitärbereich übrigens bis ins Jahr 1989 spielen. Nachdem 1000 Schicksale herausgefiltert waren, nahm Stange die Verhandlungen mit der anderen Seite auf. Dabei wurde der Umfang der Liste immer geringer. Erst wurde er auf Druck der DDR halbiert, dann auf 100, schließlich auf 10 Personen minimiert. Übrig blieben letztlich acht Häftlinge, die für den Gegenwert von 340.000 DM die Freiheit erlangten. Gezahlt wurde auf Verlangen der DDR in bar.

Für Barzel war es nicht einfach, an Barmittel zu gelangen, deren Verwendungszweck keinesfalls in der Öffentlichkeit bekannt werden durfte. Wie sollte amtlichen Stellen klargemacht werden, daß Geld für einen Empfänger benötigt wird, der den Erhalt nicht quittieren würde? Glücklicherweise gab es in West-Berlin eine Kasse für Bundesbehörden, über die alle Zahlungen abgewickelt wurden, die in Berlin eine Dependance unterhielten. Eigentlich war das gemäß dem Status von Berlin nicht zulässig. Mancher Geldbetrag wechselte den Besitzer, ohne daß der Rechnungshof den Verlauf nachvollziehen konnte. Rehlinger ging mit einer von Barzel unterzeichneten Anweisung zum Kassenschalter: »Hiermit bevollmächtige ich Regierungsrat Ludwig Rehlinger, den Betrag von 340.000 DM von der Amtskasse der Bundesregierung in Empfang zu nehmen.«[8] Stange war es dann, der im Ostteil der Stadt die ersten Häftlinge von Vogel und Heinz Krügel, einem Abgesandten der Ost-Berliner Generalstaatsanwaltschaft, entgegennahm. Krügel warf einen kurzen Blick in den Geldkoffer und übergab Stange die Häftlinge, mit denen der Rechtsanwalt dann in der S-Bahn nach West-Berlin und anschließend in die Rechtsschutzstelle fuhr. Das Mißtrauen beider Seiten war groß; der Austausch verlief schleppend.

Das Geschäft floriert

Lediglich ein paar Akteure nahmen in der Folgezeit ihren Abschied oder wurden ausgewechselt. Im Oktober 1963 bildete der neue Bundeskanzler Ludwig Erhard die Regierung um. Barzel mußte sein Amt an den FDP-Chef Erich Mende abtreten, der sich Carl Krautwig aus dem Wirtschaftsministerium als Staatssekretär holte. Die deutsch-deutschen Aktivitäten schienen aufgrund der Personalpolitik zunächst zu stocken. Doch Ost-Berlin signalisierte alsbald Bereitschaft, weitere Häftlinge gegen Bares in den Westen ziehen zu lassen. Jetzt erst begann die große Stunde Wolfgang Vogels zu schlagen, denn offiziell konnte die Bundesregierung ja nicht mit der DDR verhandeln. Da traf es sich gut, daß Vogel seit 1957 auch in West-Berlin als Anwalt zugelassen war. Bonn gab dies die Möglichkeit, so zu tun, als ob Stange und Rehlinger, der zwischenzeitlich mit der Leitung des politischen Referats in der Berliner Außenstelle des Ministeriums betraut war, quasi mit einem Anwalt aus West-Berlin in Verbindung standen. Der »Mittler zwischen Ost und West« war gefunden. Vogel war in Zukunft zeitgleich für zwei gegnerische Parteien tätig, denn einerseits verhandelte er mit Mandat seiner DDR-Regierung, andererseits wurde er aber auch von Bonn mit einer Pauschale für seine Dienste entlohnt, weshalb ihm heute Parteienverrat vorgeworfen wird. Gemäß Strafgesetzbuch ist es einem Anwalt nämlich untersagt, gleichzeitig für zwei gegnerische Parteien in der gleichen Sache tätig zu werden. Der Vorsitzende des Schalck-Untersuchungsausschusses, Horst Eylmann, sprach in diesem Zusammenhang von »Gesetz- und Sittenwidrigkeit« und fuhr fort: »Es ist skandalös, daß der Handlanger derjenigen, die uns erpreßt haben, als Verhandlungsführer der anderen Seite bei uns auch noch kassiert und dieses Geld dann im Westen angelegt hat.«[9]

Waren es 1963 lediglich acht politische Häftlinge, die im »Rahmen der besonderen Bemühungen der Bundesregierung« von der DDR in den Westen verkauft wurden, so stieg die Zahl 1964 unter der Ägide Erich Mendes bereits auf 888, erreichte 1965 einen Höhepunkt von 1541 Personen und schwankte dann erheblich, wie die Tabelle 1 zeigt:

Jahr	Haftentlassene	Gesamtkosten für die Bundesregierung (in DM)
1963	8	340.000,00
1964	888	35.320.000,00
1965	1541	41.297.270,29
1966	424	52.599.461,70
1967	531	32.274.063,95
1968	696	15.301.668,71
1969	927	48.957.448,27
1970	888	52.866.855,73
1971	1375	92.023.373,33
1972	731	70.013.393,73
1973	631	34.846.373,60
1974	1053	109.043.361,78
1975	1158	104.590.005,26
1976	1439	131.098.785,00
1977	1475	144.574.827,11
1978	1452	168.753.033,63
1979	890	107.552.963,82
1980	1036	133.776.616,36
1981	1584	179.984.763,11
1982	1491	179.274.196,71
1983	1105	104.246.450,57

1984	2236	390.095.143,17
1985	2669	209.100.710,38
1986	1450	249.430.170,48
1987	1209	207.840.679,91
1988	1048	234.161.985,58
1989	1840	269.973.532,46
Insgesamt	**31.775**	**3.399.337.134,64**

Die Schwankungen haben unterschiedliche Ursachen. Zum einen resultieren sie aus den politischen Gegebenheiten des Kalten Krieges, andererseits aber auch aus abwartenden Haltungen seitens der DDR bei jeweiligen Regierungsumbildungen oder -wechseln in Bonn. Andere Gründe liegen in den enormen wirtschaftlichen Schwierigkeiten der DDR. Bei Geldknappheit drehten die SED-Machthaber einfach an der »Humanitärschraube« und verkauften ein paar Untertanen mehr.

Die DDR-Verhandlungspartner begründeten ihre Geldforderungen damit, daß sie die Ausbildungskosten zurückerstattet haben wollten. Mit den gestiegenen Kosten untermauerten sie die Steigerungsraten. Bis 1977 verlangte die DDR pro Häftling pauschal 40.000 DM, danach erhöhte sich das »Kopfgeld« auf genau 95.847 DM. Dazu kamen noch »Gebühren« für circa 250.000 Personen, die der DDR per Ausreiseantrag den Rücken kehrten. Die Preise für diesen Personenkreis waren unterschiedlich. Es wurden von den zuständigen Stellen der DDR Listen mit jeweils 26 Personen erstellt, wobei die Gegenleistung der Bundesregierung für eine solche »Ausreiseliste« bis Anfang der siebziger Jahre 300.000 DM betrug, also 11.538,46 DM pro Person. Der Preis stieg dann auf 500.000 DM, wurde aber nach dem Abschluß des Grundlagenvertrages auf 10 Prozent davon gesenkt, also auf 50.000 DM pro 26-Personen-Liste, was 1.923 DM pro Person entsprach. Ab 1977 gab es dann drei Preisstufen, die bereits genannte Liste über 50.000 DM sowie eine Liste über 100.000 DM pro 26 Personen, was ein »Kopfgeld« von 3.846 DM ausmachte. Dazu kamen ab 1981 noch die sogenannten »Sonderlisten« mit 8.000 DM pro Person.

Lediglich am Anfang bezahlte die Bundesregierung mit Bargeld. Später sollten nur noch Waren geliefert werden, um das Ost-Berliner Regime nicht durch die dringend benötigten Devisen wirtschaftlich zu stärken. Minister Erich Mende beauftragte den Direktor im Diakonischen Werk der evangelischen Kirche, Ludwig Geißel, sich um das Geschäftliche zu kümmern.

Der Ablauf

Beide Seiten involvierten eine gewaltige Administration. Im Westen gab es ein Gesamtdeutsches Ministerium, das sich später Innerdeutsches Ministerium nannte. Diesem war das Gesamtdeutsche Institut unterstellt. Eine wichtige Rolle spielte auch der deutschlandpolitische Bereich des Kanzleramtes. Hinzu kamen noch einige Anwaltsbüros, die mit diversen Aufgaben im Rahmen der humanitären Bemühungen durch die Bundesregierung betraut waren, und – nicht zu vergessen – die Kirchen sowie eine Reihe von Firmen für den Warentransfer.

Im Osten war der Verwaltungsaufwand noch viel umfangreicher, da sich fast alle staatlichen Organe mit »Humanitärangelegenheiten« zu befassen hatten, vornehmlich natürlich das Ministerium für Staatssicherheit (MfS) des Erich Mielke. Sein Sonderbeauftragter war Heinz Volpert, der gleichzeitig für die Verbindung zum Büro des Rechtsanwalts Wolfgang Vogel zuständig war. Ab Mitte der siebziger Jahre existierte im MfS die Abteilung Zentrale Koordinationsgruppe (ZKG), deren Aufgabe darin bestand, die »politischoperative Bearbeitung« von Fluchthilfeorganisationen, die Erfassung aller Fälle von Republikflucht und das Zurückdrängen von Ausreisebegehren zu kontrollieren und koordinieren.[10]

Trotz dieses bürokratischen Aufwands gab es immer wieder Phasen, in denen sich nichts bewegte. Dann waren Persönlichkeiten wie Herbert Wehner und sein Vertrauter CarlGustaf Svingel gefragt. So war es beispielsweise 1967, als die Sowjetunion der DDR nahelegte, wegen des Doppelagenten Heinz Felfe alle Gespräche im Humanitärbereich mit dem Westen abzubrechen. Nicht einmal Wolfgang Vogel durfte mehr zu Gesprächen nach West-Berlin. Felfe war im Bundesnachrichtendienst (BND) Leiter des Referats »Gegenspionage Sowjetunion« und zugleich für den sowjetischen Geheimdienst KGB tätig. Im Juli 1963 wurde er zu einer 14jährigen Haftstrafe verurteilt, was die Sowjetunion veranlaßte, umgehend auf seine Freilassung zu drängen. Dies scheiterte allerdings am Veto des BND-Chefs Reinhard Gehlen und seines Nachfolgers Gerhard Wessel. Felfes Wissen über BND-Interna hätte bei den Geheimdienstlern aus Pullach großen Schaden anrichten können. Svingel und Wehner intervenierten bei allen möglichen Stellen so unnachgiebig, daß letztlich Bundeskanzler Kurt-Georg Kiesinger den Bundespräsidenten Heinrich Lübke bat, das Begnadigungsschreiben zu unterzeichnen.[11] Für viele Häftlinge, die über Monate in einem Sammellager in der Nähe des damaligen Karl-Marx-Stadt auf ihre Entlassung in die Bundesrepublik warteten, öffneten sich umgehend die Türen nach Westen.

Die Anwälte der ersten Stunde waren auf westlicher Seite Reymar von Wedel, der, wie er vor dem Schalck-Untersuchungsausschuß berichtete, neben seiner Kanzlei in West-Berlin noch eine Dependance im Ostteil der Stadt unterhielt, und Jürgen Stange. Auf östlicher Seite waren Wolfgang Vogel und Heinz Volpert zuständig. An die feucht-fröhlichen Verhandlungen erinnert sich von Wedel gerne: »Wir vier waren ein nettes Team, alle ungefähr ein Alter. Das war 'ne richtig burschikose Runde. Dann sagte der Jürgen (Stange): ›Wolfgang (Vogel), tu mal 'nen Kreislauf aus!‹, und der Wolfgang holte den Cognac aus dem Schrank. Da floß immer viel Alkohol, das war drüben offenbar so üblich. Aber für mich war das schlecht, ich vertrage so wenig.«[12] Dementsprechend sahen auch die Verhandlungsergebnisse aus. Bereits 1968 forderte eine Gruppe um Staatssekretär Krautwig und Bischof Kunst die Ablösung von Stange, weil er nicht entschieden genug mit der DDR-Seite verhandelte. Der zuständige Minister Herbert Wehner entschied jedoch, daß Stange weiter zuständig blieb.

Die Kanzlei des Wolf-Egbert Näumann fungierte im Auftrag der Bundesregierung als Rechtsschutzstelle für politische Häftlinge in der DDR. Wurde dem Innerdeutschen Ministerium bekannt, daß in der DDR eine Verhaftung vorlag, wurde Näumann mit der weiteren Bearbeitung betraut. Zunächst leitete er den Rechtsschutz ein, indem er einen Anwalt der DDR mit dem Verfahren beauftragte. In der Regel war dies Wolfgang Vogel oder einer seiner Mitanwälte wie Dieter Starkulla oder Klaus Hartmann, es konnten aber auch andere Anwälte sein.

Kam ein Verfahren mit dem Urteil zum Abschluß, leitete der mit der Verteidigung beauftragte DDR-Anwalt einen sogenannten Terminsbericht an Näumann, der ihn zur Honorarabrechnung an das Referat II 10 der Berliner Außenstelle des Innerdeutschen Ministeriums gab. Danach gelangte der Bericht zum Referat Plewa, benannt nach dem zuständigen Leiter Klaus Plewa. Hier wurden inhaftierte DDR-Bürger für eine Haftaktion vorgemerkt. Aus mehreren Einzelberichten wurde eine Haftliste (H-Liste) erstellt, die über Stange an Vogel gelangte. Im Regelfall wurden jährlich vier solcher Listen zusammengestellt, über die dann das Innerdeutsche Ministerium verhandelte.

Stange, Vogel und Plewa, zu Zeiten des Ministerialdirektors Edgar Hirt auch dieser, trafen sich sodann, um eine schriftliche Vereinbarung zu entwerfen. Unterzeichnet wurden diese Vereinbarungen von Stange und Vogel, ab 1977 von Hirt und Vogel. Sie beinhalteten Umfang und Zeit finanzieller Leistungen der Bundesregierung, den Beginn der Gefangenentransporte (von Karl-Marx-Stadt nach Gießen), die Übergabe der Listen sowie den Personenkreis. Die DDR benannte dabei ein Drittel der aufgeführten Häftlinge, zwei Drittel steuerte die Bundesregierung bei. Immer wieder versuchte die DDR unter die politischen Häftlinge Kriminelle und Agenten zu mischen. In Sonderfällen (H-Sonderfall) mußte die Bundesregierung 200.000 DM bezahlen. Dabei handelte es sich um Häftlinge mit hohen Haftstrafen oder besonderen Qualifikationen. Solche Sonderaktionen vereinbarte die DDR bevorzugt zu Weihnachten. Plewas Referat überprüfte mit akribischer Genauigkeit, ob die Angaben der Ost-Seite auch stimmten.

Familienzusammenführung

Nach dem 13. August 1961 schlug das Schicksal der von den Eltern getrennten minderjährigen Kinder höchste Wellen und führte dazu, daß sich beide Seiten mit dem Problem auseinandersetzten. Die Bundesregierung wandte sich 1964 über Ludwig Rehlinger mit der Bitte um Unterstützung an Wolfgang Vogel. Daraufhin errechnete die DDR aufgrund eines Durchführungsbeschlusses der SED[13], daß »sich ca. 2500 Kinder republikflüchtig gewordener Eltern in Kinderheimen der Deutschen Demokratischen Republik befinden«[14]. Hinzu kamen noch circa 1500 Kinder »republikflüchtiger Eltern«, die sich bei Bekannten in der DDR aufhielten. Jeder Schriftverkehr mit dem Westen zu diesem Thema wurde auf DDR-Seite streng verboten: »In Fragen der Übersiedlung von Kindern republikflüchtiger Eltern ist weder von den Abteilungen Volksbildung noch von den Kinderheimen Schriftwechsel mit Jugendämtern, anderen staatlichen Organen und Einrichtungen sowie sonstigen Institutionen in Westdeutschland und Westberlin zu führen.«[15]

Bei soviel Geheimniskrämerei wird deutlich, daß auch dieser Bereich sehr diskret zu behandeln war. Wie schon beim Häftlingsfreikauf schalteten die Regierungen Anwaltskanzleien ein. Im Osten handelte es sich dabei um das bereits bewährte Büro Wolfgang Vogel, im Westen um die Kanzlei Jürgen Stange. Die in der Bundesrepublik lebenden Eltern stellten sodann einen Antrag auf Übersiedlung ihrer Kinder. War die DDR-Regierung überzeugt, daß die Eltern nicht mehr an einer Rückkehr in die DDR interessiert waren, mußten noch die betroffenen Kinder ihren Willen auf Übersiedlung bekunden. Die DDR-Regierung mußte natürlich ihr Einverständnis zur Ausreise geben, damit der Familienzusammenführung nichts mehr im Wege stand. Eigens dafür gab es einen Erlaß. Das von der damaligen Volksbildungsministerin Margot Honecker unterzeichnete Papier trägt den Titel »Vereinbarung zur Zuführung von Kindern aus Kinderheimen der DDR zu ihren republikflüchtigen Eltern zwischen dem MDI und dem Ministerium für Volksbildung«. Die als »Vertrauliche Verschlußsache« (VVS) deklarierte Vereinbarung vom 24. November 1964 belegt, wie die DDR aussiebte. Margot Honecker legte als Voraussetzung für eine Ausreise fest, »daß diese Kinder körperliche oder geistige Gebrechen besitzen; an chronischen Erkrankungen leiden; Hilfsschüler sind oder erhebliche Erziehungsschwierigkeiten bereiten, die das Heimkollektiv gefährden und von denen eine positive Entwicklung nicht zu erwarten« ist. Sie paßten nicht in das Bild des »gesunden« sozialistischen Menschen.

In relativ kurzer Zeit wurden diese Fälle gelöst, ohne daß die DDR dafür Gegenleistungen von der Bundesrepublik verlangte. Für alle anderen Ausreisen wurde Geld gefordert. Für die beteiligten Rechtsanwälte sollte es ein einträgliches Geschäft werden.

Die Ausreise aus der DDR

Immer mehr DDR-Bürger wollten im Laufe der Jahre ihr Land verlassen und beauftragten Freunde und Verwandte in der Bundesrepublik, ihre Ausreiseangelegenheiten bei West-Behörden bekanntzumachen. Jürgen Stange nahm mit den westlichen Bezugspersonen Kontakt auf, um notwendige Angaben über den oder die Antragsteller in der DDR zu erhalten. Waren die Angaben vollständig, konnten die Bemühungen eingeleitet werden. Die Bezugsperson erhielt dann in der Regel ein Schreiben, aus dem hervorging, daß das Anliegen nunmehr an die zuständigen Stellen der DDR herangetragen werde. Bei den »zuständigen Stellen« handelte es sich lediglich um eine Einrichtung: die Anwaltskanzlei Wolfgang Vogel in Ost-Berlin. Zugleich wurde das Gesamtdeutsche Ministerium unterrichtet, indem das in Berlin ansässige Referat Z 8 eine Karteikarte (F-Kartei) und ein Doppel der Übergabeliste an die DDR (F-Liste) zugereicht bekam.

Da die DDR kein Interesse zeigte, dem Ausreisebegehren ihrer Bürger stattzugeben, begann ein für die Antragsteller aufreibendes Verfahren. Es hagelte Ablehnungen, aber schriftlich begründete Stellungnahmen blieben aus. Schließlich gab es auch lange Zeit keine regelnde Verordnung oder gar ein Gesetz. Im Staatsbürgerschaftsgesetz der DDR von 1967 hieß es in § 10 Absatz 1 zwar: »Ein Staatsbürger der Deutschen Demokratischen Republik kann auf seinen Antrag aus der Staatsbürgerschaft der Deutschen Demokratischen Republik entlassen werden, wenn er seinen Wohnsitz mit Genehmigung der zuständigen staatlichen Organe der Deutschen Demokratischen Republik außerhalb der Deutschen Demokratischen Republik hat oder nehmen will.«[16] Die DDR billigte ihren Bürgern ein Antragsverfahren zu – mehr nicht. Bis zum 1. Januar 1989 gab es nicht einmal eine fundierte Rechtsgrundlage für ein Ausreisebegehren, also auch keine Möglichkeit, damit einen Anwalt in der DDR zu betrauen. Um so wichtiger war der Einsatz von Anwälten aus der Bundesrepublik. In der Ära Stange, die bis 1983 andauerte, waren Einwirkungsmöglichkeiten durchaus gegeben. Die Ausreisewünsche wurden seiner Kanzlei nicht nur bekannt, indem sich eine westliche Kontaktperson des ausreisewilligen DDR-Bürgers schriftlich oder persönlich meldete, häufig erfolgte die Meldung auch bei bundesdeutschen Politikern bzw. dem Gesamtdeutschen Ministerium. Von dort kamen die Anliegen zur weiteren Betreuung in die Anwaltskanzlei. Waren die Bemühungen eingeleitet, wandte sich Stange an seinen Kollegen Vogel, um z. B. auf Notfälle hinzuweisen und eine Beschleunigung zu erreichen.

Zudem gab es Interventions- oder Förderlisten (FD-Listen) für Aktionen in besonders dringenden Fällen. Bei einer 1980 durchgeführten Sonderaktion bezahlte die Bundesregierung 3 Millionen DM an die DDR. Der Vizepräsident des Diakonischen Werkes, Ludwig Geißel, brachte das Geld in einem Koffer nach Berlin. Hier übernahm Stange den Weitertransport in den Osten. Der Empfänger war Wolfgang Vogel. Im Gegenzug entließ die DDR 216 Übersiedlungswillige in den Westen.

Die humanitären Bemühungen
unter Hans-Jochen Vogel

Herbert Wehner nahm am 6. März 1983 seinen Abschied von der politischen Bühne und trat in den Ruhestand. Nicht nur den Fraktionsvorsitz der Sozialdemokratischen Partei im Deutschen Bundestag legte er in die Hände von Hans-Jochen Vogel, sondern auch den Bereich der humanitären Bemühungen für Bürger der DDR. Ebenso still und ohne Aufhebens wie Wehner setzte Vogel die Bemühungen fort. Er richtete zu diesem Zweck extra ein Büro in Bonn ein, dessen tragende Säulen Irmtraud Bojahr und Karin Schulte wurden. Frau Bojahr war bereits langjährig für Wehner tätig gewesen und brachte so zum persönlichen Engagement und der notwendigen Sensibilität noch einen unschätzbaren Wissensstand mit.

Persönlichen Einsatz zeigten durchaus auch andere Politiker und hochgestellte Persönlichkeiten der Bundesrepublik. Doch fehlte es ihnen häufig an Fingerspitzengefühl und Wissen um die realen Gegebenheiten. Im Bereich der Familienzusammenführung traten viele Verwandte, Freunde und Bekannte in der Bundesrepublik an Abgeordnete der Landtage und des Bundestages heran, um auf die schwere Situation ihrer Angehörigen hinzuweisen. In der Regel trugen die Politiker diese Übersiedlungswünsche an das dafür zuständige Bundesministerium für innerdeutsche Beziehungen weiter. Dort wurde das Anliegen registriert, und die Angehörigen bekamen die Empfehlung, sich mit dem Anwaltsbüro Stange, später Jaeger bzw. von der Schulenburg, zur weiteren Beratung in Verbindung zu setzen.

Besonders große Hoffnung hegten DDR-Bürger und ihre West-Angehörigen, wenn ein hoher Bundes- oder Landespolitiker im Range eines Bundesministers oder Ministerpräsidenten seine Hilfe anbot. Das sah dann so aus, daß der im Westen lebende Angehörige ein Schreiben erhielt, aus dem hervorging, daß man sich für den DDR-Antragsteller einsetze. Beiläufig war noch zu lesen, daß das Anliegen zwecks zusätzlicher Unterstützung an das Innerdeutsche Ministerium gereicht wurde. Von dort gelangte es dann zur Anwaltskanzlei, mit der die Betroffenen mehrheitlich längst in Verbindung standen.

Es gab auch Ausnahmen, wie die »bayerische Schiene« des damaligen Ministerpräsidenten Franz Josef Strauß. Nachdem dieser den Milliardenkredit für die DDR eingefädelt hatte und sich vom »Kalten Krieger« zum Förderer der anderen Seite wendete, wurde er für viele DDR-Bürger zum Hoffnungsträger. Unzählige Petitionen erreichten den heimlichen Außenminister Strauß. Der bayerische Ministerpräsident beschied den Hilfesuchenden, daß alles nur Erdenkliche an Hilfe und Unterstützung veranlaßt würde. Die Anmerkung, daß zusätzlich das Innerdeutsche Ministerium auf das Anliegen aufmerksam gemacht wurde, fehlte in den Antwortschreiben längere Zeit. Beim Innerdeutschen Ministerium trafen auch keine Schreiben seitens der Staatskanzlei Bayerns ein, so daß gerätselt wurde, welche Humanitärquellen Strauß in der DDR wohl angezapft hatte. Das

Rätselraten fand dann aus Platzgründen ein Ende. Eines Tages, im Sommer 1984, erhielt das Bonner Ministerium eine ganze Wagenladung Papier aus Bayern: die über Monate hinweg gesammelten Bittschriften, mit denen bis auf Einzelfälle nichts geschehen war. Von Bonn aus ging die Papierflut nach West-Berlin in das Anwaltsbüro am Kurfürstendamm 36, wo für längere Zeit der Bürobetrieb ins Stocken geriet. Die Aufarbeitung der unerledigten »Strauß-Abgaben« zog sich über Monate hin.

Völlig anders gestaltete sich die Arbeit des Büros von Hans-Jochen Vogel. Sämtliche Anschreiben wurden umgehend durch Bojahr und Schulte oder Vogel selbst beantwortet. Begleitet wurde diese Arbeit durch eine Flut von Telefonaten, wobei es nicht selten war, daß Bojahr und Schulte bis in die Nacht hinein den Angehörigen der ausreisewilligen DDR-Bürger fernmündlichen Rat und Trost gaben, was allein schon einen ungeheuren Durchhaltewillen zu bewirken vermochte.

So im Fall eines Ehepaares aus Blankenburg, das 1970 die Ausreise zur Schwester der Ehefrau nach Essen beantragte und von den DDR-Behörden nur Ablehnungen erhielt. Aufgrund der mit der Antragstellung einhergehenden Schwierigkeiten nahm sich der Ehemann 1980 das Leben. Seine weiterhin die Ausreise beantragende Witwe bekam einen Nervenzusammenbruch und war, physisch und psychisch am Ende, hochgradig suizidgefährdet. Durch permanente Intervention des Büros Vogel gelang im Jahre 1989 die Übersiedlung der gebrochenen Frau.

Mit dem Anwaltsbüro Kurfürstendamm 36 in Berlin entwickelte das Büro Vogel eine äußerst effektive Zusammenarbeit. Täglich wurden viele Übersiedlungsverfahren telefonisch abgestimmt, um damit zu gewährleisten, daß kein wirklich dringendes Anliegen unberücksichtigt blieb.

Die Effizienz und der gute Ruf des Büros Vogel nahmen eine solche Größenordnung an, daß sich neben betroffenen Angehörigen von DDR-Bürgern sogar Bundespolitiker anderer Parteien an Vogel wandten und ihn um Hilfe baten. Unter den Bittenden befanden sich auch hohe Bedienstete des Innerdeutschen Ministeriums, bis hin zum Staatssekretär.

Wenn Bojahr und Schulte die vorliegenden Übersiedlungswünsche so aufgearbeitet hatten, daß erkennbar wurde, welche Anliegen umgehend gegenüber der DDR angesprochen werden mußten, erfolgte die Übergabe der aufgelisteten Verfahren. Keineswegs handelte es sich dabei um große Auflistungen, die in der DDR erfahrungsgemäß nur etwas für die Ablage bzw. den Staatssicherheitsdienst waren, sondern um Listen in der Größe von etwa 18 Fällen. Da es sich ausnahmslos um Anliegen handelte, in denen sich das Innerdeutsche Ministerium bzw. das Anwaltsbüro Kurfürstendamm 36 bereits erfolglos bemüht hatten und sich bei den Antragstellern teilweise Tragödien anbahnten, gab es zur Untermauerung der Ausreiseforderung auch fundierte Begründungen. Entsprechend groß war der Erfolg der Bemühungen Vogels und seines Teams. Wurde einem übergebenen Anliegen kein Erfolg zuteil, tauchte der Fall umgehend bei der nächsten Übergabe wieder auf. Nach einer gewissen Zeit gab die DDR regelmäßig nach und erteilte dem Antragsteller die Genehmigung seines Verfahrens.

Es gab aber auch Ausreiseanliegen, denen nicht einmal die geschilderte Vorgehensweise zum Durchbruch verhalf. In solchen Fällen scheute sich Vogel im Gegensatz zu anderen hohen Politikern nicht, ein persönliches Zusammentreffen mit Erich Honecker zu vereinbaren, um über diese Fälle zu sprechen. Der Erfolg gab Vogel – und natürlich den Antragstellern in der DDR – auch in diesen Fällen recht.

Zusätzlich zu Übersiedlungsverfahren bemühte sich das Büro Vogel um Besuchsgenehmigungen. Fast immer mußten ausgereiste DDR-Bürger jahrelang warten, bis ihnen die Wiedereinreise in die DDR zu Besuchszwecken gestattet wurde. In Einzelfällen konnten solche Einreiseverweigerungen Jahrzehnte dauern, wie beispielsweise im Fall eines ehemaligen DDR-Bürgers, der im Rang eines Oberleutnants a. D. der Nationalen Volksarmee 1959 in den Westen flüchtete. Rund dreißig Jahre wurde er von der DDR als »unerwünschte Person« behandelt. Regelmäßig reklamierte Vogel bei der DDR, wenn ihm solche Fälle bekannt wurden.

Zumindest im Zeitraum der letzten eineinhalb Jahre vor dem Zusammenbruch der DDR wurden fast alle dramatischen Ausreiseverfahren, die im Westen bekannt wurden, über das Büro Vogel zu einer Lösung geführt. Zudem wurden die nicht so tragischen Anliegen durch seine Mitarbeiterinnen Bojahr und Schulte immer wieder im Ministerium und beim Anwaltsbüro Kurfürstendamm 36 ins Gespräch gebracht und damit angeschoben.

Neue Anwälte

Im Februar 1983 erschütterte die »Franke/Hirt-Affäre« die deutsch-deutschen Beziehungen. Die Bonner Staatsanwaltschaft ermittelte wegen Veruntreuungen in Millionenhöhe. Auch die horrenden Ausgaben, die Jürgen Stange der Bundesregierung in Rechnung gestellt hatte, machten die Ermittler stutzig. In diesem Zusammenhang verlor Stange das Mandat der Bundesregierung. Der innerdeutsche Staatssekretär Rehlinger hielt Stange nicht mehr für tragbar und kündigte ihm mit Schreiben vom 29. August 1983. Bis zum 31. Dezember 1983 wurden dann sämtliche im

Westen bekannte Ausreiseanliegen im Referat Z 8 des Bundesministeriums für innerdeutsche Beziehungen bearbeitet. Die ab dem 1. Januar 1984 bekannt gewordenen Übersiedlungsfälle erhielt das Büro des Stange-Nachfolgers Wolf-Eckhard Jaeger am Kurfürstendamm 36 in Berlin. Als seine Stellvertreterin agierte die Rechtsanwältin Barbara von der Schulenburg, die als langjährige Mitarbeiterin von Stange über die notwendigen Erfahrungen verfügte. Jaeger war bis zur Bonner Wende 1982 Ministerialdirektor im Innerdeutschen Ministerium und leitete dort die Zentralabteilung, der die Haushaltsführung unterstand. Er hatte zudem maßgeblichen Anteil daran, daß die krummen Geschäfte Edgar Hirts aufgedeckt wurden, derentwegen Stange abberufen wurde.

Wolfgang Vogel verweigerte eine direkte Verhandlung mit Jaeger und betrat die Kanzlei am Kurfürstendamm 36 im Gegensatz zum Vorgängerbüro Stange nie. Vogels ablehnende Haltung ging so weit, daß er ab Anfang 1985 keine Anfragen, Vermerke und Mitteilungen zu Einzelfällen mehr wünschte. Ein vernünftiges Miteinander im Sinne humanitärer Hilfe gab es somit nicht mehr. Unterredungen gab es nur noch zwischen Rehlinger, der ab Oktober 1982 innerdeutscher Staatssekretär war, und Vogel.

Der Rückgang der Einwirkungsmöglichkeiten blieb den westlichen Kontaktpersonen natürlich nicht verborgen. Jaeger fühlte sich in seinem neuen Tätigkeitsfeld alsbald isoliert, was damit zusammenhing, daß ihm Mitarbeiter des Ministeriums aktuelle Wissensstände über Gespräche mit Vogel vorenthielten. Aber auch einige Mitarbeiter, die er von Stange übernommen hatte, konnten den Verlust von Wolfgang Vogel als vertrauten Verhandlungspartner nicht verhehlen. Hinzu kamen erste Vorboten einer Krankheit. Jaeger gab sein Mandat zum 30. April 1985 an die Bundesregierung zurück und starb Anfang 1987. Jaegers Witwe hielt in einem Brief fest: »Seine Tätigkeit in Berlin empfand mein Mann als höchst unbefriedigend. ... Mit ihm ist auch sein Wissen beerdigt worden. Aber ich bin sicher, daß es eine Reihe von Personen gab und gibt, die darüber nicht unglücklich waren.«[17]

Nachfolgerin von Jaeger wurde, mit neuem Geschäftsbesorgungsvertrag der Bundesregierung ausgestattet, seine bisherige Vertreterin, Barbara von der Schulenburg. Obwohl sie aus ihrer früheren Tätigkeit bei Stange mit Wolfgang Vogel bestens vertraut war, änderte Vogel keineswegs sein Verhalten. Konsequent vermied er es weiterhin, seinen Fuß in die Kanzlei am Kurfürstendamm zu setzen. Erschwerend kam hinzu, daß Vogel und Rehlinger Gefallen daran fanden, die Humanitärgespräche unter sich, sozusagen auf einer höheren Ebene, zu führen. Eingeweiht in die Gesprächsinhalte und -resultate war lediglich noch das Referat Z 8 des Ministeriums unter der Regie des Ministerialrats Klaus Plewa.

Grotesk daran war, daß Rehlinger im Gegensatz zum Anwaltsbüro am Kurfürstendamm die Masse der Probleme, die im Zusammenhang mit den Ausreiseanträgen standen, wie schwere Erkrankungen, Suizidabsichten oder drohende Inhaftierung, nicht bekannt sein konnten. Viele Problemfälle kamen so nicht zur Sprache.

Durch diese Vorgehensweise wurden die Einwirkungsmöglichkeiten kontinuierlich beschnitten, was innerhalb der Anwaltskanzlei zu erheblichen Belastungen führte. Westliche Bezugspersonen der Antragsteller erkundigten sich, was die Bundesregierung oder das Büro gegenüber der DDR konkret veranlaßten. Vernebelnd wurde dann um Verständnis dafür gebeten, »daß Details über die Arbeit der Anwaltskanzlei bzw. des Bundesministeriums für innerdeutsche Beziehungen in Fällen der Familienzusammenführung nicht

38

offengelegt«[18] werden können. Beruhigend wurde noch an-
gemerkt, daß auch weiterhin alles in den Kräften Stehende
veranlaßt würde. Der Vogel-Biograph Jens Schmidthammer
vermerkte in seinem 1987 erschienenen Buch »Wolfgang
Vogel« über das Büro am Kurfürstendamm: »Frau von der
Schulenburg unterhält eine Kanzlei am Berliner Kurfürstendamm, deren Kosten unmittelbar vom Bundesministerium
für innerdeutsche Beziehungen getragen werden. Ihr Büro
ist keine Kanzlei im herkömmlichen Sinn, eher eine Registratur deutsch-deutscher Familienschicksale.«[19] Wenn
dann noch bedacht wird, daß Schmidthammer seine Aus-
künfte, auch wenn er dies in der Vorbemerkung seines Werkes anders darstellt, von Vogel, Rehlinger und anderen Insidern erhielt, wird klar, welchen Stellenwert die Kanzlei bei
den Offiziellen einnahm – keinen besonderen. Das Büro von
der Schulenburg war für die gehobene Bonner Ministerialbürokratie eben nur eine hochsubventionierte Registratur.
Rund eine Million DM kostete es pro Jahr. Das hätte die
Bundesregierung auch billiger haben können.

Für die Betroffenen sah der Sachverhalt natürlich völlig
anders aus. Für viele von ihnen war das Büro die letzte Hoffnung. Die Gespräche erforderten ein hohes Maß an Einfüh-
lungsvermögen. Der überwiegende Teil der Mitarbeiter voll-
brachte trotz der permanenten Überlastung großartige
Leistungen. Von der Bürospitze einmal abgesehen, wurde
streßbedingte Gereiztheit nicht an den Angehörigen oder
Bekannten der Antragsteller ausgelassen. Dadurch konnten
unzählige Beruhigungsgespräche geführt werden, die so
manche Kurzschlußhandlung verhindern halfen.

Mit Wirkung vom 15. Oktober 1983 war in der DDR aufgrund der Madrider KSZE-Folgekonferenz eine Verordnung[20] in Kraft getreten, die viel Beachtung fand und von
bundesdeutschen Politikern als ein Weg in die Rechtssätz-

lichkeit der DDR gelobt wurde. Erstmals wurden Ausreise-
modalitäten über das Staatsbürgerschaftsgesetz hinaus geregelt. Die Realität sah allerdings anders aus. Dank zahlreicher Kannbestimmungen und Versagungsgründe hatten die
DDR-Behörden weiterhin alle Möglichkeiten, sich dem An-
tragsbegehren zu widersetzen. Fast zeitgleich, mit dem Frühjahr 1984, erfolgte die bis dahin größte Ausreisewelle, was
die Bundesregierung auf den Milliardenkredit zurückführte,
den deutsche Banken auf Vermittlung von Franz Josef
Strauß der DDR gewährt hatten. Bundesdeutsche Medien
vermeldeten die Ausreisezahlen wie eine Hausse an der
Börse, während Vorhaltungen von Kontaktpersonen in der
Anwaltskanzlei immer massiver wurden. Die mit dem Büro
in Verbindung stehenden Menschen konnten schließlich
nicht wissen, daß die Massenausreise aus der DDR nicht
vom Westen beeinflußt werden konnte. Die Unmutsäuße-
rungen gipfelten darin, daß es hieß, es mangele allein am guten Willen und Einsatz der Anwaltskanzlei, daß sich im konkreten Einzelfall nichts bewegen ließ.

Im Januar 1985 konnte dann mit der DDR vereinbart
werden, daß es nach jahrelanger Pause wieder ein Fördersy-
stem im Sinne von »Dringlichkeitslisten« geben sollte, die
dann den administrativen Namen »FDB-Listen« erhielten.
Diese Listen wurden nach einem bestimmten Auswahlkrite-
rium wie übermäßig langes Antragsverfahren, physische
und psychische Probleme etc. zusammengestellt und umfaß-
ten jeweils 70 Fälle. Die »Ausbeute« war bescheiden, hatte
aber für die Mitarbeiter der Anwaltskanzlei die psychologi-
sche Nebenwirkung, wenigstens etwas getan zu haben.
Wurde Vogel zusätzlich auf einen besonderen Umstand in
einem Anliegen aufmerksam gemacht, so verwies er regelmäßig darauf, daß das Anliegen schließlich auf einer »FDB-
Liste« aufgeführt sei und er mehr nicht tun könne.

1987, anläßlich des Besuchs Erich Honeckers in der Bundesrepublik, signalisierte Vogel dem Innerdeutschen Ministerium, daß eine umfangreiche Liste mit Ausreiseanliegen zusammengestellt werden könne, die dann besonders wohlwollend behandelt würde. Nach reiflicher Überlegung, welche Anliegen benannt werden sollten, setzte sich die Liste aus »Altfällen« und »Härtefällen« zusammen. Anstatt daß Honecker die Ausreisegenehmigung für diesen Personenkreis im Reisegepäck hatte, war der Erfolg auch hier äußerst mager. Mitte 1989, also zwei Jahre nach Erstellen der »Honecker-Liste«, fehlte immer noch rund die Hälfte der reklamierten Personen; ob die andere Hälfte ihre Ausreise einer Intervention Honeckers oder Vogels zu verdanken hatte, sei dahingestellt.

Ähnlich wurde mit Listen verfahren, die von bundesdeutschen Politikern bei Besuchen in der DDR – besonders beliebt waren die Leipziger Messen – mitgenommen wurden. Die Gesprächspartner, hohe Wirtschaftsfunktionäre bis hin zum obersten Wirtschaftslenker Günter Mittag, leiteten die Listen an Rechtsanwalt Vogel, das Ministerium des Innern oder gar an das Ministerium für Staatssicherheit weiter. Von Erfolgen konnte nicht gesprochen werden. Es kam vor, daß dem auf einer solchen Liste stehenden DDR-Bürger seitens der Staatsorgane der Vorwurf »einer ungesetzlichen Verbindungsaufnahme« gemacht wurde. Die Ursache der dürftigen Resultate lag mit darin, daß von westlicher Seite nicht konsequent nachgehakt und somit der Eindruck erweckt wurde, daß eine gewisse Interessenlosigkeit vorlag.

Je größer in der DDR die Zahl der Ausreiseanträge wurde, desto restriktiver handelten die Behörden. Aber keinesfalls wurde damit die Bevölkerung zur Räson gebracht. Die Stimmung der Ausreisewilligen stand unter dem Motto: »Wenn nichts mehr geht, ist alles möglich.« Botschaftsbesetzungen, die es in Einzelfällen schon seit einiger Zeit gab, waren in den Jahren 1988 und 1989 an der Tagesordnung. Das internationale Echo war verheerend. Allmählich begriff die Staatsführung der DDR, daß der Wunsch nach Reisen und Ausreisen ihrer Bürger auf eine rechtliche Basis gestellt werden mußte. De facto gab es zwar durchaus staatliche Regeln für die Handhabung von Wünschen nach Verlassen der DDR, aber nicht de jure, wenn einmal von der Verordnung vom 15. September 1983 abgesehen wird.

Am 30. November 1988 war es dann soweit: Der Ministerrat der DDR erließ zwei Verordnungen, die sowohl Reisen wie auch Ausreisen regelten.[21] Durch das Inkrafttreten dieser Verordnungen am 1. Januar 1989 sollte eine Erhöhung der Rechtssicherheit durch klare Kriterien für die Genehmigung bzw. Ablehnung der Ausreise geschaffen werden. Regelbearbeitungszeiten und eine schriftliche Begründungspflicht der Behörde bei ablehnender Entscheidung sowie ein Rechtsmittelweg bis hin zu einer gerichtlichen Nachprüfung der behördlichen Beschwerdeentscheidung waren in der Verordnung verankert. Die Staatsführung erhoffte sich mit dem neuen Instrumentarium Ruhe, Sicherheit und Ordnung für ein brisantes politisches Umfeld und scheiterte damit kläglich.

Die behördliche Entmutigungspraxis wurde munter fortgesetzt. Schon bei Abgabe des formellen Antragbogens wurde den Betroffenen ohne Prüfung des Antrages erklärt, daß die Sache chancenlos sei. Humanitäre Gesichtspunkte, die im § 10 der Reiseverordnung verankert waren, wurden vom Tisch gewischt. Besonders gern wurden Anträge mit der Begründung negiert, daß der Antragsteller noch nicht 26 Jahre alt ist und keinen Wehrdienst abgeleistet habe. Hatte er jedoch den Wehrdienst schon geleistet, kamen Sperrfristen im Sinne einer Geheimnisträgerschaft auf ihn zu. Beliebt war auch das Argument, daß der Ehepartner anläßlich einer Besuchsreise illegal im Ausland verblieben sei, was somit zu einer kollektiven Bestrafung führte und die getrennten Ehepartner häufig in schwere persönliche Krisen stürzte. Nicht selten resultierten daraus Scheidungen.

Bis auf Ausnahmen wurden die Anträge von den Kreisbehörden abgelehnt, und in mehr als 90 Prozent der Fälle blieb auch die Beschwerde erfolglos. Übrig blieb dem betroffenen Antragsteller ab Juli 1989 eine gerichtliche Nachprüfung. Bis zum Fall der Mauer im November 1989 wurde allerdings keine einzige aufhebende oder zurückweisende Gerichtsentscheidung bekannt, obwohl den Bürgern mit der neuen Regelung die Einschaltung eines Rechtsanwaltes gestattet war. Paradox klingen somit noch im nachhinein die durchweg positiven Kommentierungen von westlicher Seite. Selbst die letzte Bundesministerin für innerdeutsche Beziehungen, Dorothee Wilms, sagte in einer Rede: »Bemerkenswert sind auch erste Ansätze, Elemente eines ›sozialistischen Rechtsstaates‹ auszugestalten – was immer das angesichts einer abhängigen und ›parteilichen‹ Rechtsprechung ist. Wir hoffen, daß damit nicht nur auf dem Papier, sondern auch in der Praxis obrigkeitliche Willkür zurückgeschnitten wird zugunsten größerer Berechenbarkeit und Transparenz, ja vielleicht sogar zunehmender Rechtssicherheit für die Menschen.«[22]

Besonders traurig war die Rolle, die die Rechtsanwälte in der DDR spielten. Eine große Zahl von ihnen lehnte ein Mandat in Ausreiseangelegenheiten von vornherein ab, obwohl sie gemäß der Verordnung zur Mandatsübernahme dazu berechtigt waren. Viele von ihnen machten nach der Wende politische Karriere. Es gab aber auch Ausnahmen. Ende der achtziger Jahre begann sich Wolfgang Schnur als besonders engagierter Kirchenanwalt im Ausreisegeschäft zu etablieren. Später wurde er Vorsitzender des Demokratischen Aufbruchs und war für eine gesamtdeutsche Regierung als Vizekanzler im Gespräch. Anfang 1990 stellte sich heraus, daß Schnur als Inoffizieller Mitarbeiter für die STASI tätig war.

Als engagiert galt auch Wolfgang Vogel – vor allem in eigener Sache, wie das folgende Kapitel zeigt.

Anmerkungen

1 Alfred Freudenhammer/Karlheinz Vater: Herbert Wehner, München 1978, S. 13 f.
2 Günther Scholz: Herbert Wehner, Düsseldorf 1986, S. 182 f.
3 Vermerk des GM »Georg« vom 18. März 1956.
4 Rehlinger hieß ursprünglich Ludwig Schulz. Mit Verfügung des Berliner Polizeipräsidenten vom 21. Juli 1952 änderte er seinen Namen. Die Namensänderung wurde erst 1988 bekannt und gab zu Spekulationen Anlaß. Darauf angesprochen, erklärte er, daß er damals noch Rechtsanwalt werden wollte und der Name Schulz in Berlin ein Allerweltsname war, zumal bereits mehrere Anwälte so hießen.
5 Die Ausführungen zu dem Treffen machte Rainer Barzel in einem nicht veröffentlichten Interview für Channel 4. Stange dementierte auf Nachfrage Barzels Version.
6 Ebenda.
7 Der Spiegel Nr. 29/1991.
8 Ludwig A. Rehlinger: Freikauf, Berlin 1991, S. 33.
9 Die Welt, 5. Juni 1992.
10 »MfS-Befehl Nr. 1/75« vom 15. Dezember 1975 sowie die »MfS-Dienstanweisung Nr. 2/83« vom 13. Oktober 1983.
11 Der Spiegel Nr. 13/1992, S. 96 f.
12 Die Zeit Nr. 36, 28. August 1992.
13 Beschluß des Zentralkomitees der Sozialistischen Einheitspartei Deutschlands Nr. 02, Tagebuch-Nr. 28/64 vom 8. April 1964.
14 Brief des Ministers des Innern der DDR, Friedrich Dickel, an das Politbüromitglied Erich Honecker vom 15. Mai 1964.
15 Schreiben des Staatssekretärs Lorenz im Ministerium für Volksbildung der DDR an die Abteilungen Volksbildung der Räte der Bezirke vom 16. November 1964.

16 Gesetz über die Staatsbürgerschaft der Deutschen Demokratischen Republik. Gesetzblatt Teil I Nr. 2 vom 23. Februar 1967.

17 Jaegers Witwe in einem Brief vom 4. Oktober 1992.

18 Standardtext für schriftliche und mündliche Anfragen gegenüber der Anwaltskanzlei Kurfürstendamm 36.

19 Jens Schmidthammer: Rechtsanwalt Wolfgang Vogel, Hamburg 1987, S. 44.

20 Verordnung zur Regelung von Fragen der Familienzusammenführung und der Eheschließung zwischen Bürgern der Deutschen Demokratischen Republik und Ausländern vom 15. September 1983.

21 Verordnung zur Gewährung des ständigen Wohnsitzes für Ausländer in der Deutschen Demokratischen Republik und zur Eheschließung von Bürgern der Deutschen Demokratischen Republik mit Ausländern vom 30. November 1988 sowie Verordnung über Reisen von Bürgern der Deutschen Demokratischen Republik nach dem Ausland vom 30. November 1988.

22 Rede am 24. Januar 1989 vor dem deutschlandpolitischen Forum der Friedrich-Ebert-Stiftung in Bonn.

Anwalt im Zwielicht: Wolfgang Vogel

Er war über vierzig Jahre eine der schillerndsten Persönlichkeiten im deutsch-deutschen Politikgeschäft. Zu seinen Freunden und Vertrauten gehörten Helmut Schmidt und Herbert Wehner ebenso wie Erich Honecker und Alexander Schalck-Golodkowski. Wolfgang Vogel, der kleine, etwas bieder wirkende Anwalt aus Ost-Berlin, spielte über viele Jahre die Rolle des Mittlers zwischen den scheinbar in Sprachlosigkeit erstarrten beiden deutschen Staaten. Wie Vogel zu dieser Aufgabe kam, ist bis heute umstritten. Der ehemalige Innerdeutsche Minister Rainer Barzel erklärte zwar in einem Interview: »Ich bin der Erfinder des Rechtsanwalts Wolfgang Vogel.«[1] Doch darüber, wer den Anwalt tatsächlich erfand, wird es wohl noch einigen Streit geben. Wenn man den Akten aus dem ehemaligen Ministerium für Staatssicherheit glaubt, so ist die STASI der Erfinder des berühmten Anwalts. Glaubt man hingegen dem Vogel-Biographen Jens Schmidthammer, so erfand Vogel sich selbst.[2] Als Assistent muß dann der ehemalige Generalstaatsanwalt der DDR, Josef Streit, helfend zur Seite gestanden haben.

Festzustehen scheint, daß Vogel am 30. Oktober 1925 im schlesischen Wilhelmsthal, Regierungsbezirk Breslau, zur Welt kam. Von 1932 bis 1944 besuchte er die Schule und leistete anschließend seinen Reichsarbeitsdienst in Zobten. Hier ritt 1813 schon das Lützowsche Freikorps durch die Wälder. Das Reich brauchte aber nicht nur fleißige Arbeiter, sondern auch gute Soldaten. Vogel begann eine Ausbildung zum Flugschüler und kämpfte vom 1. März 1944 bis 30. Januar 1945 bei der Luftwaffe im Rang eines Gefreiten.

Der Publizist Peter-Ferdinand Koch ist da jedoch ganz anderer Meinung. Er äußert den Verdacht, daß sich hinter dem Namen Wolfgang Vogel ein anderer verbirgt.[3] Koch erhärtet seine These mit Fakten, die in Teilen bereits am 31. Januar 1985 in der Hamburger *Welt* standen:[4] bundesdeutsche Behörden hatten in Akten über vermißte und gefallene deutsche Wehrmachtsoldaten festgestellt, daß Wolfgang Vogel, geboren am 30. Oktober 1925 in Wilhelmsthal, auf einem großen Soldatenfriedhof am Futa-Paß in Norditalien begraben liegt. Registriert und erfaßt wurden die deutschen Weltkrieg II-Soldaten über die sogenannte »Hundemarke«, eine ovale Blechplakette. Darin waren in zweifacher Ausführung die persönlichen Daten eingestanzt. Nach dem Auseinanderbrechen der Marke zur Identifizierung des Gefallenen begrub das Bestattungskommando einen Teil der Erkennungsmarke mit dem Toten. Der andere wurde an die zuständige Behörde weitergeleitet, die den Toten registrierte.

Staatssekretär Ludwig A. Rehlinger erkundigte sich in der Berliner Wehrmachtsauskunftsstelle (WAST) und teilte den Beamten mit, daß Wolfgang Vogel unter den Lebenden weile und sie sich geirrt hätten. Beweis war die Erkennungsmarke Nummer »283«, die Vogel heute noch in seinem Besitz hat. In den Wehrmachtslisten war vermerkt worden, daß Vogel die Nummer »281« erhalten habe. Rehlinger hielt die Angelegenheit für eine Verwechslung. In den Kriegswirren war vieles passiert, warum nicht auch eine Verwechslung der Toten mit den Lebenden. Wolfgang Vogels Schwester Inge Köllner, die in Jena lebt, ist sich sicher, daß Wolfgang Vogel ihr Bruder ist.

Nach Ende des Krieges und dem Verlust der schlesischen Heimat siedelte die Familie nach Jena um. An der Universität der thüringischen Kleinstadt nahm Vogel das Jurastudium auf. Einer seiner ersten Dozenten war der berühmte Strafrechtler Richard Lange, der auch zweimal wöchentlich

Gastvorlesungen an der Berliner Humboldt-Universität hielt. Lange ging kurze Zeit später in den Westen.

Im Dezember 1946 wechselte Vogel an die Universität Leipzig. »Schon damals bewies Vogel Engagement und Ideenreichtum. Da das Geld seiner Eltern für den Lebensunterhalt nicht ausreichte, verdingte er sich als Geschäftsführer einer Fensterputzfirma ...«, schreibt sein Biograph Schmidthammer.[5] Die Firma gehörte Vogels Schwiegermutter und hatte drei Angestellte.

Vogels Hauptinteresse gehörte jedoch dem Studium, das er intensiv betrieb. Der Erfolg stellte sich bald ein: Ende Juli 1948 bestand er das Erste Staatsexamen, auch Referendarexamen genannt.[6] Nach seiner Exmatrikulation am 19. Mai 1949 wechselte er zur Ableistung seiner Referendarzeit an das Amtsgericht Waldheim. Hier lernte er seinen Ausbilder Dr. Rudolf Reinartz (bei Schmidthammer findet der Name keine Erwähnung) kennen und schätzen[7], eine folgenschwere Begegnung, wie sich später zeigen sollte.

Als der am 10. Juli 1915 in Leipzig geborene Reinartz in das DDR-Justizministerium wechselte, nahm er den hoffnungsvollen Kader als Assistenten mit. Das Zweite Staatsexamen bestand Vogel 1952 an der Deutschen Verwaltungsakademie (DVA) in Forst Zinna. Experten wie der ehemalige Rektor der Sektion Rechtswissenschaft der Humboldt-Universität, Prof. Erich Buchholz, sind dagegen der Meinung, daß es damals gar nicht möglich war, ein Zweites Staatsexamen an der DVA zu erlangen – für Buchholz ein Beleg, daß der spätere DDR-Regierungsbeauftragte Vogel keine Weihen als Volljurist hat.

Die DVA, Vorläufer der späteren Akademie für Staat und Recht in Potsdam-Babelsberg, war eine der Kaderschmieden der jungen DDR. In der von der Außenwelt abgeschotteten Ausbildungsstätte für Verwaltungsangestellte zog die

DDR ihre zukünftige Justiz-Nomenklatur heran. Die Musterschule erfreute sich großer Beliebtheit im stalinistischen Justizapparat. Hilde Benjamin, die damalige Vizepräsidentin des Obersten Gerichts, propagierte während zahlreicher Wochenendseminare die sozialistische Rechtsprechung.

In einem Zeitungsinterview Anfang 1992 war sich Wolfgang Vogel noch sicher, sagen zu können: »Von mir werden Sie keinen Spitzelbericht finden.«[8] Da hatte der ansonsten gut sortierte Rechtsanwalt ein schlechtes Gedächtnis. Rund 300 eng beschriebene Seiten, überwiegend Spitzelberichte, füllen die Akte des »Geheimen Mitarbeiters« (GM) Wolfgang Vogel. Heute will sich der Rechtsanwalt zu seiner in der Gauck-Behörde gefundenen Akte (Zentral-Archivnummer 2088/57) nicht umfassend äußern. Vor dem Schalck-Untersuchungsausschuß und gegenüber dem *Stern*[9] räumte er jedoch ein, daß er sich damals in einer Drucksituation befunden habe.

Nach Abschluß seines angeblichen Zweiten Staatsexamens widmete sich Vogel voll seiner Arbeit als Hauptreferent in der Hauptabteilung (HA) Gesetzgebung des Justizministeriums der DDR. In seinem Dezernat bearbeitete er die Referate Wiedergutmachung, Devisenrecht, Innerdeutscher Zahlungsverkehr, ausländische Vermögen sowie deutsche Interessen im Ausland. Sein oberster Dienstherr war Justizminister Max Fechner.

Im Juni 1953 war es mit der oberflächlichen Ruhe in der DDR vorbei. Hunderttausende, zumeist Arbeiter, begehrten gegen das stalinistische Regime unter Walter Ulbricht auf. Nach der Niederschlagung des Aufstandes standen Tausende »Konterrevolutionäre« vor Gericht, denn »unter Führung der Parteiorganisationen säuberten die klassenbewußten Arbeiter ihre Betriebe von Feinden der Arbeiter-und-Bauern-Macht und unterstützten die Sicherheitsorgane bei der Zerschlagung von Agentennetzen und bei der Festnahme vieler Feinde«[10].

Im Zuge dieser Säuberungsaktionen wurde auch Minister Fechner aller Ämter enthoben, aus der SED ausgeschlossen und für drei Jahre ins Zuchthaus gesteckt. Mit dem Amtsantritt seiner Nachfolgerin Hilde Benjamin, im Volksmund nur die »Rote Hilde« genannt, begann eine neue Phase der SED-Justiz in der DDR.

Vogels Mentor Rudolf Reinartz wurde verdächtigt, für den amerikanischen Geheimdienst CIA spioniert zu haben. Anfang November 1953 setzte er sich in den Westen ab. Am 9. November 1953, so vermerkte die STASI in Vogels Akte, erhielt dieser einen Brief seines einstigen Förderers, worin Reinartz ihn aufforderte, auch in den Westen zu flüchten. Vogel, von seiner Frau gedrängt, gab den Brief sofort an seine Vorgesetzten weiter.

Das damalige Staatssekretariat für Staatssicherheit, Vorläufer des späteren Ministerium für Staatssicherheit, bekam Wind von der Sache. Hauptmann Werner Johde, Mitarbeiter der Abteilung VI/II, bestellte am 10. November 1953 den damaligen Hauptreferenten Wolfgang Vogel in das Zimmer 120 des Justizministeriums. Die STASI hatte Vogel schon lange auf ihrer Wunschliste der »Geheimen Informatoren«, wie die Inoffiziellen Mitarbeiter (IM) damals noch genannt wurden. Bereits Anfang des Jahres 1953 (also lange vor der Flucht von Reinartz, die angeblich der Grund für Vogels Anwerbung war) informierte sich der ostdeutsche Geheimdienst im Justizministerium und am Wohnort über den hoffnungsvollen Kader. Am 31. August 1953 bestätigte die STASI intern die geplante Anwerbung unter der Registriernummer 4148/53.[11]

Bei jenem ersten Treffen forderte der offizielle STASI-Mitarbeiter Hauptmann Johde den zukünftigen Inoffiziellen Mitarbeiter Wolfgang Vogel auf, bei der Aufklärung des Falles Reinartz mitzuhelfen. Wörtlich heißt es in dem Verpflichtungsbericht: »Ich sagte ihm, daß wir uns für alle Dinge interessieren, die unserer Regierung und der Partei von Schaden sind. Vogel brachte zum Ausdruck, daß er es als deutscher Mensch als seine Pflicht ansieht, alle diese Elemente zu melden ... Er wählte sich den Decknamen ›Eva‹[12] und verpflichtete sich, alle seine Berichte mit diesem Namen zu unterschreiben.«

Vielleicht dachte der gläubige Katholik Vogel bei der Wahl seines Decknamens auch an die Bibel und den Sündenfall. Denn er sollte aus dem paradiesischen Justizministerium in die ostdeutsche Provinz, nach Suhl, vertrieben werden. Hinweise darauf finden sich in dem biographischen Teil des Schmidthammer-Buches: Nach der Flucht von Reinartz mußte Vogel auch zur Justizministerin Hilde Benjamin zum Rapport. Sie entschied, daß Vogel aufgrund des Falles Reinartz nicht länger haltbar sei, und legte ihm freundlich nahe, als Richter nach Suhl zu gehen. Vogel, »der ängstlichen Respekt vor Obrigkeiten nie kannte, wandte sich daraufhin unmittelbar an das Zentralkomitee der Partei.«[13]

Im Rahmen seiner Beschwerdeführung lernte er Josef Streit, den damaligen Sektorenleiter der Abteilung Staats- und Rechtsfragen und späteren Generalstaatsanwalt der DDR, kennen. Die Beschwerde hatte Erfolg. Auch die STASI war nicht sonderlich begeistert, daß der Justizapparat plante, ihre hoffnungsvolle Neuanwerbung in die Provinz abzuschieben.

Viele heute meist unbekannte Personen werden in der Spitzelakte erwähnt. Einer von ihnen war an der spektakulärsten Entführungsaktion der deutsch-deutschen Nachkriegsgeschichte beteiligt: dem Fall Heinz Brandt.

Der Fall Heinz Brandt

Die Geschäfte des in Westdeutschland lebenden Fotografen Helmut Ast gehen 1954 nicht besonders gut. Er hat zuwenig Aufträge, um davon leben zu können. Im Februar bricht Ast zu einer Reise nach West-Berlin auf, die sein Leben verändern soll. Während seines Aufenthaltes in West-Berlin besucht er den »Demokratischen Sektor«, wie Ost-Berlin in der Propagandasprache der SED heißt. Ausgestattet mit der harten D-Mark, will er ein kleines Schmuggelgeschäft wagen. Er kauft billig Filme im Ostteil der Stadt, um sie im Westen gewinnbringend zu verkaufen. Doch er wird bei der Grenzkontrolle geschnappt. Ast wird verhaftet und in die Vollzugsanstalt Berlin I eingeliefert. Eine junger Anwalt nimmt sich des Falles an. Sein Name ist Wolfgang Vogel. Ast faßt schnell Vertrauen und unterbreitet ihm am 28. April 1954 ein spannendes Angebot: Er habe einen Film, »der den Staatssicherheitsdienst sehr interessieren wird«. Darauf seien Agenten zu sehen, die in West-Berlin arbeiten. Ast erhofft sich im Gegenzug für die Bilder die Freiheit.

Der Deal funktioniert. Einen Monat später besucht Ast Vogel in seiner Kanzlei und bedankt sich für seine gute Verteidigung. »Dabei sagte Ast, daß er beabsichtige, seine ganze Kraft für die DDR einzusetzen, und daß er gerne mitarbeiten möchte. Er brachte noch zum Ausdruck, daß er es gerne sehen würde, wenn [er] in der DDR Zuzug bekommen würde.«[14]

Die STASI hat mit Ast jedoch andere Pläne. Fotografen gibt es genug in der DDR, Agenten braucht das Land, zumal mit einer so guten »Legende«. Ast bleibt in West-Berlin und arbeitet offiziell weiter als Fotograf. Als Vogel ihn am 10. Oktober 1956 zufällig auf Berlins Renommiermeile, dem Kurfürstendamm, trifft, ist die Wiedersehensfreude groß.

Der Hobbyspion erzählt Vogel, so berichtet dieser am 29. Oktober 1956 in einem mit »Georg« unterzeichneten Vermerk, »er sei jetzt für die SU [Sowjetunion] tätig und sei mit seiner Arbeit sehr zufrieden«. Probleme wegen seiner Agententätigkeit habe er noch nicht. »Nur habe er unlängst einen kleinen Konflikt mit der Sittenpolizei wegen einiger Aktaufnahmen gehabt«, notiert »Georg« weiter und beendet seinen Bericht mit der Einschätzung, daß er, Vogel, »persönlich den Eindruck [hat], daß es sich um einen ehrlichen, seiner Aufgabe völlig ergebenen Menschen handelt. Das Gespräch erklärt sich mir aus der Tatsache, daß Herr Ast zu mir besonderes Vertrauen gewonnen hat, als ich ihn im demokr. Sektor verteidigt habe und ihm über Staatsanwalt Faber den Weg zum MfS ebnete.« Das gegenseitige besondere Vertrauen wurde sieben Jahre später dem Gewerkschaftsfunktionär Heinz Brandt zum Verhängnis.

Eines hat die SED ihren abtrünnigen Genossen nie verziehen: die Flucht in den Westen. So auch im Fall des Heinz Brandt. Der Sohn einer jüdischen Arbeiterfamilie trat 1931 in die KPD ein, ging nach der Machtergreifung der Nazis in den Untergrund, wurde verhaftet und verbrachte über zehn Jahre in Konzentrationslagern. Nach Kriegsende und der Zwangsvereinigung von SPD und KPD wurde er SED-Funktionär in Berlin. Am 17. Juni 1953 marschierte er als einziger prominenter SED-Funktionär in der Stalinallee an der Spitze der streikenden Arbeiter. Brandt verlor im Zuge der nachfolgenden Säuberungen seinen Job als SED-Sekretär für Agitation und Propaganda und durfte sich in einem Zeitungsarchiv »bewähren«. Im Jahre 1958 entzog er sich dem drohenden Zugriff der STASI durch Flucht nach West-Berlin, wo er Redakteur bei einer Gewerkschaftszeitung und Mitglied der SPD wurde.

Drei Jahre später wird Heinz Brandt von seiner SED-

Vergangenheit eingeholt. Am Nachmittag des 16. August 1961, drei Tage nach dem Bau der Mauer, trifft er sich mit seinem Kollegen, dem Gewerkschaftsfunktionär Beyerlein. In einem Café am Flughafen Tempelhof stoßen sie auf Eva Walter und ihre Freundin Carmen. Ein paar Gläser später schlagen Beyerlein und die beiden Bardamen vor, bei einem bekannten Ehepaar, den Eheleuten Helga und Helmut Ast, weiterzufeiern. Nichtsahnend willigt Brandt ein, und gemeinsam fahren sie in die Wulffstraße 6 im Berliner Stadtteil Steglitz. In der Wohnung angekommen, mischt Eva Walter ein Betäubungsmittel in Brandts Whiskyglas. Der Journalist bricht ohnmächtig zusammen. Als er Stunden später wieder zu sich kommt, ist er in Ost-Berlin.

Im Mai 1962 wird Brandt zu 13 Jahren Zuchthaus verurteilt. Nach drei Jahren Einzelhaft kommt er aufgrund massiver Proteste aus der Bundesrepublik frei. Die beiden Bardamen, der Gewerkschaftsfunktionär Beyerlein und das Ehepaar Ast sind nie wieder in West-Berlin aufgetaucht. Die Berliner Polizei vermutet, daß sie unter falschem Namen auf dem Gebiet der ehemaligen DDR leben.

Der GI »Eva« macht Karriere

Der Führungsoffizier des Geheimen Informators »Eva« muß mit seinem Schützling sehr zufrieden gewesen sein. Am 12. Januar 1955 vermerkt Hauptmann Johde in einer internen Einschätzung:

> »2.) Mit dem GI. ›Eva‹ wird seit seiner Anwerbung zusammengearbeitet. Der GI. arbeitet zur Zeit auf der Linie Rechtsanwälte und inhaftierte Personen.
> 3.) Der GI. ist in seiner Arbeit sehr gewissenhaft und

bringt Aussagen von inhaftierten Personen, mit denen er als Rechtsanwalt zu tun hat.
4.) Durch den GI. wurde ein GM. angeworben.
6.) Der GI. wird in der Perspektive in West-Berlin Klienten vertreten und uns dann über westliche Gerichte Informationen bringen.«[15]

Kurze Zeit später stieg der Geheime Informant zum Geheimen Mitarbeiter auf. Am 27. September 1955 faßte die STASI den Beschluß, den Decknamen von »Eva« auf »Georg« zu ändern. Wolfgang Vogel begann seine geheimdienstlichen Aktivitäten auszubauen, denn die STASI hatte große Pläne mit dem Top-Informanten: »Weiterhin hat er in unserem Auftrag bei der Anwaltskammer in Westberlin um Zulassung als Rechtsanwalt für Westberlin nachgesucht, und es verspricht auch ein Erfolg zu werden. (...) Bei einer entsprechenden Anleitung und richtigem Einsatz des GM eröffnen sich für diesen noch große Perspektiven.«[16]
Auftragsgemäß ersuchte Vogel per Einschreiben vom 28. Juli 1955 um seine Zulassung für West-Berlin. In seinen Ausführungen vor dem Schalck-Untersuchungsausschuß in Bonn erinnerte er sich, durch den damaligen DDR-Staranwalt Friedrich Kaul motiviert worden zu sein, sich um eine Zulassung in West-Berlin zu bemühen.

Der Fall Weihe

Hunderte West-Berliner sind in der Zeit des Kalten Krieges in den Osten verschleppt worden. Das »Ziehen« bzw. »Holen« gehörte zu den Spezialitäten des sowjetischen Geheimdienstes. Getreu dem Propagandaspruch »Von der Sowjetunion lernen, heißt siegen lernen« brachten es auch die

DDR-Tschekisten zu einiger Perfektion: Die »Zielpersonen«, wie sie in der Geheimdienstsprache hießen, wurden z. B. betäubt und, in einem Teppich eingerollt, im Kofferraum durch die offene Zonengrenze in den Osten gefahren.

Manchmal macht Vogel der geheime Job jedoch keinen Spaß mehr. Über ein Treffen mit dem Mitarbeiter des amerikanischen Geheimdienstes CIC, Friedrich Weihe, auf den Vogel angesetzt ist, notiert er 1955:

»Wir waren gemeinsam im Lokal ›08 15‹ und ›Goldtröpfchen‹ in Halensee. Letzteres muß ein Stammlokal von W. sein. Besonders gut kannte er Schifferklavierspieler und den Wirt. Muß es unbedingt sein, daß ich mit Weihe mehr als notwendig zusammentreffe? Der Mann ist ein ganz widerliches Ekel. Ich fürchte, meine Schauspielkunst ist bald am Ende.(...) Hoffentlich verschwindet der Kerl bald von der Bildfläche (...) Georg«

Weihe spielt in der Akte des Wolfgang Vogel eine zentrale Rolle. Immer wieder erhält er von seinem Führungsoffizier den Auftrag, sich mit ihm zu treffen. Das letzte Treffen mit Weihe findet Ende Oktober 1956 statt. »Weihe«, so berichtet Vogel, »hat mir erzählt, er sei jetzt beim Bezirksamt Kreuzberg im Entschädigungsausgleichsamt als Angestellter des Magistrats tätig.« Er schließt seinen Spitzelbericht mit der Bemerkung, daß er den Eindruck hat, daß Weihe nicht mehr als Agent tätig ist.

Am 17. Juni 1957 sehen Nachbarn Friedrich Weihe das letzte Mal aus seiner Wohnung in der Grimmstraße 8 kommen. In unmittelbarer Nähe des Hauses wird der Ex-CIC-Mitarbeiter von einem STASI-Kommando mit Hilfe des CIC-Überläufers von Iven (er war auch später der Hauptbelastungszeuge während des Prozesses) in den Ostteil der Stadt entführt.

In einem Schauprozeß wird Friedrich Weihe am 20. September 1957 wegen nachrichtendienstlicher Tätigkeit für die Amerikaner zu lebenslangem Zuchthaus verurteilt.[17] Im Vorfeld des Prozesses hatte die Oberstaatsanwaltschaft der DDR per Zeitungsanzeige versucht, Zeugen dafür zu finden, daß Weihe »Verbrechen gegen die Menschlichkeit« (Kontrollratsgesetz Nr. 10) während des Faschismus begangen habe. Weihes Vita gab dazu auch allen Anlaß.

Der am 22. Oktober 1903 in Braunschweig geborene ehemalige Bankangestellte war 1926 der SA und später der NSDAP beigetreten. Später arbeitete er im Reichssicherheitshauptamt und bei der Gestapo. Das Ende des Krieges erlebte Weihe im Dienstrang eines Obersturmbannführers der Waffen-SS. Da sich keine Zeugen meldeten, gab die Oberstaatsanwaltschaft ihr Vorhaben auf, ein zusätzliches Verfahren gegen Weihe zu eröffnen.

Während der Haft durchleidet Weihe alle berüchtigten Haftanstalten der DDR. Erste Station ist das STASI-Gefängnis Berlin-Hohenschönhausen. Nach einem Zwischenaufenthalt im Zuchthaus Brandenburg wird er in den Sonderstrafvollzug Bautzen-II eingeliefert. Aufgrund gezielter Schikanen seiner Aufseher verschlechtert sich sein psychischer Zustand rapide. Es folgt 1965 die »Überweisung« in das berüchtigte Haftkrankenhaus für Psychiatrie in Waldheim. Nach eingehenden Untersuchungen bescheinigt ihm der zuständige Arzt Manfred Ochernal eine Paranoia und erklärt ihn für haftunfähig. Eine eigens aus Berlin angereiste Ärztekommission setzt sich jedoch über das Attest des Kollegen hinweg und entscheidet, daß Weihe in Haft bleibt.

Am 19. Juni 1977, nach 20 Jahren STASI-Haft, wird Friedrich Weihe mit dem Physiologen Professor Adolf Frucht gegen den chilenischen Kommunisten Jorge Montes am Grenzübergang Herleshausen ausgetauscht. Maßgeblich beteiligt an dem Austausch ist Wolfgang Vogel – der Mann, den die STASI auf Weihe angesetzt hatte. Ob Vogel ihn auch ans Messer lieferte, bleibt eines seiner vielen Geheimnisse.

Auszüge aus Berichten des GM »Georg« alias Vogel

»Vermerk: 7. März 55
Ein Mann mit dem Namen B... (Berlin-Wilmersdorf, L... Str.) soll angeblich für einen imperialistischen Geheimdienst arbeiten und den Auftrag haben, mit unseren Organen der Staatssicherheit Verbindung aufzunehmen. Georg.«

»Vermerk: (...) RA W... hat auffällig viel Westmandanten. Er ist indifferent und lebt mit seiner Frau namens »M...« in sogenannter Lebensgemeinschaft. gez. Georg«

Wer so gut für die STASI funktionierte, durfte auch mal kritisieren. So notierte sein neuer Führungsoffizier am 10. November 1955: »Weiterhin brachte er zum Ausdruck, daß er in wesentlichen Prozessen festgestellt hat, daß die Urteile zu hoch liegen und man diese Arbeitsweise mit der vor dem 17. Juni 1953 vergleichen kann.«

Das war's aber auch. In der Regel lieferte Vogel das, was seine Auftraggeber von ihm erwarteten. Dazu gehörten Persönlichkeitsbilder, Stimmungsberichte aus dem Rechtsanwaltskollegium und Prozeßinterna. Besonders intensiv kümmerte er sich um seine Rechtsanwaltskollegen. Den Honekker-Anwalt Friedrich Wolff lobte er z. B. als den »politisch und fachlich besten Anwalt, der in jeder Hinsicht für unseren Staat eintritt«.

Der weitaus umfangreichste Teil der Akte besteht aus Berichten über den West-Berliner Rechtsanwalt Werner Commichau. Die mit grüner Tinte, dem Markenzeichen Vogels, handschriftlich angefertigen Vermerke stießen bei den Führungsoffizieren auf großes Interesse: Commichau unterhielt hervorragende Beziehungen zum militant-antikommunistischen »Untersuchungsausschuß Freiheitlicher Juristen« (UFJ). Auftragsgemäß erschlich sich Vogel das Vertrauen des Anwalts. Er wußte, wo der Klassenfeind saß, und notierte darüber: »Es ist mir mitunter sehr schwergefallen, die Maske zu wahren. Wenn man diesen Reichtum sieht, dann braucht man nicht nach dem Mehrwert zu suchen...«[18]

Höhere Geheimdienstchargen begannen sich für den erfolgreichen Spitzel zu interessieren. Am 23. November 1956 nahm zum erstenmal »Gen. Hauptmann Volpert«[19] (Leiter der für Vogel zuständigen Abteilung V/5 des MfS) an einem konspirativen Treffen teil.

Heinz Volpert

Während die Geheimdienstler des untergegangenen Dritten Reiches im Westen Deutschlands die Reorganisation betrieben, verließen sich die Antifaschisten in der werdenden DDR auf den Nachwuchs aus den eigenen Reihen. Kaderinspekteure des entstehenden ostdeutschen Geheimdienstes zogen übers Land und suchten hoffnungsvolle Perspektivagenten.

So warben sie im Februar 1951, die DDR war ein gutes Jahr alt, auch Heinz Volpert für den Dienst an der unsichtbaren Front. Schnell stieg er vom Kraftfahrer[20] zum operativen Mitarbeiter der Bezirksverwaltung (BV) Gera auf. In einem Vermerk der STASI-Hauptabteilung Kader und Schulung vom 11. März 1963 heißt es: »Innerhalb von 2 Jahren entwickelte er sich zum stellv. Leiter der Abt. V. Am 23. August 1954 erfolgte seine Versetzung als stellv. Ltr. der

Abt. 5 der HA V zum MfS Berlin. Am 29. September 1956 wurde Gen. V. zum Leiter der HA V/5 ernannt. Er hat es verstanden, durch eine zielstrebige und systematische Erziehungsarbeit das Kollektiv der Abteilung zu sichtbaren Erfolgen auf den einzelnen Arbeitsgebieten zu führen.«

Die Erfolge schlugen sich auch in Orden nieder. Am 7. Oktober 1957, dem immer mit Pomp gefeierten Jahrestag der DDR-Gründung, bekam Heinz Volpert gleich zwei Medaillen ans Revers geheftet. Nur ein Jahr später, Volpert war 25 Jahre alt, wurde ihm mit dem »Vaterländischen Verdienstorden« eine der höchsten Auszeichnungen der DDR verliehen.

Volpert machte als einer der wichtigsten Kämpfer im Kalten Krieg der 50er Jahre schnell Karriere. Das Planen und Durchführen von spektakulären Entführungsaktionen gehörte ebenso zu seinen Aufgaben wie die Unterwanderung von sogenannten Feindorganisationen und die »Bekämpfung des Menschenhandels«[21].

Unter Menschenhandel verstanden die DDR-Oberen »Das Abwerben bestimmter Personen- und Berufsgruppen mit dem Ziel, über eine panikauslösende Massenfluchtbewegung das gesellschaftliche Leben« der DDR »zu stören und zu desorganisieren«.[22] Die Schuld wurde der »imperialistischen BRD« in die Schuhe geschoben. Nach offizieller Lesart wurde im Westen geplant, daß »durch die zielbewußte Abwerbung von Fachkräften die Wirtschaft der DDR ausgehöhlt werde und es früher oder später zu einem wirtschaftlichen Chaos in der DDR kommen sollte, was zur Liquidierung des politischen Regimes in der DDR führen würde und damit eine Angliederung der DDR an Westdeutschland möglich mache«.[23]

Die wirklichen Menschenhändler saßen im Osten: In der Vogel-Akte findet sich der Hinweis, daß die STASI-Abteilung V den in den Westen geflüchteten Dr. Rudolf Reinartz in den Osten verschleppte. Am 17. Oktober 1955 vermerkte Unterleutnant Knoll in der »Georg«-Akte: »Reinartz wurde inzwischen zurückgeholt und zu lebenslänglichem Zuchthaus verurteilt.« Ein halbes Jahr zuvor, am 4. Februar 1955, hatte ein STASI-Entführungskommando Reinartz während eines Stadtbummels gekidnappt und in die DDR verschleppte. In einer Geheimverhandlung verurteilte das Bezirksgericht Rostock am 22. August 1955 den schwerkriegsbeschädigten (er war beidseitig beinamputiert) Reinartz zu lebenslänglicher Haft gemäß Artikel 6 des Kontrollratsdekrets 38. Justizministerin Hilde Benjamin wollte sich als aufmerksame Prozeßbeobachterin das makabre Schauspiel nicht entgehen lassen. Als Verteidiger trat Wolfgang Vogel auf. Im Rahmen eines von Vogel und Volpert organisierten Häftlingsaustausches kam Reinartz am 17. September 1965 zurück in den Westen.

Abrupt endete die Akte »Georg« am 14. März 1957. In dem als »Geheime Verschlußsache« eingestuften Protokoll heißt es: »Seit einiger Zeit wird festgestellt, daß der GM unehrlich ist. Wird in Zukunft operativ bearbeitet.« Unterzeichnet wurde das Papier von Hauptmann Volpert. Er versah die »Arbeitsakten des GM Georg, Reg.-Nr.: 4148/53«, mit einem Sperrvermerk: Die Akte darf »nur mit Genehmigung des Leiters der HA V/5, Gen. Hptm. Volpert, eingesehen werden.« An diese Anweisung hielten sich die STASI-Kontrolleure peinlich genau bis zum Untergang der DDR. Die zumindest formal abgebrochene Zusammenarbeit zwischen Wolfgang Vogel und Heinz Volpert ging, von der Öffentlichkeit unbemerkt, jedoch weiter.

Ihre erste gemeinsame Aktion im Jahre eins nach dem Mauerbau ging als der »Agentenaustausch Abel/Powers« in die Geschichte ein. Was sich da am 10. Februar 1962 auf der West-Berlin und Potsdam verbindenden »Brücke der Einheit« abspielte, war der prestigeträchtige Beginn der zweiten großen Karriere des Wolfgang Vogel. Vor der Austauschaktion gab es noch einen nervenraubenden Kleinkrieg zwischen dem amerikanischen Beauftragten James B. Donovan, Rechtsanwalt und Verteidiger des KGB-Spions Rudolf Iwanowitsch Abel, dessen wirklicher Name bis heute nicht bekannt ist, und Wolfgang Vogel. Donovan wollte Vogel als Verhandlungspartner nicht akzeptieren, obwohl dieser das Mandat der angeblichen Ehefrau von Abel innehatte. Auch von der Familie eines weiteren in den Austausch einbezogenen US-Bürgers, des Studenten Frederic Leroy Pryor, war der Staranwalt beauftragt.

Nach langwierigen Verhandlungen, die Vogel angeblich in enger Zusammmenarbeit mit dem erst seit einigen Wochen im Amt befindlichen Generalstaatsanwalt Streit führte, kam es am 10. Februar 1962 zum historischen Agentenaustausch auf der Glienicker Brücke. Rudolf Abel und Francis Gary Powers standen sich zum ersten und letzten Mal in ihrem Leben gegenüber und gingen ohne ein Wort zu wechseln aneinander vorbei. Um 8.55 Uhr war die geheimnisvolle Operation beendet.

Die relativ problemlos verlaufende Aktion bedeutete Vogels Entree in die Welt der Geheimdienste. Er war von diesem Zeitpunkt an ein international begehrter und akzeptierter Partner, wenn es galt, Spionen in die Freiheit zu verhelfen. Auch in Bonn registrierten die zuständigen Stellen aufmerksam, daß Vogel offenbar auserkoren war, in Zukunft als stiller Mittler zwischen den Welten zu agieren. Seine Einbeziehung in den ersten deutsch-deutschen Häftlingsfreikauf erscheint da nur logisch.

Die zwischen den Jahren 1963 und 1990 verkauften Häftlinge brachten der DDR eine Einnahme von 3,4 Milliarden

DM. Für die ökonomische Seite des Geschäftes und die Verwaltung der so erwirtschafteten Devisen war Alexander Schalck-Golodkowski mit dem ihm unterstehenden Bereich Kommerzielle Koordinierung (KoKo) zuständig. Für Vogel, Volpert und Schalck war ihre gewinnbringende Zusammenarbeit nicht nur eine verwaltungstechnische Angelegenheit. Die drei wurden Duz-Freunde. Die Kollegen Schalck und Volpert verteidigten später ihre gemeinsame Doktorarbeit, die sie an der Juristischen Hochschule Potsdam einreichten, im Büro von STASI-Minister Erich Mielke. Von da an blieb der Vorgang eine geheime Verschlußsache. Volpert und Vogel dehnten ihre geschäftlichen Kontakte auch auf den privaten Bereich aus. Die beiden leidenschaftlichen Skifahrer verbrachten so manches Mal ihren Erholungsurlaub im Wintersportzentrum Oberwiesenthal.

Für den ehrgeizigen Heinz Volpert ging es, nach einigen Schwierigkeiten 1962, als ihm die STASI-Kaderabteilung »ungenügend fundierte Kenntnisse über die Probleme des sozialistischen Aufbaus in der DDR« vorwarf und ihm zur Strafe eine ehrenamtliche Tätigkeit übertrug, die ihn mit »der Praxis unseres gesellschaftlichen Lebens in Verbindung bringt«, auf der Karriereleiter steil nach oben.

Am 9. September 1969 bestätigte die Abteilung für Sicherheitsfragen beim Zentralkomitee der SED die »Entbindung des Genossen Oberstleutnant Volpert, Heinz, geb. 21. Dezember 1932, von der Funktion als stellvertretender Leiter der Hauptabteilung XX des Ministeriums für Staatssicherheit«. Dieser sogenannten Kaderentscheidung waren heftige Auseinandersetzungen zwischen dem Leiter der Hauptabteilung XX, Paul Kienberg, und Volpert vorausgegangen. Volpert wurde nun auch offiziell als Beauftragter für »Sonderaufgaben« Mielke direkt unterstellt. Zu seinen Mitarbeitern gehörten lediglich eine Sekretärin und ein Kraftfahrer.

Einen Chauffeur brauchte Volpert aber nur selten: der begeisterte Autonarr, seine Lieblingstypen waren Mercedes und BMW, fuhr lieber selbst. Geschwindigkeitsbegrenzungen im Tempo-100-Land DDR waren für ihn kein Thema. Mit dem Sonderausweis Nr. 000634 »Freie Fahrt-A« konnte er sich über Geschwindigkeitsbegrenzungen hinwegsetzten. Der sogenannte A-Schein wurde normalerweise nur an die höchste Ebene der Nomenklatur, wie Politbüromitglieder und Minister, ausgegeben.

Andere verkehrspolizeiliche Maßnahmen (z. B. Alkoholkontrolle) konnte Volpert durch den Schein »Sondergenehmigung«, ausgestellt vom damaligen Ministerium des Innern, Haupabteilung Verkehrspolizei, umgehen. Die Herkunft der teuren Autos verheimlichte Volpert selbst den DDR-Devisenbeschaffern. Manfred Seidel, Stellvertreter von Alexander Schalck, kann sich nicht erinnern, daß »KoKo« ihm die Autos besorgt hätte. Es handelte sich keinesfalls um von der STASI beschlagnahmte Nobelkarossen, denn, so Seidel: »Der setzte sich nicht in gebrauchte Autos.«

Heinz Volpert, ein begeisterter *Spiegel*- und *Stern*-Leser, entsprach so gar nicht dem Klischee des STASI-Mannes. Durchtrainiert als passionierter Skifahrer und Jogger, dazu elegant gekleidet, machte er auf seine westlichen Verhandlungspartner Eindruck. Der damalige Unterabteilungsleiter im Innerdeutschen Ministerium, Klaus Plewa, kann sich noch gut an den »umgänglichen und gewinnenden« Volpert erinnern. Bei den Freikaufverhandlungen mit Vogel sei Heinz Volpert öfter anwesend gewesen. Dabei habe er nach außen die Rolle des Fahrers von Wolfgang Vogel gespielt.

Prof. Dr. jur. h. c. Vogel

Der Generalstaatsanwalt der DDR, Josef Streit, wollte seine Beziehungen zur Humboldt-Universität nutzen, um seinem Schützling Wolfgang Vogel zu Doktorwürden, wenn auch nur ehrenhalber, zu verhelfen. Er bestellte den Direktor der Sektion Rechtswissenschaft der Humboldt-Universität, Professor Erich Buchholz, zu sich und teilte ihm mit, er solle veranlassen, daß Rechtsanwalt Vogel wegen seiner Verdienste einen »Doktor h. c.« verliehen bekommt. Während einer Dienstbesprechung, im Beisein aller Bereichsleiter, trug Buchholz das Begehren vor. Die ansonsten so willfährigen Universitätskader stimmten überraschenderweise jedoch nicht zu, sondern waren der Meinung, daß auch der berühmte Anwalt eine Arbeit mit wissenschaftlichem Wert vorlegen müßte. Sie boten als Ausgleich an, Vogel bei der Erarbeitung zu unterstützen.

Als Buchholz das Ergebnis der Sitzung Streit mitteilte, konnte der es nicht fassen: »Das hätte ich nicht von euch erwartet. Ihr habt kein politisches Verständnis«, brüllte er den Direktor an. Der Ehrendoktor für Wolfgang Vogel wurde zur Chefsache erklärt. Staatssicherheitsminister Erich Mielke brachte das Problem im Politbüro zur Sprache. Willi Stoph, Ministerpräsident der DDR und oberster Dienstherr der Akademie für Staat und Recht in Potsdam-Babelsberg, schaltete seinen Adlatus Dr. Harry Möbis ein: »Genosse Möbis, sorgen Sie dafür, daß der Vogel Doktor wird.«

Möbis, der im geheimen als »Offizier im besonderen Einsatz« (OibE) dem Ministerium für Staatssicherheit unterstand, fuhr nach Potsdam-Babelsberg an die Akademie für Staat und Recht »Walter Ulbricht«. Der damalige Direktor Reiner Arlt kann sich noch gut an den Auftritt des hohen Abgesandten erinnern: »Es wird gewünscht, daß der Vogel

Doktor wird«, teilte Möbis ihm mit. Arlt berief den Wissenschaftlichen Rat ein, und im Gegensatz zu den Kollegen der Humboldt-Universität wurde dem Wunsch ohne Widerrede gefolgt.

Im Archiv der Akademie sind auch die Promotionsunterlagen von Wolfgang Vogel abgelegt. In den Akten finden sich sowohl seine Rede anläßlich der Verleihung des Ehrendoktors am 17. Oktober 1969 als auch eine Liste der geladenen Personen, aus der hervorgeht, daß neben einem Vertreter des Justizministeriums auch der Genosse Dr. Friedrich Wolff (Exverteidiger Honeckers), Genosse Heinrich Toeplitz, als Abgesandter der Generalstaatsanwaltschaft Genosse Harland und Genosse Heinz Volpert anwesend gewesen seien sollen.

Sechs Jahre später ehrte die SED Vogel »anläßlich des 26. Jahrestages der Gründung der Deutschen Demokratischen Republik in Würdigung außerordentlicher Verdienste beim Aufbau und bei der Entwicklung der sozialistischen Gesellschaftsordnung und der Stärkung der Deutschen Demokratischen Republik« mit dem Vaterländischen Verdienstorden in Gold. Im Februar desselben Jahres hatte auch Heinz Volpert die hohe Auszeichnung aus den Händen Erich Honeckers erhalten.

Eigentlich sollte Vogel zu seinem 60. Geburtstag wieder mit einem Orden ausgezeichnet werden. Der Dr. h. c. wollte jedoch lieber einen zusätzlichen Titel, den »Professor«. Das damals für die Akademie in Potsdam zuständige Politbüromitglied Werner Krolikowski beauftragte seinen Mitarbeiter Konrad Friebel, die Angelegenheit zu organisieren. Friebel erinnert sich, daß Krolikowski ihn anwies, dafür zu sorgen, »daß der Vogel Professor wird«.

Da sich Friebel aber um die Angelegenheit nicht kümmerte, rief Krolikowski den damaligen Direktor der Akademie Horst Steeger an. Professor Schüßler, Mitglied des Wissenschaftlichen Rates, erinnert sich, daß Vogel den »Professor« klammheimlich verliehen bekam. Weder wurde der Wissenschaftliche Rat gefragt, noch zur Verleihungsveranstaltung eingeladen. Steeger hatte die Feier nur im kleinen Rahmen konzipiert, weil er wußte, daß Vogel auch mal eine kritische Rede halten wollte. »Persönlichkeiten aus dem Umfeld von Herrn Professor Vogel« waren anwesend. Der »Herr Professor« hatte selbst eingeladen. Unter den Gästen waren alte Freunde wie Friedrich Wolff sowie Gregor Gysi und Vogels anwaltliche Mitarbeiter Klaus Hartmann und Dieter Starkulla.

Anmerkungen

1 Rainer Barzel in einem Interview für die »Berliner Zeitung« vom 17./18. Oktober 1992.
2 Jens Schmidthammer: Rechtsanwalt Wolfgang Vogel, Hamburg 1987.
3 Peter-Ferdinand Koch: Das Schalck-Imperium lebt, München 1991, S. 114
4 Werner Kahl: Wolfgang Vogel – der Mann für Grenzfälle, in: Die Welt vom 31. Januar 1985.
5 Jens Schmidthammer: Rechtsanwalt Wolfgang Vogel, Hamburg 1987, S. 181.
6 Studienunterlagen Wolfgang Vogel, Universität Leipzig, Archiv.
7 Jens Schmidthammer, a. a. O., S. 181.
8 Super-Illu vom 30. Januar 1992.
9 Uhlmann/Brinkschulte/Heise: Teurer Helfer, in stern-magazin, 42/92, S. 232 ff.
10 Geschichte der SED, Berlin (Ost) 1978, S. 295.
11 Es gab immer einen sogenannten IM-Vorlauf, in dem die Zielperson überprüft und beschlossen wurde, ob eine Anwerbung überhaupt Sinn macht. Auch einige Oppositionelle in der DDR fanden nach der Wende in ihren Akten Belege, daß die STASI plante, sie als IM anzuwerben.
12 Seine erste Frau hieß Eva-Maria.
13 Schmidthammer, a. a. O., S. 181.
14 Ebenda.

15 Akte »Eva/Georg«, S. 18.
16 Ebenda, S. 21 u. 22.
17 Meldung dpa vom 21. September 1957.
18 Ebenda, Bericht vom 15. Januar 1956.
19 Ebenda, S. unleserlich.
20 Personalakte Heinz Volpert, u. a. S. 471.
21 Ebenda, S. 253.
22 Charisius/Mader: Nicht länger Geheim, Berlin (Ost) 1969, S. 320.
23 Ebenda, S. 321, zitiert aus Neues Deutschland vom 29. Juli 1961.

Preis der Freiheit: Ausreise gegen Devisen

Nachdem es den DDR-Oberen im August 1961 handstreichartig gelungen war, eine Mauer um das Land zu ziehen, stellten sie überrascht fest, daß nicht alle der verbliebenen rund 17 Millionen Menschen das Lied vom Aufbau des Kommunismus singen wollten. Obwohl die SED-Führung ihrem Volk das Himmelreich auf Erden versprach, versuchten immer mehr unzufriedene Bürger, die DDR auf legalem oder illegalem Weg in den »goldenen Westen« zu verlassen.

Die Grenztruppen intensivierten in der Folgezeit ihre Bemühungen, die Grenzanlagen unüberwindbar zu machen. Die DDR-Führung baute das Land systematisch zum Hochsicherheitstrakt aus. Todesstreifen, Stacheldraht, Selbstschußanlagen und Grenzsoldaten als potentielle Mörder sollten Flüchtlinge abschrecken. Selbst Kinder mußten lernen, wie sie mit Verrätern umzugehen hatten. Pädagogisch wertvoll, weil spielerisch, waren sie unter fachkundiger Anleitung von kampferprobten Lehrern »Auf der Spur«.

»Rollen: Grenzsoldaten, 1 Grenzverletzer, 1 Kommandeur. Alarm! Alarm! Man hat die Spur eines Grenzverletzers entdeckt. Eine Gruppe junger Grenzsoldaten soll den Grenzverletzer ausfindig machen und festnehmen. (...) Die anfangs deutlich sichtbaren Spuren werden immer schwächer und seltener. Doch die Grenzsoldaten finden den Grenzverletzer. Sie nutzen die kleinste Deckung im Gelände aus (...), schleichen sich unbemerkt an ihn heran, umzingeln ihn und nehmen ihn fest.«[1]

Zur Kanalisierung legaler Ausreisebestrebungen installierte die SED-Führung einen gigantischen Apparat, der – preußisch genau und streng geheim – Verordnungen,

Dienstvorschriften und Anweisungen zur Regelung der Ausreise erließ.

Die Machenschaften des MfS

Die eigentliche Federführung bei der Zurückdrängung und Bekämpfung der Ausreisebestrebungen von DDR-Bürgern lag in den bewährten Händen des Ministeriums für Staatssicherheit. Anfangs bearbeitete die STASI die Ausreisewilligen noch weitgehend dezentral.[2] Am 15. Dezember 1975 erließ STASI-Minister Mielke den Befehl Nr. 1/75, der die Gründung der Zentralen Koordinierungsgruppe (ZKG) innerhalb des Ministeriums vorsah. In den Bezirksverwaltungen (BV), den Außenstellen des Ministeriums, wurden entsprechende Einheiten unter der Bezeichnung »Bezirkskoordinierungsgruppen« (BKG) gebildet. Die Aufgabe der ZKG unter Leitung von Oberst Willy Woythe bestand in der ersten Zeit vornehmlich in der »Vorbeugung, Aufklärung und Verhinderung des ungesetzlichen Verlassens der DDR und Bekämpfung des staatsfeindlichen Menschenhandels«.[3]

Diverse Schreiben des Ministers Mielke erweiterten das Tätigkeitsfeld der ZKG. Am 13. Oktober 1983 trat die »Dienstanweisung Nr. 2/83« in Kraft. In ihr legte Mielke fest, daß »zur Unterbindung und Zurückdrängung von Versuchen von Bürgern der DDR, die Übersiedlung nach nichtsozialistischen Staaten und West-Berlin zu erreichen, sowie für die vorbeugende Verhinderung, Aufklärung und wirksame Bekämpfung damit in Zusammenhang stehender feindlich-negativer Handlungen« alle operativen Diensteinheiten der STASI ihren Teil beitragen müssen.

Die ZKG koordinierte in Zukunft alle Maßnahmen zur Zurückdrängung von Ausreisebestrebungen und war auch bei der Lösung von Konfliktfällen, humanitären Anliegen (Listenzusammenstellung) und Botschaftsfällen federführend. Generalmajor Gerhard Niebling wurde als neuer Leiter ernannt und verantwortete bis zum Ende der DDR den Einsatz von 190 Mitarbeitern und ca. 130 Inoffiziellen Mitarbeitern (IM).[4] Hochrangige und bis heute nicht enttarnte IMs der ZKG saßen zum Beispiel in der »Internationalen Gesellschaft für Menschenrechte« (IGfM) und in der von dem ehemaligen Fernsehjournalisten Gerhard Löwenthal beeinflußten Organisation »Hilferufe von drüben« (Hvd).

Die Behinderung von Ausreise und Übersiedlung

Bis zum Jahre 1977 regelten lediglich Anweisungen aus dem Ministerium des Innern die Verfahrensweise über den Umgang mit Ausreiseantragstellern, so z. B. die »Anweisung Nr. 024/67 des Ministers des Innern und Chefs der Deutschen Volkspolizei über die Bearbeitung von Anträgen zur (...) Entlassung aus der Staatsbürgerschaft (...) der DDR«. Der steigenden Zahl von Antragstellern Rechnung tragend, erließ am 8. März 1977 der Minister des Innern die »Ordnung Nr. 0118/77«. Diese bis zum Ende der DDR als »Vertrauliche Verschlußsache« (VVS) eingestufte Ordnung, zu der alle Ministerien ihre Einwilligung geben mußten, regelte erstmals »das Vorgehen bei der Unterbindung und Zurückdrängung von Versuchen von Bürgern der DDR, die Übersiedlung nach der BRD oder Westberlin zu erreichen, das Verfahren zur Genehmigung von Anträgen auf Wohnsitzänderung nach der BRD und nach Westberlin, das Verfahren bei Eheschließungen zwischen Bürgern der DDR und Ausländern, die Behandlung von Staatsbürgerschaftsfragen, den Verkehr mit Behörden und deren Einrichtungen der

BRD und Westberlins sowie über die Behandlung von Anliegen aus der BRD und aus Westberlin«.

Auf ca. 250 Seiten legte der Innenminister der DDR, Armeegeneral Friedrich Dickel, detailliert fest, wer für die Bearbeitung verantwortlich ist, wie Versuche zur Erreichung der Übersiedlung unterbunden und zurückgedrängt werden können, wie die Antragsteller erfaßt werden sollen und welche Regelungen für die Vermögenswerte (Geld, Grundstücke) gelten.

Auf Grundlage der Ordnung »118/77« wurden Kommissionen aus Vertretern des Ministeriums des Innern (MdI), des Ministeriums für Staatssicherheit sowie den Leitern der Abteilung Inneres der Räte und Kreise gebildet.

Den Posten des Leiters der Abteilung Inneres auf Bezirksebene besetzte, wenn auch inoffiziell, die ZKG: es waren in der Regel IMs oder »Offiziere im besonderen Einsatz« (OibE).[5] »Die Leiter der Abteilung Innere Angelegenheiten [hatten] die Aufgabe zu sichern, daß nach Bekanntwerden von erstmaligen Versuchen zur Übersiedlung in allen Fällen die Karteikarte IA 30 ausgefertigt« wird.[6] Penibel vermerkten die Autoren der Ordnung, daß »die für das Paß- und Meldewesen und die Kreisdienststellen des Ministeriums für Staatssicherheit bestimmten Informationen (...) auf neutralem Papier geschrieben werden« können. Neben den üblichen Daten wie Name und Beruf existierte auch eine Rubrik »weitere bedeutende Hinweise«.

Hier registrierten die staatlichen Gesprächspartner, ob ein Antragsteller als Vorbestrafter, Geheimnisträger, Invalidenrentner oder auch kriminell Gefährdeter erfaßt ist.

Es entstand eine perverse Situation: Die sozialismusmüden DDR-Bürger stellten einen Antrag, der auf einer Ordnung basieren mußte, die sie überhaupt nicht kannten. Diesen Informationsnotstand machten sich die Machthaber

natürlich zunutze. So wurde z. B. unter »III. Grundsätze
über das Antrags-, Prüfungs- und Entscheidungsverfahren
für die Ausreise nach der BRD und Westberlin« festgelegt,
daß »bei Antragstellern, die Wehrdienst (...) geleistet haben«, eine Genehmigung zu versagen ist, »sofern seit dem
Tage der Entlassung bei

- Offizieren und Fähnrichen weniger als 15 Jahre,
- bei Unteroffizieren mit 10 und mehr Dienstjahren weniger als 10 Jahre,
- bei Unteroffizieren bis 9 Dienstjahre weniger als 8
Jahre sowie
- bei Soldaten weniger als 6 Jahre vergangen sind«.

Gleiches galt auch für alle anderen »bewaffneten Organe«, wie STASI, Zoll usw. im DDR-Sprachgebrauch genannt wurden. Unter Ziffer 14, Absatz 2 der Ordnung heißt
es ausdrücklich: »Die (...) genannten Fristen sind den betreffenden Bürgern zur Kenntnis zu geben.« [7] Auch für Mitarbeiter von wissenschaftlichen Einrichtungen bestanden
Sperrfristen. Diese Fristen galten ebenfalls für Verwandte
ersten und zweiten Grades.

Aufgrund der nicht durchschaubaren Ablehnungen ließen die Menschen nicht locker und stellten erneut einen
Ausreiseantrag. Damit erfüllten sie aber gleichzeitig den
Straftatbestand der »Beeinträchtigung staatlicher Tätigkeit«
gemäß § 214 StGB oder anderer Paragraphen. Nicht selten
kam es zu einem Ermittlungsverfahren mit anschließender
Anklage und Verurteilung. Das Strafmaß für diese »Verbrechen« reichte von Geld- bis zu Gefängnisstrafen.

Am 30. November 1989, drei Wochen nach Öffnung der
Mauer, schickte Wolfgang Vogel an den »Sehr geehrte(n)
Genosse(n) Egon Krenz« unter der Überschrift »Der Frei-
kauf« eine Abrechnung seiner Tätigkeit. Darin heißt es u. a.:
»Gemäß dieser Vereinbarung haben wir am 1. Oktober 89

eine Gutschrift in Höhe von 76 Mio erhalten. Letzte 65 Mio gesteht man uns per 20. 12. 1989 unter folgenden Voraussetzungen zu ...«. In seinem Brief erwähnte Vogel auch die Bedeutung »qualitativ geeigneter Urteile« im Freikaufgeschäft. Was darunter zu verstehen war, bekamen u. a. der Autoschlosser Uwe Schulz und seine Mutter Kriemhild im Jahr 1984 zu spüren.

Der Fall Schulz

Wernigerode am Nordharz war schon zu Zeiten der Preußen Kreisstadt. Die Bibliothek und das Schloß finden in alten Reiseführern lobende Erwähnung. Einst mitten in Deutschland, lag die 35.000 Einwohner zählende Stadt nach dem Bau der Mauer am 13. August 1961 plötzlich am Rande der DDR, wurde zum »grenznahen Bereich« erklärt. Besucher konnten die westlichen Nachbarorte nur noch mit Passierschein betreten. Der Brocken, höchster Berg des Harzes und der Sage nach Treffpunkt der Hexen, wurde zur Festung ausgebaut: Auf der Spitze des Berges installierten STASI und Armee eine riesige Abhöranlage für ihre Lauschangriffe auf den Klassenfeind im Westen. Gen Osten sorgte die uniformierte Macht des Arbeiter-und-Bauern-Staates für Ruhe und Ordnung. Die Bahnpolizei patrouillierte durch die Züge Richtung Harz, und die Kollegen der Schutzpolizei bewachten die Straßen. Potientielle Flüchtlinge sollten schon auf dem Weg an die Grenze gefaßt werden. Auch die Greifer der Geheimpolizei waren präsent: Die STASI hatte eine Kreisdienststelle in der Stadt.

Trotz dieser Schikanen fühlte sich Kriemhild Schulz, 1939 in Magdeburg geboren, wohl in Wernigerode. Die lebenslustige und gutmütige Frau bewohnte mit ihren beiden

Söhnen Uwe und Michael ein schönes Haus am Stadtrand. Während Michael noch Schüler war, arbeitete sein großer Bruder als Autoschlosser. Im Haus der gelernten Maschinenbauerin lebte auch ihre Mutter Hedwig Hollstein.

Die Rentnerin stellte 1967 einen »Antrag auf eine Besuchsreise in die BRD«. Oma Hedwig konnte Freunde der Familie in Bad Harzburg besuchen. Ihr gefiel es im Westen so gut, daß sie bei ihren Bekannten blieb und nicht in die DDR zurückkehrte. Tochter Kriemhild und die Enkel Uwe und Michael bekamen in den folgenden Jahren manch sehnsüchtig erwartetes Westpaket.

Fünfzehn Jahre später erkrankt Hedwig Hollstein. Sie wird pflegebedürftig. Kriemhild Schulz stellt einen »Antrag auf eine Besuchsreise in die BRD«, um ihrer Mutter beistehen zu können. Der Antrag wird abgelehnt. Da sich der Zustand ihrer Mutter verschlimmert, entschließt sie sich, zusammen mit ihren beiden Söhnen einen Ausreiseantrag zu stellen. Am 23. August 1983 geben Kriemhild und Uwe Schulz ihren Antrag beim Rat des Kreises Wernigerode ab. Noch am selben Tag fahren die beiden nach Berlin in die Kanzlei Wolfgang Vogels.

Auf ihn setzen sie ihre ganzen Hoffnungen. Vogel vermag der Familie jedoch nicht zu helfen. »Ich kann erst für Sie tätig werden, wenn Sie inhaftiert sind«, beschied sie der Anwalt. Wenn die Ausreisewilligen »etwas zu bieten« hatten, konnte der geschäftstüchtige Anwalt sehr wohl helfen. Vogel merkte jedoch, daß bei Familie Schulz nichts zu holen war. Enttäuscht von dem Gespräch mit dem Anwalt, intensivierte die Familie ihre Bestrebungen, aus der DDR herauszukommen. Nach der Ablehnung des ersten Antrages am 13. September 1983 stellten sie am selben Tag einen neuen Ausreiseantrag. Am 10. Januar 1984 müssen Kriemhild und Uwe Schulz erneut beim Rat des Kreises Wernigerode vor der für

Ausreiseanträge zuständigen »Abteilung Innere Angelegenheiten« erscheinen. Der zuständige Sachbearbeiter Lange macht den beiden klar, daß die DDR-Behörden nicht gewillt sind, ihre Anträge zu genehmigen. Daraufhin drohen diese, daß sie im Falle der Nichtgewährung der Ausreise staatliche Stellen in der Bundesrepublik informieren werden.

Sachbearbeiter Lange informiert sofort seinen Chef über die renitente Familie. Der Leiter der Abteilung Innere Angelegenheiten macht daraufhin bei der STASI pflichtgemäß Meldung, denn in der Ordnung Nr. 0118/77 heißt es unter Punkt I/3: »Die Leiter der Abteilungen Innere Angelegenheiten der Räte der Bezirke, Kreise und Stadtbezirke sind verantwortlich, daß die Sicherheitsorgane sowie die Betriebe über Versuche zur Erreichung der Übersiedlung in hoher Qualität und rechtzeitig informiert werden.«

Unter Punkt II/5(3) heißt es weiter: »Soweit Bürger Straftaten und andere Rechtsverletzungen sowie Handlungen (...) zur Erreichung der Übersiedlung androhen bzw. begehen, sind die Volkspolizei-Kreisämter, Kriminalpolizei und die Kreisdienststellen des Ministeriums für Staatssicherheit unverzüglich fernmündlich zu informieren.«

Familie Schulz ist den Sicherheitsorganen längst bekannt: Schon ihr erster Ausreiseantrag landete zwei Tage später bei der STASI. Auch die weiteren Begehren auf Ausreise sowie die Gesprächsprotokolle über ihre Besuche in der Abteilung Innere Angelegenheiten wurden an das Sicherheitsministerium weitergereicht. Bereits drei Tage nach ihrem Gespräch in der Abteilung Inneres beschloß die Kreisdienststelle (KD) der STASI, »die genannten Personen Schulz, Kriemhild, und Schulz, Uwe (...), wegen des Verdachtes provokatorisch-demonstrativer Handlungen zur Durchsetzung ihres Übersiedlungsbestrebens nach der BRD in einer Operativen Personen Kontrolle (OPK) [zu] bearbeiten«.

Aus ihrer dreibändigen STASI-Akte, die sie in der Gauck-Behörde einsehen können, geht hervor, daß ein ganzer Schwarm von offiziellen und inoffiziellen Mitarbeitern der STASI auf sie angesetzt war, darunter ein enger Freund der Familie. Sein Name: Heiko Theuerkorn.

So sammelte die STASI fleißig belastendes Material. Sie notierte u. a., daß »... die Sch., Kriemhild (...), während einer Aussprache am 24. Januar 84 gegenüber einem Mitarbeiter der Abteilung Innere Angelegenheiten in Wernigerode [androhte], daß sie und ihre Söhne
– einen Sitzstreik in demonstrativer Weise vor dem Staats-ratsgebäude in Berlin durchführen würden;
– zur Erlangung der Genehmigung zur Übersiedlung nach der BRD in den Hungerstreik treten würden und
– schließlich die Massenmedien in der BRD auf den ›Un-rechtsstaat DDR‹ im Zusammenhang mit ihrem ›Fall‹ aufmerksam machen würden«.

Daß es Kriemhild Schulz und ihrem Sohn Uwe durchaus ernst damit ist, erfährt die STASI aus ihrer besten Quelle.

Am Sonnabend, dem 28. Januar 1984, ist Heiko Theuer-korn wieder einmal bei Schulzens zu Gast und lauscht den Gesprächen. Aufmerksam wie immer bekommt er mit, daß die Familie in drei Tagen zum Sitzstreik nach Berlin fahren werde. Wieder zu Hause, schreibt der Spitzel Theuerkorn einen zweiseitigen Bericht für seinen Arbeitgeber. Es soll der entscheidende Tip für die Verhaftung der Familie sein. Die STASI hat auf diesen Tag schon lange hingearbeitet. Jetzt kann sie endlich zugreifen.

Die Verhaftung

Am Morgen des 30. Januar 1984, gegen 8.00 Uhr, klingeln die STASI-Greifer Uwe Schulz aus dem Bett. Sie fordern ihn auf, sich sofort anzuziehen und mitzukommen. Uwe hinterläßt noch eine Nachricht für seine Mutter: »Bin in Magdeburg. Uwe.« Mehr darf er nicht schreiben. Mutter Kriemhild, schon früh zum Einkaufen aus dem Haus gegangen, wird zwei Stunden später von zwei Herren angesprochen, die sich als »Mitarbeiter des Ministeriums für Staatssicherheit« ausweisen. Gemeinsam gehen sie ins Haus. Auf dem Küchentisch findet sie den Zettel ihres Sohnes. Die sensible Frau bekommt einen Weinkrampf. Wo ihr Sohn sei, wollen die STASI-Greifer ihr nicht sagen. »Zur Klärung eines Sachverhaltes« wird Kriemhild Schulz nach Magdeburg gebracht.

In den nächsten 16 Stunden werden die beiden, streng isoliert, wie Schwerverbrecher verhört. Nachts um 2.00 Uhr bringt man sie in das STASI-Untersuchungsgefängnis Magdeburg-Neustadt. Aus der »Operativen Personen Kontrolle« (OPK) macht die STASI einen »Operativen Vorgang« (OV) mit dem Decknamen »Eichberg«, benannt nach der Wohnstraße der Familie Schulz. Die STASI hatte einen passenden Paragraphen aus dem Strafgesetzbuch der DDR (StGB) herausgesucht: Gegen Kriemhild und Uwe Schulz wird wegen Verstoßes gegen § 214 StGB, Abs. 1 (Beeinträchtigung staatlicher Tätigkeit) ermittelt, ein häufig angewandtes Mittel, um mißliebige Personen hinter Gitter zu bringen.

Kriemhild Schulz wird in Zelle 16 gebracht. Ein kleiner, ca. 8 qm großer Raum. Zwei Holzpritschen sind die einzigen Möbelstücke. Den Himmel kann sie nicht sehen: Glasbausteine lassen keine Sonnenstrahlen herein. Ihr Sohn Uwe, damals 25 Jahre alt, bekommt Zelle 18 zugewiesen.

Der Knast

Die nächsten drei Monate werden für Kriemhild Schulz zur Tortur. Sie wird jeden Tag verhört. Einmal in der Woche darf sie an die frische Luft. Freies Herumlaufen in dem Gefängnishof ist nicht gestattet. In einem zwei mal zwei Meter großen Betonkäfig darf sie sich frei bewegen. Die Häftlinge dürfen nicht miteinander reden. Daß ihr Sohn Uwe, der mit den Schikanen leichter umgehen kann, auch in diesem Gefängnis sitzt, erfährt sie nicht.

Die STASI-Aufseher sind geschult im Umgang mit Häftlingen. Nur zuverlässige Kader kommen zum Einsatz in Gefängnissen:

»Die Mitarbeiter der Abteilung XIV (Strafvollzug) stehen in ihrem täglichen Dienst Staatsverbrechern gegenüber, deren Ziel es war, die Machtverhältnisse zu verändern und damit die sozialistische Staats- und Gesellschaftsordnung zu beseitigen.«[8] Im Dritten Reich mußte ein guter Nazi-Kader »hart wie Kruppstahl, zäh wie Leder und schnell wie ein Windhund« sein. Das reichte bei der STASI nicht mehr. In einem internen STASI-Papier über die Persönlichkeitsmerkmale, die bei einem Mitarbeiter der Abteilung XIV im Vordergrund stehen, heißt es:

»In seinem Wesen muß sich eine bewußte Diszipliniertheit, Tapferkeit, Mut, Kühnheit, Standfestigkeit, Gewissenhaftigkeit, Entschlossenheit, Selbstopferung, Willenskraft, Zähigkeit, Ausdauer, Beharrlichkeit, Heroismus und Patriotismus widerspiegeln. Der Patriotismus und der Haß gegen die Feinde darf sich nicht nur als Deklaration zeigen, sondern muß zur Tat, d. h. zur ständigen Wachsamkeit werden.«[9]

Voller Mut und Tapferkeit beobachten die STASI-Aufpasser durch das Guckloch in der Zellentür, wie sich die weiblichen Gefangenen am Abend ausziehen und waschen.

Besondere Zähigkeit legen sie an den Tag, um die voll-
schlanke Kriemhild Schulz zu begaffen. Der Voyeurismus
kennt keine Grenzen: Sie wechseln sich am Türspion sogar
ab.

»Der Mitarbeiter in der Abteilung XIV muß sexuell nor-
mal veranlagt sein und ordentliche, saubere Beziehungen
zum anderen Geschlecht haben. Es müssen sich feste An-
sichten und Überzeugungen für das sittliche Verhalten her-
ausbilden«, heißt es in dem Papier weiter.[10]

Vor Gericht

Die Gerichtsverhandlung findet am 12. April 1984 unter
Ausschluß der Öffentlichkeit statt. In Handschellen wird
Kriemhild Schulz über die Flure des Kreisgerichtes Magdeburg Nord geführt. Vor dem Verhandlungssaal steht, mit
dem Gesicht zur Wand, ihr Sohn Uwe. Knapp vier Monate
haben sie sich nicht gesehen.

Uwe Schulz hatte Rechtsanwalt Vogel mit seiner Verteidigung beauftragt. Vogel gab sich jedoch mit solchen Lappa-
lien nicht ab und beauftragte seinen Kollegen Schumann in
Magdeburg. Der macht Uwe Schulz vor der Verhandlung
unmißverständlich klar, was er von ihm erwartet: »Entweder Sie geben es zu, dann kommen Sie auch raus. Wenn
nicht, dann nicht.«

Uwe hatte begriffen. Er gesteht seine angeblichen Verbrechen und wird zu einer Freiheitsstrafe von 1 Jahr und 8 Monaten verurteilt. Seine Mutter legt Berufung ein und bekommt noch zwei Monate drauf: 2 Jahre Knast für einen
Ausreiseantrag. Der OV »Eichberg« konnte beendet und archiviert werden: ein »qualitativ geeignetes Urteil war gesprochen«.

Der Weg in die Freiheit

Uwes Ehefrau Sabine Schulz setzt sich in der Folgezeit mehrmals mit Vogel in Verbindung, um zu erfahren, wann Kriemhild und Uwe Schulz ausreisen dürfen. Etliche Briefe gehen hin und her. Vogel verspricht, sich um die Angelegenheit zu kümmern. Am 1. Juli 1984 teilt er mit, daß »sich eine wunschgemäße Lösung ergeben« wird. Gemeint ist die Entlassung aus dem Gefängnis in die Bundesrepublik. Knapp zwei Monate später, am 20. August 1984, schreibt Vogel an die »Sehr geehrte Frau Schulz«: »Es ist bis Jahresende mit einer positiven Entscheidung zu rechnen, was Sie aber sehr vertraulich behandeln müssen. (...) Unsere Gebühren betragen für beide Fälle 721,– M. Wir bitten um Zahlung unter Verwendung der beigefügten Zahlkarte. gez. Vogel.«

Vogel, so schien es, konnte Unmögliches möglich machen.

Erst heute, neun Jahre später, ist klar, wie die Familie Schulz rausgekommen ist: Bereits am 9. Februar 1984, also zehn Tage nach der Verhaftung der Familie, fragt die Zentrale Koordinierungsgruppe (ZKG) der STASI bei den Kollegen in Magdeburg an, ob gegen eine Ausreise der Familie Schulz Einwände bestehen. Die Magdeburger Bezirkskoordinierungsgruppe (BKG) wiederum fordert die KD Wernigerode in einem Telex auf, den Vorgang Schulz zu prüfen.

»Im Zusammenhang mit den sich aus der VVS 15/84 rpt 15/84 ergebenden pol.-op. Aufgaben wird auf Anforderung der ZKG gebeten, kurzfristig zu nachfolgend angeführten Personen Versagungsgründe für eine Übersiedlung nach der BRD/WB (Ausweisung aus dem Strafvollzug) zu prüfen.«

In einem codierten Fernschreiben (cfs 96) vom 9. Februar 1984 teilt die STASI-Kreisdienststelle Wernigerode der Zentralen Koordinierungsgruppe in Berlin mit, daß »seitens der KD Wernigerode keine Versagungsgründe für eine Übersiedlung nach der BRD/WB (Ausweisung aus dem Strafvollzug)« bestehen. Unterzeichnet ist das Fernschreiben vom Chef der STASI-Kreisdienststelle Peter Waldyra und dem zuständigen Mitarbeiter Manfred Welk.

Für die STASI gab es verschiedene Gründe, Inhaftierte freizulassen. Diese »politisch-operativen Gründe« wurden genauestens aufgeführt. Einer von ihnen: wenn »bedeutsame Vorteile für die DDR erreicht werden können«[11], z. B. die Freikaufgelder.

Als Kriemhild und Uwe Schulz verurteilt wurden, stand für die STASI längst fest, daß die beiden in die Bundesrepublik entlassen werden können.

Es war jedoch nicht Vogel, dem es gelang, Kriemhild und Uwe Schulz auf die sogenannte »Häftlingsliste« (H-Liste) zu setzen. Die Bundesregierung, durch Hedwig Hollstein informiert, setzte sich für die beiden ein und schlug sie zum Freikauf vor. Dem Vorschlag stimmte die STASI begreiflicherweise sofort zu.

Kriemhild Schulz wird am 24. Oktober 1984 aus der Haft in die Bundesrepublik entlassen. Sie sieht um Jahre gealtert aus. Ihr Sohn Uwe folgte am 22. November 1984. Die Bundesregierung zahlte für Mutter und Sohn ein Kopfgeld von rund 183.000 DM an die DDR. Um den Verwendungszweck und den Verbleib des Geldes aus dem Geschäft mit den Häftlingen kümmert sich heute der Bonner Schalck-Untersuchungsausschuß. Der Magdeburger Staatsanwalt Dr. Wolfram Klein ermittelt in über fünfzig ausgewählten Fällen gegen leitende STASI-Leute, Richter und Staatsanwälte wegen der »produzierten Häftlinge«. Aktenkundig sind über zweihundert Fälle allein in Magdeburg.

Auch andere profitierten von der Unwissenheit der Antragsteller. Selbst Angehörige des Ministeriums für Staatssicherheit machten sich den Umstand zunutze, daß die Ausreisewilligen sich nicht darüber informieren konnten, was mit ihren Grundstücken zu geschehen hat. ZKG-Chef Oberst Bernd Woythe trat als Grundstücksmakler unter dem Decknamen »Viether« auf. Als »Herr Hoppe«, Vertreter für potentielle Käufer von Grundstücken, stellte sich ZKG-Hauptmann Dieter Weiß vor.[12]

Zu einem gewinnbringenden Zusammenspiel zwischen einem Mitarbeiter der Zentralen Koordinierungsgruppe und einem Rechtsanwalt kam es im Fall der Familie Zapff.

Häuser gegen Ausreise

Im Sommer 1980 fassen die Eheleute Waldemar und Vera Zapff den Entschluß, in den Westen auszureisen. Damit sie mit ihrem Begehren nicht bis in alle Ewigkeit warten müssen, wenden sie sich an einen der berühmtesten Anwälte der DDR. Die Zapffs fahren in die Ost-Berliner Reilerstraße, wo Rechtsanwalt Wolfgang Vogel seine Kanzlei hat. Waldemar Zapff, diplomierter Chemiker, hatte als Regimegegner schon im Knast gesessen, und so war Anwalt Vogel seine letzte Rettung. Zunächst müssen sie jedoch mit Vogels Bürovorsteherin Erika Dörrfeld vorliebnehmen. Die vernimmt mit Interesse, was die Zapffs bei ihrer Ausreise zurücklassen müßten: eine Großstadtvilla mit zwei Wohnungen samt Dachgeschoßatelier im Berliner Renommiervorort Wendenschloß und ein Traumgrundstück auf der Ferieninsel Rügen.

Mit schmucken Häusern und gediegenen Wochenendbungalows kennt sich auch ihr Chef gut aus. Viele Ausreisewillige drängen dem Anwalt ihre Bleibe geradezu auf. Mit Fotos suchen sie sein Interesse zu wecken. Nicht immer führt der erhoffte Deal in den »goldenen Westen«. Doch die Erzählungen in seiner Kanzlei schärfen Vogels Blick für das Wesentliche. Er erkennt bald, welcher Nutzen aus den Hinterlassenschaften der Antragsteller zu ziehen ist.

Nach dem Vorgespräch befindet die Bürovorsteherin, daß die Angelegenheit Chefsache sei, und weist Zapffs den Weg ins Arbeitszimmer von Vogel. Der kommt bald zur Sache und verspricht, sich um einen Interessenten für die Villa in der Ostendorffstraße zu kümmern.

Bereits einen Tag später stellt sich bei Familie Zapff ein Herr Lenz vor, der für seine Schwiegereltern einen passenden Altersruhesitz sucht. Er ist von dem Anwesen begeistert und macht gleich klar: »Wenn Sie nicht an mich verkaufen, können Sie Ihre Ausreise vergessen.« Der eine Spur zu laute und anscheinend mächtige Herr Lenz legt auch sofort den Kaufpreis fest. Da schon der Taxwert nur 73.200 Ost-Mark[13] beträgt, erstaunt es die Zapffs sehr, daß Herr Lenz nur 50.000 Mark der DDR zu zahlen bereit ist. Dieser Betrag lag auch weit unter der Summe, die mit Vogel als Richtwert festgelegt worden war.

Herr Lenz hat allen Grund, sich seiner Sache sicher zu sein, ist doch sein wirklicher Name Manfred Flader, Abteilungsleiter der berüchtigten ZKG und in seiner Funktion zuständig für die Zusammenstellung der Ausreiselisten. Der mit einem Jahresgehalt von 39.750 Mark für DDR-Verhältnisse prächtig entlohnte STASI-Offizier ist einflußreich genug.

Rechtsanwalt Vogel überzeugt das Ehepaar, den Vertrag trotz des geringeren Verkaufspreises zu unterschreiben. Am 11. August 1980 beglaubigt er als Notar den Verkauf des heute 2 Mio.DM werten Objektes für 50.000 Mark an die Eheleute E. und M. Lenz. Die Kaufsumme überreichte zwar das Ehepaar Lenz, das Haus wurde aber, so ein interner Vermerk des Liegenschaftsdienstes des (Ost-)Berliner Magistrats vom 12. August 1980, »unter Wert (Differenz rd. 20.000) durch das MfS erworben«. Der zuständige Sachbearbeiter hatte auch zu sichern, »daß der Vertrag ohne weitere Prüfung genehmigt wird. Sofern im Verlaufe des Genehmigungsverfahrens wider Erwarten zu irgendwelchen Fragen die Verkäufer oder Erwerber gehört werden sollen, sind diese hierher (Magistrat v. Berlin) zu richten.« Manfred Flader sorgte immerhin dafür, daß seine Schwiegereltern in dem Haus wohnen konnten. Eine perfekte Legende für das Konspirative Objekt.

Bleibt noch das Anwesen der Zapffs auf der Ostseeinsel Rügen. Vogel selbst hat ein Auge auf das Grundstück mit der bescheidenen Ferienhütte in Putgarten geworfen. Er will die Immobilie als Urlaubsdomizil kaufen. Vera Zapff gefällt der Gedanke überhaupt nicht, plante sie doch, das Häuschen ihren Verwandten zu schenken. Ihre Mutter hatte es in den Fünfzigern von Bertolt Brechts Frau Helene Weigel geschenkt bekommen. Doch was rechtlich in der DDR möglich war, ging bei Vogel nicht unbedingt. »Der hat uns das Grundstück regelrecht abgepreßt«, erinnert sich Vera Zapff.

Am 11. August 1980 erwirbt Frau Vogel das Grundstück am schmalen Küstenweg K 13 durch den Kaufvertrag Nr. 624 »für Erholungszwecke«. Wolfgang Vogel hat den Vertrag vorsichtshalber gleich mit unterzeichnet, ein auch nach DDR-Recht zweifelhaftes Gebaren. Heute steht auf dem Gelände ein nobles Ferienhaus im oberbayerischen Stil. Beim Auf- und Ausbau von »Haus Helga«[14] half zuweilen auch die Nationale Volksarmee tatkräftig mit.

Helga Rothe, früher Berlin-Mahlsdorf, heute Berlin-Spandau, will 1987 zu ihrer schwerkranken Großmutter ins Ruhrgebiet ausreisen. Nachdem sie bei einem Vieraugengespräch mit dem »Herrn Professor« ihren neuen Bungalow im Grünen erwähnt hatte, macht der Anwalt ihr Hoffnungen auf eine baldige Ausreise. Die Kaufinteressentin, der Vogel das Vorstadtanwesen vermittelte, ist seine langjährige Sekretärin Ingrid Ziebell. Die wollte schon lange vom Rosenfelder Ring 36 im Ost-Berliner Stadtteil Mitte in eine bessere Gegend ziehen. Das schöne Haus in der Theodorstraße kommt ihr gerade recht. Da Vogel kein Honorar verlange, solle Helga Rothe vorab 15.000 Mark vom Taxpreis nachlassen. Für 50.000 Mark und die Ausreise aus der DDR muß Frau Rothe ihr Haus an die Sekretärin verkaufen.

Sekretärin Ziebell ist kein Einzelfall in der Kanzlei von Prof. Dr. Vogel. Einfamilienhäuser oder Wochenendgrundstücke von ausgereisten DDR-Bürgern haben auch die anderen Kollegen vermittelt bekommen. So die sehr einflußreiche Büroleiterin Erika Dörrfeld und Vogels Kollegen Dieter Starkulla und Klaus Hartmann.

Daß bei diesen Grundstücksgeschäften nicht alles mit rechten Dingen zugegangen ist, belegt ein weiterer Vermerk des Liegenschaftsamtes vom 15. August 1980. »Vom Genossen Walter – MfS – werden heute Verträge, beurkundet durch den Notar Dr. Wolfgang Vogel, über folgende Grundstücke mit dem Auftrag überreicht:

– die staatliche Genehmigung herbeizuführen, und zwar ohne weitere Prüfung der beteiligten Staatsorgane;

– zu sichern, daß keiner der Vertragspartner von irgendeiner Seite angesprochen wird.

1. Schwalbenallee 58 in Berlin-Biesdorf, Kaufvertrag vom 20. Mai 1980.

2. (...)«

In der Schwalbenallee wohnt heute Klaus Hartmann. Er hatte das Haus von dem später ausgereisten Ehepaar K. erworben.

Glaubt man einem internen Vermerk des Rechtsanwalts

und Notars Wolfgang Vogel vom 18. Dezember 1989, so war »es für die endgültige Ausreisegenehmigung und auch Entlassung aus der Staatsbürgerschaft stets unabdingbar, Gründstücke bzw. Häuser (einschließlich Wochenendhäuser) zu übertragen durch Verzicht, Verkauf oder Schenkung.« Und weiter: »Die verwaltungsrechtliche Grundlage waren Weisungen des Ministers des Innern an die Abteilungen für Innere Angelegenheiten (...). Erst nach Vorlage der notariellen Verträge hat die örtlich zuständige Abteilung Innere Angelegenheiten das Ausreiseverfahren in Gang gebracht (Laufzettel).«

Daß sich Prof. Dr. jur. h. c. Wolfgang Vogel, ein frei zugelassener Anwalt, auf Weisungen des Ministers des Innern an eine ihm unterstellte Behörde beruft, entbehrt nicht einer gewissen Komik. Auch Vogel dürfte nicht entgangen sein, daß Rechtsvorschriften nur dann allgemeingültigen Charakter besaßen, wenn sie z. B. im Gesetzblatt der DDR veröffentlicht worden waren. In der Ordnung Nr. 0118/77 heißt es auf Blatt 12d, daß »die betreffenden Bürger darauf zu orientieren« seien, »entweder den Grundbesitz zu verkaufen, dem Nutzer zu schenken oder ihn verwalten zu lassen«. Auch in dem von Vogel zum Beweis aufgeführten Laufzettel wird unter Punkt 2 die Möglichkeit einer Verwaltung erwähnt. Ein Verkauf des Grundstücks war also nicht zwingend notwendig.

Die erkauften Ausreisen

Wolfgang Vogel hat es durch seine Arbeit zu Reichtum gebracht. Von der Bundesregierung erhielt er eine jährliche Pauschale von zuletzt rund 360.000 DM, und darüber hinaus rechnete er im Jahr ca. 1,5 Millionen Mark Gebühren bei der Rechtsschutzstelle der Bundesregierung ab. In einer Berliner Filiale der Deutschen Bank stieß die Berliner Kriminalpolizei auf ein Depot, das Wertpapiere im Kurswert von derzeit etwa 2,7 Millionen Mark enthielt. Immobilien in einem geschätzten Gesamtwert von über 2,5 Millionen Mark sowie ein Bar-, Wert- und Festgeldvermögen von ca. 1,5 Millionen Mark wurden ebenfalls von den Fahndern recherchiert. Höhere Devisenbeträge hat er auch den KoKo-Konten seines engen Vertrauten Alexander Schalck-Golodkowski verschafft. Um die Ausreisegenehmigung aus dem Arbeiter-und-Bauern-Staat zu erreichen, mußten in zahlreichen Fällen Geldbeträge gezahlt werden. Nach Berichten von Wolfgang Vogel war »im Wege der Gegenleistung« die Ausreise aus der DDR möglich. Wer den Befehl hierzu gegeben hat, darüber schweigt er sich bis heute ebenso aus wie zu der Frage, ob das MfS seine Hände in diesen dubiosen Geldgeschäften gehabt habe.

Auf ein solches Geschäft müssen sich auch der Kinderarzt Dr. Lothar Becker und seine Frau Karin aus dem thüringischen Nordhausen einlassen. Das Ehepaar mit den beiden Kindern Torsten und Silke, schon immer regimekritisch engagiert, will seit Mitte der sechziger Jahre die DDR verlassen. Sie planen mehrere Fluchtversuche, z. B. über die grüne Grenze von Ungarn nach Österreich, aber immer wieder scheitern sie. Als sie es im Sommer 1968 mit gefälschten Pässen über Prag versuchen wollen, kommt ihnen der Einmarsch der Warschauer Pakt-Truppen dazwischen.

Zwar wissen die Beckers schon seit Anfang der siebziger Jahre »so ganz allgemein«, welche Wege es gibt, der DDR den Rücken zu kehren, nur wollen sie auf Nummer Sicher gehen. Zu viele Freunde haben sich auf dem Weg in den Westen plötzlich im Gefängnis wiedergefunden. Karin Bekker, eine kluge und attraktive Grundschullehrerin, nutzt im

Oktober 1975 die bevorstehende Entbindung ihrer Schwester für einen Westbesuch im Fränkischen, um sich über Fluchtwege und Ausreiseverfahren zu informieren. Aus drei Tagen genehmigter Reise werden drei Wochen. Begründung: Unterschenkelbruch mit entsprechendem Telegramm eines befreundeten Arztes an die Behörden in Thüringen. Mit einem Gipsbein kehrt sie aus Würzburg nach Hause zurück, Adressen, Telefonnummern und Verhaltensmaßregeln von bundesdeutschen Helfern im Gedächtnis. Sie hat Einzelheiten über Fluchthelfer und DDR-Gesetze, die in der Heimat nicht zu bekommen sind, und den Namen des westdeutschen Pendants von Wolfgang Vogel auswendig gelernt. Der Berliner Rechtsanwalt Jürgen Stange, langjähriger Beauftragter der Bundesregierung für die »Humanitären Bemühungen« und Freund von Vogel seit Beginn der »Freikäufe«, sollte Wegweiser für die Beckers werden.

Am 16. September 1976 stellen sie einen Ausreiseantrag und schicken Innenminister Dickel gleich eine Kopie. Die obligatorische Absage erhalten sie schon elf Tage später. Die Folgen eines erneuten Antrages bekommt Karin Becker in ihrer Schule prompt zu spüren. Schulleiter Otto Ballhause verordnet Kontaktsperre zur Klassenfeindin. Die Entlassung aus dem Schuldienst läßt nicht lange auf sich warten, wegen Unfähigkeit, wie es hieß.

Die westdeutschen Verwandten haben mittlerweile weiter recherchiert und herausgefunden, daß offenbar auch mit privatem Bargeld eine Ausreise über die »Helfenden Hände« erkauft werden könne. Die »stillen Vermittler« in Hamburg signalisieren, wann die DDR bereit ist, auch kaum ersetzbare Arbeitskräfte gen Westen ziehen zu lassen. Beckers, die selbst keine Ahnung von den Modalitäten haben, lassen Schwester und Schwager freie Hand.

Unverhofft erreicht Lothar Becker am 24. Juni 1977 ein

Schreiben von Wolfgang Vogel. Darin teilt der Anwalt aus der Reilerstraße mit, Beckers mögen sich doch an einem Montag bei ihm zu einem Gespräch einfinden. Der mit grüner Tinte unterzeichnete Brief macht der Familie wieder Hoffnung. Wenige Tage danach sprechen Lothar und Karin Becker in dem Glauben, sofort ihre Papiere zu bekommen, bei dem Anwalt mit den guten Beziehungen vor. Doch so schnell kann auch ein Wolfgang Vogel nicht entscheiden.

Beckers überbringen ihm die Nachricht, daß es nach Angaben der stillen Helfer und des Kollegen Stange möglich sei, gegen Zahlung von 100.000 bis 150.000 DM in bar eine schnelle Ausreise zu organisieren. Vogel dementiert heftig: »So wie der Stange sich das denkt, geht das nicht.« Aber er gibt dem Arzt beim Verlassen der Kanzlei noch einen guten Rat mit auf den Weg. »Machen Sie sich klein, Sie sind noch viel zu groß.« Und: »Wenn ich allen das sagen könnte, was ich Ihnen sage ...«, fügt er bedeutungsschwanger hinzu. Bekker versteht den Wink und kündigt seine Stelle als Arzt, um fortan als Therapeut in einer kirchlichen Einrichtung mit geistig Behinderten zu arbeiten. Gewonnen ist der Kampf um die Ausreise aber noch nicht.

Er intensiviert seine Bemühungen und bekommt kurze Zeit später auf Empfehlung eines evangelischen Pfarrers einen der raren Gesprächstermine beim damaligen Konsistorialpräsidenten Manfred Stolpe. Der Kirchenmann, mit den Usancen des Ausreisegeschäftes bestens vertraut, sagt Unterstützung zu. In Sachen Bargeld fragt er den jungen Arzt besorgt, ob sie da nicht irgendwelchen Halsabschneidern aufgesessen sind.

Ende Mai 1978 hat das Ärztehepaar das zweite und letzte Gespräch mit Rechtsanwalt Vogel. Der scheint sich in der Zwischenzeit um ihren Fall gekümmert zu haben, denn ohne Umschweife sagt er »eine Entlassung aus der Staatsbürgerschaft der DDR gegen Zahlung eines kleinen Entgeltes zu«. Vogel weiter: »Wenn Sie gefragt werden, wie das geklappt hat, sagen Sie einfach, Sie haben Eingaben an Erich Honecker gemacht.«

Daran haben sich die Beckers gehalten. Drei Monate nach dem Termin bei Vogel reist die vierköpfige Familie von Erfurt nach Fulda in die Bundesrepublik aus. Als sie bei ihren Verwandten in Würzburg ankommen, hat die Familie schon Kreditzinsen in Höhe von 2.560 DM zu begleichen.

Dr. Lothar Becker und seine Familie sind überglücklich, trotz der Riesenschulden, die nun auf ihnen lasten: Die Verwandten hatten bei der Bayerischen Vereinsbank einen Kredit über zweihunderttausend DM aufgenommen und an die stillen Vermittler in Hamburg überwiesen. Was weiter mit dem Geld geschah, wußten sie nicht zu berichten.

In der Gummersbacher Sparkasse finden sie einen kulanten Kreditgeber. Am 30. Juni 1991 zahlen Lothar Becker und seine Frau die letzte Rate an dem Darlehen ab.

Nach der Wende äußerte der Berliner Anwalt Jürgen Stange gegenüber Lothar Becker, daß die 200.000 DM seinerzeit von den Hamburger Vermittlern an ihn übersandt worden seien; er, Stange, habe das Geld dann in Berlin im Beisein von Wolfgang Vogel bar an Heinz Volpert übergeben.

Der Fall der Familie Becker war nicht der erste und sollte nicht der letzte dieser Art sein. Vogel selbst kennt weitere Fälle. »Auf außerordentlichem Wege, weil anders nicht möglich«, wollte er helfen. So auch im Fall der Arztfamilien Dr. Koob und Dr. Pretel. Bei deren Ausreise fungierte Vogels Sohn Manfred, ein im West-Berliner Prominentenvorort Grunewald niedergelassener Anwalt, als Transferstelle. In beiden Fällen überwiesen Verwandte aus dem Westen 200.000 DM auf das Anderkonto von Manfred Vogel bei der Bank für Handel und Industrie. Der Sohn überwies das Geld anschließend an seinen Vater.

Wolfgang Vogel versichert, daß sein Sohn »nur den Transfer ohne Honorar besorgt hat«. In langen Briefen, die sich wie Verteidigungsplädoyers lesen, teilt Vogel den Betroffenen von damals mit, was seine Rolle gewesen sein soll. Wie bei der Ausreise sei er auch bei den Bargeldgeschäften nur der Mittler gewesen. Er habe das an ihn überwiesene Geld stets auf das KoKo Konto 0528 bei der Deutschen Außenhandelsbank eingezahlt. Selbstverständlich: »Quittungen wurden nicht erteilt.« Im übrigen sei »diese Handhabung ... auch im Bundesministerium für innerdeutsche Beziehungen bekannt« gewesen. Er sei sogar »durch einen Mitarbeiter im Bundeshaus«, dem Berliner Sitz des innerdeutschen Ministeriums, »darum ... gebeten worden«, so zu verfahren.

Das sieht der langjährige Staatssekretär Ludwig A. Rehlinger ganz anders. Er habe Vogel mehrmals darauf hingewiesen, solche Nebengeschäfte zu unterlassen, was dieser auch stets zugesagt habe. Doch dabei ist es offenbar bis zum Schluß geblieben.

Selbst in der ostdeutschen Provinz waren solche Geschäfte möglich. Und dabei ging es nicht nur um Ärzte, wie das Beispiel der Jana Müller zeigt.

Herbert Reiss aus Immenstaad am Bodensee plante seit langem, seine junge Freundin aus dem Thüringischen zu sich zu holen. Er fuhr deshalb zu Rechtsanwalt Dr. Peter Wetzig, einem der Unterbeauftragten Vogels in Ausreiseangelegenheiten, und fragte an, ob es die Möglichkeit des privaten Freikaufs gäbe. Wetzig reagierte professionell und fuhr Reiss unwirsch an, ob er im Ernst glaube, daß die DDR Menschen verkauft.

Herbert Reiss ließ seine große Liebe jedoch nicht sitzen

und fuhr, sooft es ging, in den Osten. Bei einem der Besuche sprach ihn ein Herr »Schwarz« an und fragte, ob er seine Jana immer noch in den Westen mitnehmen wolle. Reiss bejahte, und der mysteriöse Herr »Schwarz« empfahl ihm, doch noch einmal bei Wetzig vorzusprechen.

Der eröffnete dem Erstaunten, daß er nach Zahlung von 100.000 DM seine Freundin gleich mitnehmen kann.

Reiss besorgte das Geld und fuhr, ohne an der Grenze kontrolliert zu werden, zu Wetzig und übergab die 100.000 DM. Wenige Wochen später begrüßte er seine Jana im Westen. Das Geld überwies der Anwalt am 14. November 1988 auf das Konto 6211-94-89606 bei der Staatsbank Karl-Marx-Stadt. Auch einen codierten Zahlungsgrund gab Wetzig an: konstant 843, variabel 3284. Kontoinhaber: das Ministerium für Staatssicherheit.

Schalcks Stellvertreter Manfred Seidel bestätigt die privaten Freikäufe: »Volpert brachte mir immer das Geld. Ich habe es dann auf ein Konto der Handelsbank eingezahlt.« Auch den Einzahlungsgrund vermerkte Seidel. Er notierte auf dem Formular hinter einem Schrägstrich z. B. »wg. Pretel«. Im Hause KoKo wußte man um die Geschäfte der Herren Volpert und Vogel, auch wenn die eingenommenen Summen Seidel nicht um den Schlaf brachten. Seidel in seiner schnoddrigen Art: »Es war ja bekannt, daß Vogel nicht nur Ehescheidungen machte.«

Nicht immer konnte und wollte der selbstlose Anwalt helfen. Wer nichts zu bieten hatte wie Haus, Hof oder Geld, für den standen die Chancen zur Ausreise schlecht. Der Sportmediziner Stefan Zimmermann ist eines der Opfer der DDR-Ausreisepolitik. Zimmermann hatte zusammen mit seiner Freundin, der Ärztin Brigitte W., einen Ausreiseantrag gestellt. Im Gegensatz zu Brigitte W., die auf dem üblichen Weg im März 1984 in den Westen ausreisen durfte, blieb er im Osten. Bereits zu Ostern sahen sich die beiden in der ČSSR, einem beliebten Treffort für Deutsche aus Ost und West, wieder. Zimmermann, der immer davon träumte, als Entwicklungshelfer zu arbeiten, machte auf Brigitte W. einen depressiven Eindruck. »Entweder ich komme ins Gefängnis oder in die geschlossene Anstalt«, erklärte er ihr.

Im Sommer 1984 begab sich Zimmermann zur Behandlung in das Fachkrankenhaus für Neurologie und Psychiatrie »Griesinger« im Berliner Stadtbezirk Lichtenberg. Der psychisch Labile – er hatte als Kind seine Mutter nach ihrem Suizid auf dem Dachboden gefunden – bekam starke Antidepressionsmedikamente verschrieben. Er intensivierte seine Ausreisebestrebungen und versuchte einen Termin bei Wolfgang Vogel zu bekommen. Erfolglos.

Brigitte W. unternahm vom Westen aus alles, ihrem Freund zu helfen. Mehrmals suchte sie Vogels Partnerkanzlei von der Schulenburg am Kurfürstendamm 36 auf. Ein Mitarbeiter der Kanzlei schrieb daraufhin mehrere Briefe an Vogel und forderte diesen auf, den depressiven und suizidgefährdeten Zimmermann wenigstens zu empfangen. Doch Vogel ließ sich nicht erweichen und beschied Frau W., daß er nichts für ihren Freund tun könne. In Ost-Berlin begann sich ein STASI-Spitzel für Zimmermann zu interessieren. Sein Vorschlag: Ausreise gegen Spitzeldienste im Westen. Zimmermann lehnte ab.

Im Januar 1985 ein letztes, stundenlanges Telefonat zwischen Stefan Zimmermann und Brigitte W. Während der Gesprächspausen verfaßte er seinen Abschiedsbrief und schrieb sein Testament. Hilflos mußte die Freundin zuhören, als er aus dem Brief vorlas.

Brigitte W. unternahm einen letzten verzweifelten Versuch, über die Kurfürstendamm-Kanzlei zu helfen, doch wieder erfolglos.

Aus Angst, daß Stefan Zimmermann Selbstmord begehen würde, brachten ihn Freunde am 30. Januar 1985 zur Aufnahme in das Fachkrankenhaus. Beim Gang über den Flur im 2. Stock rannte er plötzlich los, riß das Fenster auf und sprang in die Tiefe. Er wurde sofort auf die Intensivstation der Berliner Charité verlegt. Hier erlag er am selben Tag seinen schweren Verletzungen.

»Er könnte noch leben, wenn er aus der DDR rausgekommen wäre«, so das bittere Resümee seines Freundes Hans.

Die Schikanen

STASI-intern existierten eindeutige Regeln, wie mit Antragstellern zu verfahren sei. Einige dieser Anweisungen dürften in heute zu führenden Wiedergutmachungsprozessen eine wichtige Rolle spielen.

In der »Anlage 6 zur Dienstanweisung Nr. 2/83« heißt es unter der Überschrift »Grundsätze für die Anwendung strafrechtlicher Mittel durch die Sicherheits- und Justizorgane«: »Strafrechtliche Mittel sind dann anzuwenden, wenn andere Möglichkeiten der Disziplinierung und Erziehung ausgeschöpft sind (...).« Sogar in Frage kommende Paragraphen des Strafgesetzbuches der DDR wurden als Beispiel aufgeführt: »Als strafrechtliche Mittel sind vorrangig zu prüfen und anzuwenden:

§ 214 StGB	– Beeinträchtigung staatlicher oder gesellschaftlicher Tätigkeit
§ 217 StGB	– Zusammenrottung
§ 219(2) 1 StGB	– Ungesetzliche Verbindungsaufnahme
§ 220 StGB	– Öffentliche Herabwürdigung

§ 249 StGB	– Beeinträchtigung der öffentlichen Ordnung und Sicherheit durch asoziales Verhalten
§ 99 StGB	– Landesverräterische Verbindungsaufnahme
§ 100 StGB	– Landesverräterische Agententätigkeit
§ 106 StGB	– Staatsfeindliche Hetze.

(...) Die politische Problematik dieser Verfahren erfordert ein enges Zusammenwirken der Sicherheits- und Justizorgane mit den Bezirks- bzw. Kreisleitungen der SED.«

Wie mit Antragstellern auf arbeitsrechtlicher Seite umgegangen wurde, zeigt der Fall einer Lehrerin im Ost-Berliner Stadtbezirk Treptow.

Ihre Schule lag im grenznahen Raum. Die Lehrer benötigten einen Passierschein, der zum Betreten der Schule berechtigte. Lehrer, die in der DDR einen Ausreiseantrag stellten, sollten sofort entlassen werden. Da der zuständige Schulrat keinen Kündigungsgrund fand, entzog die STASI der Lehrerin kurzerhand den Passierschein.[15] Somit war ein Kündigungsgrund gegeben: Die Lehrerin konnte ihren Arbeitsplatz nicht mehr aufsuchen und ihrer Lehrtätigkeit nicht mehr nachgehen.

Damit brach nicht nur wirtschaftliche Not an, sondern auch ein teuflischer Kreislauf zur Kriminalisierung. Wer einen Ausreiseantrag gestellt hatte und seinen Arbeitsplatz verlor, hatte nur geringe Chancen, eine neue Anstellung zu finden. Geschickt konnte dann mit dem § 249 des Strafgesetzbuches der DDR argumentiert werden, wo es hieß: »Wer das gesellschaftliche Zusammenleben der Bürger oder die öffentliche Ordnung beeinträchtigt, indem er sich aus Arbeitsscheu einer geregelten Arbeit entzieht, obwohl er arbeitsfähig ist, wird mit Verurteilung auf Bewährung,

Haftstrafe oder mit Freiheitsstrafe bis zu zwei Jahren bestraft.«

Die STASI dachte an alle – sogar die Gewerkschaften haben sich mitschuldig gemacht an den geheimen Praktiken des Unterdrückungsdienstes.

In der »Anlage 7 zur Dienstanweisung Nr. 2/83« zur »Orientierung des Obersten Gerichts, des Generalstaatsanwalts, des Bundesvorstandes des FDGB[16] und des Staatssekretariats für Arbeit und Löhne« weist die STASI an, daß Kündigungen »nicht mit den Aktivitäten zur Erreichung der Übersiedlung, sondern mit Nichteignung für die vereinbarte Tätigkeit oder auch einer Verletzung der Arbeitspflichten zu begründen« seien. Unter 2. März heißt es: »In den nach dem Arbeitsgesetzbuch erforderlichen schriftlichen Begründungen (...) ist in keinem Fall die Übersiedlungsabsicht des Werktätigen als Grund für die Beendigung des Arbeitsverhältnisses zu nennen. Soweit in einem bis zu 5 Monate zurückliegenden Zeitraum Arbeitspflichtverletzungen oder nicht gelöschte Disziplinarmaßnahmen vorliegen, ist die Begründung hierauf zu stützen.«

Wenn die Arbeitnehmer gegen die willkürlichen Entscheidungen Einspruch einlegen wollten, konnten sie das über die Konfliktkommission (KK)[17] des Betriebes tun. Dafür, daß in diesen Kommissionen nicht »falsche« Entscheidungen getroffen wurden, sorgte die STASI. »Einsprüche an die KK (...) sind an das Kreisgericht heranzuziehen. Eine Mitwirkung des Staatsanwalts im Verfahren findet nicht statt.« Und die Richter waren bekanntlich auf STASI-Kurs.

Experten schätzen, daß aufgrund der geheimen Anweisungen, die jeder Rechtsgrundlage entbehrten, Lohnnachforderungen in Millionenhöhe auf ostdeutsche Betriebe zukommen.

Anmerkungen

1 J. Gelfan und S. Schmakow: Spielen und Lernen, Berlin 1974, S. 104; weitere Spiele: Zollkontrolle, Scharfschützen, Abfangjäger usw.

2 Ebenso wie »Zurückdrängung und Bekämpfung der Ausreisebestrebungen« ist auch der Terminus »bearbeiten« der Propagandasprache der DDR entnommen.

3 Befehl 1/75 VVS MfS 008-1118/75.

4 Diese Zahlen sind einer Eigenauskunft der ZKG vom 23. Januar 1990 entnommen.

5 Selbst in der Hauptabteilung Innere Angelegenheiten des Ministeriums des Innern saß mit Hans-Dieter Besekow ein OibE.

6 Ordnung 0118/77, Blatt 9.

7 Im Innerdeutschen Minsterium der Bundesrepublik lag die Ordnung zwar vor, aber auch hier wurde sie als Geheimnis gehandelt und nie zur Veröffentlichung freigegeben.

8 Aus: »Gedenkstätte für die Opfer des Stalinismus in Sachsen-Anhalt«, S. 4 ff.

9 Ebenda.

10 Ebenda.

11 DA 2/83, S. 34.

12 Ermittlungen Staatsanwaltschaft Berlin.

13 Grundstücke, wie im übrigen auch Autos, durften in der DDR nur zu festgelegten Taxpreisen verkauft werden. Der Schwarzmarktpreis lag in der Regel um ein vielfaches höher. Wobei zu bedenken ist, daß der sogenannte Schwarzmarktpreis auch nur Angebot und Nachfrage im Mangelland DDR widerspiegelte und daher dem wahren Wert sehr nahe kam.

14 Benannt nach den Vornamen von Vogels zweiter Frau.

15 Für den Entzug des Passierscheines entwickelte die STASI extra einen sogenannten »operativen Plan«.

16 Freier Deutscher Gewerkschaftsbund.

17 Die Konfliktkommissionen sollten innerbetriebliche Probleme wie ein ordentliches Gericht lösen.

Unheilige Allianz: Kirche und KoKo

Die beiden großen Kirchen in der Bundesrepublik waren die Vorreiter bei den humanitären Bemühungen gegenüber der DDR. Sie verhandelten schon in den fünfziger Jahren mit DDR-Behörden, um inhaftierte kirchliche Mitarbeiter und Pfarrer aus den Gefängnissen herauszuholen. Der Berliner Bischof Kurt Scharf und Herbert Wehner engagierten sich sehr persönlich. Immer wieder verhandelte Scharf mit dem Staatssicherheitsdienst über eine Freilassung oder zumindest Hafterleichterung.[1]

In sonntäglichen Gottesdiensten ließ Scharf Fürbittenlisten für die Gefangenen in der DDR verlesen. Als die Verhandlungen mit den DDR-Organen nicht mehr weiterhalfen, beauftragte Scharf seinen persönlichen Referenten, den Oberkonsistorialrat und Rechtsanwalt Reymar von Wedel, nach neuen Wegen zu suchen. Der traf im Juni 1962 mit Wolfgang Vogel in Ost-Berlin zusammen und legte damit den Grundstein für die spätere Offerte der DDR an die Bundesregierung, Häftlinge aus den DDR-Gefängnissen freizukaufen.

Die ersten Häftlinge wurden von den Kirchen und eine kurze Zeit auch durch die Bundesregierung mit Bargeldzahlungen freigekauft. Doch die Bundesregierung bestand darauf, keine Devisen in die DDR zu geben, um das Regime in Ost-Berlin, das unter notorischem Devisenmangel litt, nicht wirtschaftlich zu stärken. Warenlieferungen, die die Menschen in der DDR unterstützten, sollten den Geldtransfer ersetzen. Auch konnte die Bundesregierung, da es keine offiziellen Beziehungen zur DDR-Führung gab, die Gegenleistungen nicht selbst abwickeln.

So, wie Rechtsanwälte die ersten Vereinbarungen zum

Häftlingsfreikauf vermittelten, wurde mit der Abwicklung der wirtschaftlichen Gegenleistungen der eigentliche Initiator des Freikaufs auf bundesdeutscher Seite, die Evangelische Kirche in Deutschland (EKD), beauftragt. Bischof Kunst, deren Vertreter in Bonn und Intimus von Bundeskanzler Adenauer, hatte für diese Aufgabe in Absprache mit dem Minister für Gesamtdeutsche Fragen, Erich Mende, den Direktor im Diakonischen Werk der evangelischen Kirche in Stuttgart, Ludwig Geißel, bestimmt. Geißel war schon aufgrund seiner Funktion als Bevollmächtigter der westdeutschen Landeskirchen bei der Regierung der DDR, eine Position, die er bereits seit 1958 innehatte, geradezu prädestiniert für diese Aufgabe.[2]

Am 8. Juli 1964 nahm Geißel an einer Besprechung im Ministerium für Gesamtdeutsche Fragen teil, zu der Mende eingeladen hatte. An der Sitzung waren auch sein Staatssekretär Krautwig, Generalbundesanwalt Güde, Ludwig Rehlinger sowie die Berliner Rechtsanwälte Stange und von Wedel zugegen. Diese Expertenrunde legte den praktisch-organisatorischen Grundstein für die wirtschaftlichen Gegenleistungen durch die Bundesrepublik Deutschland.

Da Bargeldzahlungen nicht mehr erfolgen sollten, wurde Ludwig Geißel beauftragt, »in dieser Aktion den Warentransfer für die Gegenleistung verantwortlich zu übernehmen«. Geißel erhielt dafür »die volle Freiheit über die Abwicklung, die Bestimmung der Lieferfirmen und die Form der Finanzierung«.[3] Damit übernahm die evangelische Kirche aus humanitären Gründen ein geheimes Kommandounternehmen, das einzigartig in ihrer Nachkriegsgeschichte ist. Die Bundesregierung sagte jede Unterstützung zu, konnte sie die Aktion doch aus deutschlandpolitischen Gründen nicht selbst durchführen.

Schon nach wenigen Wochen, am 19. August 1964, unterzeichnete Geißel im Ost-Berliner Ministerium für Außenhandel den ersten Vertrag im »B-Geschäft«, wie die Aktion fortan in den Akten zwischen Stuttgart, dem Sitz des Diakonischen Werkes, und Bonn getarnt wurde. Alle Beteiligten auf West- wie auf Ostseite versicherten »absolute Vertraulichkeit« bezüglich der Details dieses Handels. Und tatsächlich halten sie bis heute dicht oder können sich nicht mehr genau erinnern.

Als Waren sollten in der Folgezeit Industrieerzeugnisse, Rohstoffe, Metalle und Lebensmittel in die DDR geliefert werden. Mit diesen Waren wurden nach Absprachen zwischen Wolfgang Vogel und seinen westlichen Verhandlungspartnern politische Häftlinge aus der DDR freigekauft und durch die Mauer getrennte Familien wieder zusammengeführt.

Die EKD war nicht ohne Grund von der Bundesregierung gebeten worden, diesen Warentransfer zu organisieren. Mit Ludwig Geißel an der Spitze hatten verschiedene Einrichtungen, u. a. das Evangelische Hilfswerk, schon langjährige Erfahrung mit solchen Geschäften. Zwischen 1945 und 1960 unterstützte die EKD ihre Partnergemeinden und kirchlichen Einrichtungen mit Lebensmitteln, Textilien, Medikamenten und Baumaterial. Ohne diese Hilfsleistungen aus der Bundesrepublik hätten viele Kircheneinrichtungen in der DDR ihre Arbeit einstellen müssen.

Ab 1957 entwickelten Ludwig Geißel und Hermann Kunst noch einen weiteren Transfer der evangelischen Kirche von West nach Ost. In Absprache mit dem Ost-Berliner Minister für Außenhandel und innerdeutschen Handel, Heinrich Rau, und mit Zustimmung von Otto Grotewohl nach einer Übereinkunft mit führenden Kirchenvertretern im Dezember 1956 legten sie einen wesentlich unkomplizierteren und effektiveren Weg fest. Die westdeutsche Kirche sollte Produkte in die DDR liefern, die dort nur schwer oder gar nicht erhältlich waren. Die DDR-Regierung war an der Lieferung von Rohstoffen interessiert, die sie weder im innerdeutschen Handel noch aus dem RGW-Bereich günstig bekommen konnte. Besonders erpicht war sie zur damaligen Zeit auf US-Kokskohle und Getreide. Den Kirchen in der DDR sollte der Gegenwert dieser Waren in Mark der DDR zur freien Verfügung überwiesen werden. Eine verlockende Idee, die den Kirchengliederungen in der DDR nachhaltig geholfen hat.

Was die Arrangeure von einst bis heute gern verschweigen, ist, daß diese Transaktion auch ganz im Sinne des devisenhungrigen DDR-Staatsapparates angelegt war.

Die »Sondergeschäfte«

Denn das sogenannte »A-Geschäft«, wie der Deal der EKD verschleiernd bis zur Wende genannt wurde, nützte auch den Wirtschaftsgewaltigen im Ost-Berliner Ministerium für Außenhandel. Sie konnten die gelieferten Waren für ihre eigene Versorgung nutzen oder auf dem Weltmarkt weiterverkaufen, um so die dringend benötigten Devisen hereinzuholen.[4] Da Bischof Kunst die Zustimmung der Bonner Ministerien für Gesamtdeutsche Fragen und für Wirtschaft eingeholt hatte, wurden keine Probleme gesehen. Stand doch im Hintergrund der gute Zweck kirchlicher Hilfsleistungen. Die Bundesregierung gewährte sogar eine Zusatzregelung, nach der die kirchlichen Warenlieferungen vom damaligen Interzonenhandel ausgenommen und damit von der Umsatzsteuer freigestellt waren.

Das kam der DDR sehr entgegen, wollte sie doch mit Hilfe spezieller Außenhandelsunternehmen frei verfügbare

Valuten westlicher Länder außerhalb des Staatsplanes erwirtschaften. Dafür sollten insbesondere die Geschäftsbeziehungen der Religionsgemeinschaften mit der Bundesrepublik genutzt werden. Ministerpräsident Horst Sinder-
mann hatte hierzu schon am 1. April 1964 eine förmliche
Anordnung getroffen, nachdem sich die Geschäftsbeziehungen mittlerweile gut entwickelt hatten.

Unter Mitwirkung eines fachkundigen Wirtschaftsbera-
ters entschied Ludwig Geißel über die westdeutschen Lieferfirmen. Die Lieferungen mußten jeweils vom Bundeswirtschaftsministerium genehmigt werden. Der Transfer klappte
reibungslos: Das DDR-Außenhandelsministerium übermittelte seine Bedarfsliste mit präzisen Mengenangaben.[5] Auf
der Wunschliste standen mit Erdöl, Kupfer, Naturkau-
tschuk, Silber und Industriediamanten Produkte, die gut auf
dem internationalen Markt zu verkaufen waren. Umgekehrt
lieferten die Westfirmen auf Kosten der EKD die geforderten Waren in die DDR. »Auch in der weiteren Abwicklung
präsentierte sich die DDR als verläßlicher Partner: Fristgerecht überwies sie die vereinbarten Geldzahlungen auf das
von der Kirche in der DDR eingerichtete Konto«, so erinnert sich Geißel in seinem 1991 erschienenen Buch »Unterhändler der Menschlichkeit«. 1957 betrug der Wert der
Rohstofflieferungen 23 Mio. DM und steigerte sich bis in
die 80er Jahre auf über 100 Mio. im Jahr. Zusammenge-
nommen lieferte die EKD Produkte im Wert von rd. 1,4
Mrd. DM. Insgesamt unterstützte sie die Arbeit von Kirche
und Diakonie in der DDR in den Jahren 1957 bis 1990 mit
gut vier Milliarden DM.[6]

Das »Sondergeschäft C« der katholischen Kirche begann
erst einige Jahre später. 1966 nahm der Deutsche Caritasverband über seine Hauptvertretung Berlin die Arbeit auf. Im
gleichen Jahr wurde Direktor Heinz-Dietrich Thiel mit der

diskreten Aufgabe betraut. Er organisierte überwiegend Lieferungen von Kupfer, das der DDR ab Hamburg-Freihafen zur Verfügung stand. Seit den fünfziger Jahren half die katholische Kirche mit einer Summe zwischen 500 Mio. und einer Mrd. DM.[7] Die Geschäfte selbst unterschieden sich kaum von denen der evangelischen Kirche.

Das »Sondergeschäft B« allerdings, der Handel mit den Häftlingen, war politisch und wirtschaftlich viel wichtiger für beide Seiten als die normalen Kirchengeschäfte »A« und »C«. Politisch war es für die Bundesregierung aus humanitären Gründen von überragender Bedeutung und wirtschaftlich für die DDR-Regierung, versprach sie sich doch eine Möglichkeit, durch die Warenlieferungen wie bei den Kirchentransfers Devisen zu erwirtschaften. Daß das »Sondergeschäft B« schließlich für alle Beteiligten zu einem Supercoup werden könnte, ahnte bei Beginn der Operation kaum jemand.

Mit den bundesdeutschen Kirchengeschäften, dem Finanztransfer zu den DDR-Kirchen und der »Realisierung der Warenlieferungen« zu Devisen hatten die Mitarbeiter in der Kontrollabteilung des Ost-Berliner Ministeriums für Außenhandel so viel zu tun, daß ein eigener Arbeitsbereich geschaffen werden mußte. Als dann die Warenlieferungen im Freikaufgeschäft noch dazukamen, wurde im Januar 1966 das geheime »Sondergeschäft B« einer neuen Arbeitsgruppe im Außenhandelsministerium übertragen. DDR-Ministerpräsident Willi Stoph gab mit einer Verfügung Nr. 44/66 vom 11. März 1966 das formelle Startsignal für diesen Sonderstab mit besonderen Vollmachten. Die Aufgabe war, die »kommerziellen Beziehungen zu den in der DDR zugelassenen Religionsgemeinschaften, die aus dem Ausland, der Bundesrepublik und Westberlin materielle Unterstützung erhalten«, zu regeln. Es galt zu »sichern, daß die sich aus diesen Beziehungen ergebenden Möglichkeiten mit hohem ökonomischem Nutzeffekt voll realisiert werden«.[8] So wurden die westdeutschen Kirchen, bewußt oder ungewollt, mit ihren Geschäften zum Geburtshelfer des »Bereiches Kommerzielle Koordinierung« (KoKo), der Jahre später mit kriminellen Methoden zum »Schalck-Imperium« expandierte.

Sein erster und einziger Chef wurde Alexander Schalck-Golodkowski. Als Erster Sekretär der Berliner SED-Kreisleitung Außenhandel, jung und dynamisch, hatte er sich schon in wirtschaftsleitenden Funktionen bewährt.[9] Über Nacht avancierte er zum Staatssekretär und stellvertretenden Minister für Außenhandel. Er und sein engster Vertrauter Manfred Seidel, vom Ministerium für Staatssicherheit abgestellt, managten fortan die Geschäfte mit dem Westen.

Manfred Seidel hatte bis 1966 schon als Referatsleiter in der HA XVIII (Volkswirtschaft) des MfS gedient.[10] So wußte er genau, wirtschaftliche Aktivitäten mit geheimdienstlichen Operationen zu verbinden. Die neue Abteilung war nur formal dem Außenhandelsminister unterstellt, tatsächlich aber dem ZK-Sekretär für Wirtschaft, Günter Mittag, und MfS-Chef Erich Mielke verantwortlich. Die sorgten dafür, daß das neue Gespann wesentlich flexibler arbeiten konnte als die übrige Staatsbürokratie in der DDR. Der Grund: Günter Mittag hatte angewiesen, daß die Schalck-Geschäfte nicht, wie sonst üblich, zu prüfen seien, und Mielke erklärte die Häftlingsgeschäfte zum Sicherheitsbereich.[11] Das wirkte sich auch auf das Ergebnis aus.

Im August 1964 wurde der erste Vertrag zwischen dem bundesdeutschen Diakonischen Werk und dem DDR-Ministerium für Außenhandel geschlossen. Bei dieser ersten Lieferung ging es um Südfrüchte, die sonst in der DDR kaum erhältlich waren. Sie sollten der Bevölkerung zugute kommen, so die Idee der westdeutschen Seite: Bananen gegen politische Häftlinge.

Schon im ersten Jahr der Vereinbarung investierte die Bundesregierung rd. 37 Mio. DM in den Häftlingsfreikauf. Das zeigt, wie groß das humanitäre Bemühen in Bonn war. Zwar wurden auch noch 1964 und 1965 knapp 7 Mio. DM bar bezahlt,[12] um »Politische« freizukaufen, ganz überwiegend aber wurden Waren geliefert. Wie bei den Kirchengeschäften, wurden teilweise Lebensmittel wie Kaffee und Kakao, aber auch Medikamente und Textilzellulose in die DDR verbracht. Bis 1970 sind diese Waren in die Staatsreserve der DDR eingegangen, zur Absicherung gegen schlechte Zeiten. Kurt Stoph, der Bruder des Ministerpräsidenten Willi Stoph, verwaltete die Westlieferungen.

Manfred Seidel, der Verhandlungsführer von KoKo im »Sondergeschäft B«, ließ recht bald das eigentliche Interesse der DDR gegenüber ihren Verhandlungspartnern vom Diakonischen Werk (DW) in Stuttgart erkennen; in einem Beschluß des Ministerrats war der Auftrag erteilt worden, »diese Waren in das kapitalistische Ausland zu exportieren, um Valutamittel für die DDR zu erwirtschaften«[13]. So machte es nur Sinn, sich auf ein Warensortiment zu einigen, das auf dem internationalen Markt auch zu verwerten war. Eine Lösung des Problems war schnell gefunden. Warum sollten nicht die gleichen Waren wie beim »Sondergeschäft A«, dem Kirchengeschäft mit der EKD, das seit 1958 gut lief, bereitgestellt werden? Tatsächlich setzte Seidel bei seinem »Partner« vom Diakonischen Werk, Ludwig Geißel, durch, künftig auch vornehmlich Erdöl, Kupfer, Silber und Industriediamanten zu liefern.

Der »Bereich Kommerzielle Koordinierung« hatte von Beginn an gute Karten im Wirtschaftspoker mit der Bundesrepublik. Mit Ludwig Geißel und den wenigen anderen Verhandlungspartnern vom Diakonischen Werk trafen Alexander Schalck und Manfred Seidel auf ein eingespieltes Team, hatten sie doch durch die kirchlichen Sondergeschäfte schon Kompetenz und Zuverlässigkeit bewiesen. So profitierte KoKo auch im Freikaufgeschäft von den guten Kontakten Ludwig Geißels zu hochrangigen bundesdeutschen Firmen.

Geißel organisiert »Vertrauensfirmen«

Ludwig Geißel, ein fast unbeschriebenes Blatt in der Öffentlichkeit, obwohl viele Jahre in wichtigen Funktionen innerhalb der EKD tätig, hatte keine Probleme, die richtigen Firmen für die Geschäfte im Häftlingsfreikauf zu gewinnen. Er brauchte eigentlich nur auf die bewährte Zusammenarbeit mit seinen »Vertrauensfirmen« zurückzugreifen, mit denen er schon seit Ende der fünfziger Jahre die »Kirchengeschäfte« organisierte. Zu ihnen zählten die renommierte »Brenntag AG« Mülheim/Ruhr, eine Tochterfirma der Stinnes AG, die ihrerseits wieder eine Tochter der VEBA war, die »Essener Stahl- und Metallhandelsgesellschaft mbH«, die »Seefahrt Reederei GmbH«, Bremen, die »Haniel Interhandel GmbH«, Berlin, eine Tochter der Duisburger »Franz Haniel AG«, und die alteingesessene »Metall AG«, Frankfurt/Main. Haniel und Metall AG waren nur zeitweise in die Projekte eingebunden. Mit diesen Firmen hatte das Diakonische Werk ein solides und erfahrenes Konsortium, auf das man sich verlassen konnte und das die außergewöhnlichen Geschäfte auftragsgemäß abwickelte.

Mit Brenntag und Stinnes verband Geißel eine ganz besondere Erinnerung, die die Betreiber der Firmen und die Kirchenmänner, Geißel und Bischof Kunst, auch im Geschäftlichen näherbrachte. Im Oktober 1963 drohte plötzlich ein Konkurs der Stinnes AG, einer der Hauptlieferanten im DDR-Kirchengeschäft. Die Berichte des Geschäftsführers der Stinnes-Chemietochter Brenntag, Hermann vom Bruck, versetzten die Kirchenleute in helle Aufregung. Durch einen möglichen Konkurs sahen sie die Lieferungen in die DDR gefährdet. Die Geschäfte hatten Geißel und Kunst über Nacht zu Großgläubigern des Unternehmens gemacht.[14] Ein Vergleich konnte den Konkurs schließlich abwenden. Die vereinbarten Lieferungen in die DDR waren gesichert, und der Geschäftspartner blieb am Leben. Hermann vom Bruck, alter Geschäftsführer der Brenntag, wurde in den Vorstand der Stinnes AG berufen und übernahm als Aufsichtsratsvorsitzender der neuen Brenntag die Verantwortung für das Kirchengeschäft.[15] Das war ganz im Sinne der EKD-Verhandler. Hatten sie doch wieder einen vertrauten Partner an der Spitze einer ihrer »Vertrauensfirmen«.

Die politischen Verhandlungen über den Häftlingsfreikauf und die Familienzusammenführung liefen über Wolfgang Vogel auf der Ostseite und die jeweiligen Rechtsanwälte im Westen, Jürgen Stange, Wolf-Eckhard Jaeger, Barbara von der Schulenburg, Reymar von Wedel sowie die Vertreter des Innerdeutschen Ministeriums wie Ludwig Rehlinger, Edgar Hirt und schließlich Walter Priesnitz. Ein kleiner Kreis, der sich von 1963 bis 1989 um die humanitären Angelegenheiten zwischen den beiden deutschen Staaten bemühte.

Die Abwicklung der wirtschaftlichen Gegenleistungen an die DDR für ihr Entgegenkommen, Inhaftierte, an denen die Bundesrepublik interessiert war, ausreisen zu lassen, besorgte ein noch kleinerer, sehr intimer Kreis von Akteuren. Auf westlicher Seite waren das neben Ludwig Geißel, dem

Chefunterhändler vom Diakonischen Werk, seine langjährige Mitarbeiterin Edelgarth Orth, die bei den meisten Verhandlungen dabei war, und seine Vertraute Backes. Bis zu seinem offiziellen Ausscheiden aus dem Dienst der EKD, 1983, war Geißel der führende Verhandler mit dem Osten. Nach seiner Pensionierung übernahm der leitende Mitarbeiter des DW Norbert Helmes die Geschäfte, stieß mit seinem Verhandlungsstil in Ost-Berlin aber nicht auf Gegenliebe. Karl-Heinz Neukamm, der Präsident des Diakonischen Werkes, machte sich dann höchstpersönlich an die diskrete Aufgabe.

Bis zur Wende trafen sie auf nur einen einzigen federführenden Partner des »Bereiches Kommerzielle Koordinierung«: Manfred Seidel, zu dem sich ein fast freundschaftliches Verhältnis entwickelte, gleich, ob man sich in Stuttgart traf, in der Ost-Berliner Wallstraße, dem Sitz von KoKo, oder anläßlich der Leipziger Messe. Seit 1981 nahm auch schon mal Klaus-Dieter Neubert an der trauten Runde teil, der persönliche Referent von Alexander Schalck.

Die Kommunikation unter den Beteiligten klappte perfekt. Schriftlich mußte nur das Allernötigste festgehalten werden. Ansonsten genügte ein Telefonanruf, um die Verhandlungsergebnisse zu übermitteln. Hatte Wolfgang Vogel mit Ludwig Rehlinger im Berliner Bundeshaus an der Bundesallee wieder eine Absprache über Häftlingslisten, Familienzusammenführungen und Sonderfälle getroffen, wurde auch ein DM-Betrag als Gegenleistung der Bundesrepublik festgelegt. Vogel bat sich aus, das Ergebnis stets als erster seinen Leuten, Schalck und Seidel, mitzuteilen. Er fuhr in seine Kanzlei in die Reilerstraße zurück und griff zum Telefonhörer.

Auf Westseite informierte meistens Klaus Plewa, der durch seine buchhalterische Genauigkeit allseits gefürchtete

Referatsleiter im Berliner Bundeshaus, das Diakonische Werk darüber, in welchem Umfang nun wieder geliefert werden konnte. Mit der telefonisch erhaltenen Information über Summe und Abwicklungszeitraum, die schriftlich nachgereicht wurde, vereinbarte Edelgarth Orth vom DW einen Besuchstermin mit Seidel oder Neubert, um in Ost-Berlin eine neue Warenlieferung zu vereinbaren.[16] Das immer gleiche Procedere ging los.

Waren werden »geliefert«

Geißel und Orth reisten nach Ost-Berlin. Vom Palasthotel aus, dem feinsten am Platze, machten sie sich dann auf den Weg ins nahe Büro von Manfred Seidel. Dort wurde ein Vertrag über Warensortiment und Lieferzeitraum geschlossen. Noch von unterwegs aus holten sie die telefonische Zustimmung des Bundeswirtschaftsministeriums über die geschlossene Vereinbarung ein. Gleichzeitig teilten sie ihren Vertrauensfirmen mit, daß eine nächste Lieferaktion bevorstünde und sie mit der Ost-Berliner Handelsgesellschaft »Intrac« Kontakt aufnehmen könnten, die von Seidel beauftragt war, die Waren in Empfang zu nehmen.

Zurück in Stuttgart, bestätigten Geißel und Orth den Lieferfirmen den neuen Auftrag schriftlich und baten, »gemachte Auflagen – halbjährliche Meldung über durchgeführte Lieferungen, und zwar gewichts- und wertmäßig – zu beachten und gleichzeitig zu überwachen, daß tatsächlich Warenlieferungen vorgenommen werden und nicht ein Bartransfer erfolgt«.[17]

Sie hatten allen Grund, darauf hinzuweisen, daß auch wirklich Waren geliefert würden. Die Bundesregierung hatte von Beginn an aus guten Gründen darauf bestanden, in der

Annahme, daß die Waren selbst oder wenigstens die Verwertung der DDR-Bevölkerung zugute käme. Sie wollte das sozialistische System wirtschaftlich nicht durch Bargeldzahlungen stärken und einer etwaigen staatlichen Anerkennung der DDR über diesen Umweg vorbeugen. Die Vertreter der Bundesregierung wie auch das Diakonische Werk legen noch heute größten Wert auf die Tatsache, daß nach ihrer Kenntnis immer Waren geliefert worden sind und dieser Verfahrensgrundsatz stets eingehalten worden sei.[18]

Warum wäre es überhaupt ein Politikum, sollte sich die weitverbreitete Befürchtung bestätigen, daß im »Sondergeschäft B«, wie in großen Teilen der übrigen Kirchengeschäfte, die Waren gar nicht in die DDR geliefert worden sind, sondern der Transfer nur aus verdeckten »Bargeldlieferungen« des bundesdeutschen Steuerzahlers auf die Konten des »Bereiches Kommerzielle Koordinierung« von Schalck und Co. bestand?

Es gibt eine Reihe von Fakten, die den Verdacht erhärten, daß hochrangige Vertreter der Evangelischen Kirche in Deutschland und die zuständigen Vertreter der Bundesregierung jahrzehntelang die westdeutsche Öffentlichkeit über die wahren Geschäfte im Häftlingsfreikauf mit Vertretern des SED-Regimes getäuscht haben. Hinzu kommt, daß die politisch Verantwortlichen in Bonn sich fahrlässig unwissend gestellt haben und über die Machenschaften aus deutschlandpolitischem Kalkül mit humanitärem Anstrich hinweggesehen haben. Sollten wirklich 3,4 Mrd. DM in anderer Form in die DDR gelangt sein als vereinbart?

Der kleine, geheime Klub der Akteure in diesem Geschäft machte sich der Kumpanei, wenn nicht der Kollaboration mit dem SED-Regime verdächtig. Sicher ist, wirtschaftlich profitiert haben in erster Linie die ostdeutschen Firmen des »Bereiches Kommerzielle Koordinierung«, die westdeutschen »Vertrauensfirmen« sowie eine Reihe ihrer Subunternehmen, darunter VW. Ein bis heute geheimgehaltener Supercoup auf Kosten der westdeutschen Steuerzahler. Es bleibt ein intelligenter Schachzug der DDR, mit klammheimlicher westdeutscher Duldung, und der größte Finanzskandal in der Geschichte der beiden deutschen Staaten, auch wenn dadurch 31.875 politische Häftlinge aus den DDR-Gefängnissen freigekommen sind und rd. 250.000 Bürger in die Bundesrepublik übersiedeln konnten. Die DDR hat sie allesamt verkauft.

Verkauft haben Seidel und seine Mitarbeiter vom Außenhandelsbetrieb »Intrac«, dem größten Handelskonzern der DDR mit einem Jahresumsatz von rd. 20 Mrd. Mark, auch die vom Diakonischen Werk organisierten Waren. Intrac war der direkte Verhandlungspartner der westdeutschen »Vertrauensfirmen«. Hatten Ludwig Geißel und seine Mitstreiter das O.K. des Bundeswirtschaftsministeriums für eine neue Lieferaktion Kupfer, Silber oder Industriediamanten, Waren, die die DDR stets bevorzugte, erging der Auftrag beispielsweise an die »Brenntag«, mit der Intrac einen Vertrag abzuschließen. Nach offizieller Lesart wurden die Waren in die DDR gebracht und die Rechnungen der »Vertrauensfirmen« durch den Bevollmächtigten der EKD bei der Bundesregierung in Bonn mit einer Akontozahlung beglichen. In den 60er Jahren holte sich der Bevollmächtigte Bischof Kunst, später dann Bischof Binder, das Geld per Schecks von der Bundesregierung wieder.[19] Eine atemberaubende Vorstellung, wenn man bedenkt, daß es sich im Jahr um Beträge von rd. 100 Mio. DM handelte.

Noch atemberaubender aber wäre die Vorstellung gewesen, daß Hunderte von LKW-Transportern, unzählige Schiffsladungen und Güterzüge unterwegs gewesen wären, um die gewünschten Ladungen Erdöl, Kupfer, etc. an den

Endverbraucher in der DDR zu bringen. Was für ein außerordentliches »logistisches Netzwerk«, einschließlich der vielen Arbeitskräfte, wäre nötig gewesen wären, um die Waren zum Bestimmungsort zu bringen.[20]

Diese Arbeit und Zeit wollten sich die DDR-Firmen vorsichtshalber sparen. Günter Grötzinger, Finanzchef und stellvertretender Generaldirektor der Intrac und seit 1977 für die »kommerzielle Abwicklung der Kirchengeschäfte« zuständig, handelte im Auftrag von KoKo die Konditionen mit den bundesdeutschen »Vertrauensfirmen« aus und schloß die Verträge ab. So wurde beispielsweise Kupfer ab London bereitgestellt, Industriediamanten über die Bremer Firma »Seefahrt-Reederei« oder Silber aus bundesdeutscher Degussa-Produktion.[21]

Die Intrac zog es vor, die Waren gleich vom Ursprungsort weg »zu Weltmarktpreisen« international weiterzuverkaufen.[22] »Waren realisieren« nannten die DDR-Macher diesen Job. Rückendeckung für diese Geschäfte hatten die Intrac-Leute schon seit Mitte der sechziger Jahre durch den DDR-Ministerrat erhalten. Der nämlich hatte die Intrac beauftragt, »diese Waren in das kapitalistische Ausland zu exportieren, um Valutamittel für die DDR zu erwirtschaften«.[23]

Schalck-Stellvertreter Manfred Seidel veranlaßte 1971, »daß besagte Waren nicht mehr körperlich in die DDR gelangten, sondern der Intrac zur Verwertung auf dem internationalen Markt zur Verfügung gestellt wurden«.[24] Die Geschäfte mit dem Diakonischen Werk und den »Vertrauensfirmen« liefen prächtig, gab es doch nebenher noch die normalen Kirchengeschäfte. »Die Warenspezifikation im Kirchengeschäft paßte ins Angebot der anderen Warengeschäfte.«[25] Sie liefen so gut, daß Jahr für Jahr zweistellige Millionenbeträge auf das Konto »0528« bei der Deutschen

Handelsbank in Ost-Berlin überwiesen werden konnten, das sogenannte »Mielke«-Konto.[26]

Ein Großteil der finanziellen Transaktionen mit Devisen des MfS bzw. für das MfS lief über dieses 1969 eingerichtete Konto, das deshalb intern bei KoKo den Namen des Staatssicherheitsministers trug. Allein verantwortlich für Ein- und Auszahlungen war Manfred Seidel. Der jährliche »Bartransfer der evangelischen Kirche der BRD« zur Unterstützung der DDR-Kirchen betrug ca. 4 Mio. DM. Bei der katholischen Kirche handelte es sich immerhin um 3 Mio. DM. Daneben hatten die MfS-Firmen Berag und Forgber ihre Gewinne auf dieses Konto abzuführen, und die Hauptabteilung XVIII des MfS überwies Gelder aus der Realisierung von operativen Vorgängen. Die jährliche Gesamtsumme, die sich durchschnittlich auf diesem Konto befand, betrug 30 bis 40 Mio. DM. Mit dem Geld der westdeutschen Kirchen und Steuerzahler verfügten Mielke und KoKo über genügend Manövriermasse, um die technische Ausstattung des MfS mit IBM-Computern zu modernisieren und sogar operative Maßnahmen gegen die Bundesrepublik zu finanzieren.[27]

Ab März 1974 wurden diese Einnahmen noch einem weiteren Konto, dem »Sonderkonto Erich Honecker« mit der Nummer 0628, gutgeschrieben. Im Dezember 1989 fanden sich dort über zwei Mrd. DM, vornehmlich aus den Häftlingsgeschäften, die dem Staatsratsvorsitzenden zur Verfügung standen. Mal gab die Nummer eins der DDR es zur Unterstützung der Regierung der VR Polen bei deren Auseinandersetzung mit der Gewerkschaft Solidarnosc aus, mal genehmigte sie der Nomenklatura neue Citroen-Limousinen.

Die Briefkastenfirma »Elmsoka«

Die wirklich zentrale Rolle im deutsch-deutschen Häftlingsgeschäft zwischen dem Diakonischen Werk, seinen »Vertrauensfirmen« und dem »Bereich Kommerzielle Koordinierung« nahm jedoch ein kleines Büro im liechtensteini-
schen Vaduz ein. Die Firma »Elmsoka«, eine internationale
Import-Export Handelsgesellschaft, wie sie sich selbst titu-
lierte, wurde 1963 von der Ost-Berliner Intrac gegründet, um
Geschäfte zu realisieren, »bei denen die Intrac selbst als
Käufer bzw. Verkäufer nicht direkt in Erscheinung treten
kann bzw. soll«.[28] Eine Biefkastenfirma also, wie die Aufseher des MfS in Schalcks Büro später selbst notierten.[29]

»Vertretungen von Waren aller Art« und »alle Handelsgeschäfte«, vermerkte das Handelsregister des Fürstentums
Liechtenstein in Vaduz am 7. Februar 1963. Ein geeigneter
Firmenzweck, um die Sondergeschäfte des Diakonischen
Werkes unauffällig durchzuführen. Als Strohmann stand
der Intrac der griechische Kunsthändler Constantin Assimakis, der schon seit Beginn der sechziger Jahre für den Bereich KoKo gearbeitet hatte, zur Verfügung; er fungierte
fortan als Geschäftsführer und Teilhaber bei Elmsoka.[30] Um
dem Geschäftsgebaren einen rechtlich einwandfreien Anstrich zu geben, fanden die DDR-Geschäftemacher in dem
Vaduzer Rechtsanwalt Walter Beck einen kompetenten Verwaltungsrat für die Elmsoka, der durch Günter Grötzinger,
Horst Steinebach, den Intrac-Generaldirektor, und Klaus
Neubert, den persönlichen Referenten von Alexander
Schalck-Golodkowski, komplettiert wurde.

Walter Beck, ein Spezialist für die treuhänderische Verwaltung ausländischer Firmen, betreute mit fünf Mitarbeitern ca. 400 in Liechtenstein ansässige »Unternehmen«.
Doch für die Elmsoka nahm sich der Inhaber der »Verwal-

tungs- und Privatbank« besonders viel Zeit. Kein Wunder, legte die Intrac mit Becks Rat über ihre Briefkastenfirma doch bis zu 200 Mio. DM aus ihren Gewinnen an. [31] Da war seine Mitarbeit ein einträgliches Geschäft und befriedigte so nachhaltig seinen Wissensdurst in bezug auf zweifelhafte Geschäfte.

Eine ordentliche Kontrolle der Geschäfte war das letzte, was die Direktoren der Mutterfirma Intrac in Ost-Berlin wünschten. Ihr Anliegen war es gerade, DDR-Geschäfte an den Bestimmungen des »innerdeutschen Handels« vorbei zu machen. Sie wollten frei konvertierbare Währungen erwirtschaften, was im normalen deutsch-deutschen Handel nicht möglich war. Die beiden Teile Deutschlands pflegten nämlich auch offiziell wirtschaftliche Beziehungen besonderer Art. Diese waren im wesentlichen geregelt im Berliner Abkommen von 1951. Importe von wie Exporte nach der DDR waren demnach gleichsam ein Tauschhandel. Der Wert der gegenseitigen Lieferungen wurde in Verrechnungseinheiten (DM-Ost = DM-West) erfaßt. Abgerechnet wurde zentral über die Deutsche Bundesbank in Frankfurt/M. und über die Deutsche Notenbank in Ost-Berlin.

Ein westdeutscher Importeur bezahlte die Ware nicht bei seinem ostdeutschen Lieferanten, sondern bei der Bundesbank. Umgekehrt erhielt ein westdeutscher Exporteur sein Geld nicht vom ostdeutschen Kunden, sondern ebenfalls von der Bundesbank. Über ihre Staatsinstitute rechneten DDR und Bundesrepublik ihre Salden gegenseitig auf. Devisen waren so für die DDR nicht zu machen, es sei denn über den Umweg mit einer Briefkastenfirma wie der Elmsoka.

Die Ost-Berliner Intrac kaufte so von der Sowjetunion Erdöl und verfügte damit über eines der wenigen Ost-Produkte, die sich auch im Westen gut absetzen ließen. Über die

Elmsoka, die als »westliche«, nicht an die Vorschriften des innerdeutschen Handels gebundene Firma auftrat, ließ Intrac das Öl dann in der Bundesrepublik weiterverkaufen und kassierte die ersehnten DM- oder Dollar-Beträge, die die Geschäftspartner gleich auf eine Londoner Bank zu überweisen hatten.[32]

Diese Elmsoka eignete sich daher gut als Schaltstelle für die Warengeschäfte im Häftlingsfreikauf. Mehrmals jährlich trafen sich die Vertreter des Diakonischen Werkes aus Stuttgart und die Geschäftsführer der Vertrauensfirmen wie »Brenntag« und »Seefahrt-Reederei« mit ihren Partnern von der Ost-Berliner Intrac, um neue Vereinbarungen, auch im »Sondergeschäft B«, abzuschließen. Niemanden machte es stutzig, daß man sich im Steuerparadies Liechtenstein traf. Ganz im Gegenteil, zog doch jede Seite ihre Vorteile aus den Deals.

Dabei mußte der westdeutschen Seite, dem Diakonischen Werk wie den Vertrauensfirmen, klar sein, daß die Geschäfte mit der Elmsoka als Tochterfirma der Intrac am regulären innerdeutschen Handel vorbeilaufen sollten und nur dem Ziel dienten, Devisen für die DDR zu erwirtschaften. Die »Praxis der Handelstätigkeit der Elmsoka« war so, »daß die Mitarbeiter der Intrac die Geschäfte verhandelten und dann die Abwicklung über die Elmsoka mit allen Konsequenzen« erfolgte. Wie ein Mitarbeiter der Intrac in einem internen Vermerk festhielt, habe jeder Verhandlungspartner entnehmen können, »daß Elmsoka eine DDR-Firma ist«.[33]

Jahrelang liefen die Geschäfte im »Sondergeschäft B« wie auch die Handelstätigkeit mit namhaften westdeutschen Unternehmen ungestört. Die kleine Briefkastenfirma Elmsoka entwickelte sich auch für den westdeutschen Veba-Konzern zu einem geschätzten Partner. Nach Aufzeichnungen der Intrac hat die Elmsoka in den Jahren 1973 bis 1975

Erdöl in der Frisia-Raffinerie Emden, die zum Veba-Konzern gehörte, verarbeiten lassen. Dieses teilweise aus Libyen stammende Öl wurde gegen Dollar gekauft, die Verarbeitungsprodukte wurden gegen Dollar verkauft. Um dieses Erdöl nicht in Verrechungseinheiten (VE) »zu verwandeln«, trat »anstelle Intrac Elmsoka als ausländischer Lieferant nach Westdeutschland auf«.[34]

Die Intrac-Mitarbeiter hielten weiter fest, daß »großer Nutznießer und Interessent ... der Veba-Konzern als Partner von Elmsoka war«. »Als Intrac/Elmsoka nach ca. 9 Monaten die Verarbeitung wegen Schwierigkeiten bei der Rohölversorgung einstellen wollte, hat die Veba dringend gebeten, weiterzumachen und hat selbst Erdöl gegen Dollar an Elmsoka geliefert.«

1977 wurden die Geschäftspartner auf beiden Seiten unruhig. Das Zollfahndungsamt Düsseldorf ermittelte unerwarteterweise gegen einige Mitglieder der vertrauten Geschäftsrunde wegen Verstoßes gegen Devisenbestimmungen und gegen die Elmsoka selbst. Die Düsseldorfer Fahnder suchten nach Beweisen wegen vermuteter Steuervergehen und des Verdachts, »daß Gründung und Geschäftätigkeit überwiegend dem Ziel dienten, im Rahmen des Handels DDR/BRD-WB VE in konvertierbare Währungen umzuwandeln«, wie die Intrac-Führung in Ost-Berlin befürchtete.[35] Im Mittelpunkt der Ermittlungen standen der Leiter der Bochumer Commerzbank, Hans-Joachim Müller, wegen Einrichtung eines Kontos für die Elmsoka[36], die Geschäftsführer der West-Berliner Rex-Handelsgesellschaft, einer Partnerfirma der Elmsoka im Ölgeschäft, und Joachim Sievers, Chef der Bremer »Diedrich Kieselhorst GmbH« und Inhaber der späteren »Seefahrt Reederei«. Sievers war einer der wichtigsten Partner der Intrac, Experte für Geschäfte mit Industriediamanten. Er gehörte mit seiner Firma gleichzeitig zu den langjährigen Vertrauensfirmen des Diakonischen Werkes.

In einem neunseitigen Vermerk, datiert vom 17. März 1977, schrieb Sievers anläßlich eines Treffens auf der Leipziger Frühjahrsmesse für seine Geschäftsfreunde von der Intrac minutiös auf, was die Düsseldorfer Zollfahndung von ihm wollte. Im Zuge der Vernehmungen gab Sievers an, Elmsoka in Umsatzsteuerfragen beraten und Briefe an das Finanzamt Bremen weitergeleitet zu haben. Und er warnte seine DDR-Partner vor den Ermittlungen der Beamten und ihrer Annahme, »daß die DDR über die Intrac unter Verwendung der Elmsoka (Briefkasten Vaduz) die Interzonenhandelsbestimmungen unterläuft«.

Das alarmierte die Chefetage der Intrac in Ost-Berlin. Es dauerte nur zwei Tage, bis sie Konsequenzen zog. Günter Grötzinger, der Finanzchef der Intrac und Verwaltungsrat der Elmsoka in Liechtenstein, ordnete an, daß über den Telexapparat der Elmsoka in Berlin keine Mitteilungen an Empfänger in der BRD und West-Berlin mehr gehen sollten. Auch der leiseste Verdacht, daß es einen direkten Einfluß der Intrac auf die Geschäfte der Elmsoka gebe, mußte nunmehr vermieden werden. Alle Auskunftsersuchen sollten daher direkt an die Elmsoka, Vaduz, verwiesen werden. Doch die Vorsichtsmaßnahmen räumten die Vorbehalte, auch bei Bonner Stellen, nicht gänzlich aus. Im November 1977 reiste Ludwig Geißel, der Chefunterhändler des Diakonischen Werkes, nach Vaduz, um sich vor Ort über die Geschäftssituation der Elmsoka zu informieren.

In Begleitung seiner engen Mitarbeiterin Backes und des Geschäftsführers der »Vertrauensfirma« Essenstahl, Fritsch, traf er mit Sievers und dessen Bremer Rechtsanwalt Dr. Dieter Ahlers zusammen. Geißel wurde mit Herrn Assimakis bekannt gemacht, der im Auftrag der Intrac in Ost-

Berlin als Geschäftsführer und Inhaber der Elmsoka fungierte. Geißel bat den ebenfalls anwesenden Generaldirektor der Intrac, Horst Steinebach, einen Handelsregisterauszug und einen Verwaltungsratsbeschluß zu besorgen, aus dem hervorging, daß Herr Assimakis tatsächlich »alleiniger Geschäftsführer der Elmsoka« sei. So wäre es Geißel »nunmehr noch besser möglich ..., gegenüber den BRD-Behörden allen bestehenden Zweifeln über die Ordnungsmäßigkeit der geschäftlichen Aktivitäten der Fa. Elmsoka in den Sondergeschäften, die nach wie vor nicht voll ausgeräumt sind, entgegenzutreten«. Das Engagement von Geißel fand der Intrac-Chef so bedeutend, daß er es in einer schriftlichen »Information« für den »Gen. M. Seidel« von KoKo wenige Tage nach dem Vaduzer Treffen ausführlich festhielt.[37]

Das Interessenkartell

Horst Steinebach machte Geißel auch darauf aufmerksam, daß Sievers »sich in seiner Auseinandersetzung mit westdeutschen Ermittlungsbehörden trotz entsprechender Zusagen von Herrn Geißel ziemlich alleingelassen fühlt«. Das ließ sich der korrekte Geißel nicht zweimal vorhalten, sagte eine entsprechende Verständigung mit Sievers zu und forderte seinerseits die Intrac-Führung auf, »Herrn Sievers und den Bremer Anwalt, die sich in der Gesamtsache seiner Ansicht nach sehr verdient gemacht hätten, nochmals nach Berlin einzuladen, was zugesagt wurde«. Die Beteiligten versuchten auf allen Kanälen, und sogar an hoher Bonner Stelle, ihren Einfluß geltend zu machen, um die Ermittlungen der Zollfahndung zu verhindern.[38] Nach einigen Monaten wurden die Ermittlungen tatsächlich gestoppt.

Zwischen Ludwig Geißel und Manfred Seidel, den beiden Chefunterhändlern in den Sondergeschäften zwischen Ost und West, entwickelte sich eine eigentümliche Freundschaft. Sie hatten ja auch genug Gelegenheiten, sich zu begegnen. Mindestens einmal im Monat war Geißel in Ost-Berlin, um Vereinbarungen abzuschließen, und anläßlich der Leipziger Messe traf man sich sowieso regelmäßig. Da konnte es nicht verwundern, wenn sich aus den beruflichen Kontakten auch private Beziehungen entwickelten.

Sie konnten sich aufeinander verlassen. Die Absprachen, die sie trafen, wurden bedingungslos eingehalten. Das konnte in dem diskreten deutsch-deutschen Geschäft auch gar nicht anders sein. Und beide hatten weitreichende Vollmachten. Geißel, der Kirchenmann, hatte die uneingeschränkte Unterstützung der Bundesregierung, gleich welcher parteipolitischen Couleur, und die machtvolle Rückendeckung des einflußreichen Kirchenbevollmächtigten bei der Bundesregierung in Bonn. Von Beginn an hatten Geißel und seine Mitstreiter auch das Vertrauen sowohl des Oberrechnungsamtes des DW in Stuttgart, das die finanzielle Abwicklung der Sondergeschäfte prüfte, als auch der Bonner Ministerien. So gab es keinen Grund, die Transaktionen mit humanitärem Hintergrund auf übliche Weise zu prüfen, was sehr hilfreich war, sollte doch der Kreis der Mitwisser so klein wie möglich gehalten werden, um die Geschäfte politisch nicht durch unnötige Öffentlichkeit zu gefährden.

So wurde beschlossen, daß die Verwendung der Millionenbeträge, die jährlich für die Humanitäraktion in »Warenform« in die DDR transferiert wurden, vom Oberrechnungsamt geprüft und dann dem Präsidenten des Bundesrechnungshofes persönlich zur Einsichtnahme vorgelegt wurde. Eine weitere Kontrolle wurde ausdrücklich für überflüssig gehalten. Auch die Staatssekretäre Ludwig Rehlinger und Walter Priesnitz, denen in den achtziger Jahren bis zur

Wende in der DDR der Humanitärbereich im Innerdeutschen Ministerium unterstand, hielten das Kontrollverfahren für ausreichend.

Und die Aufsichtsgremien des Deutschen Bundestages wurden von den Bonner Ministerialen nur grob über die Ausgaben fürs Humanitäre informiert. Der »Dreierausschuß«, der sich als Untergruppe des parlamentarischen Haushaltsausschusses bis 1982 die Ausgabe der Millionen in vertraulicher Runde vom Minister für Innerdeutsche Angelegenheiten erklären ließ, wurde mit Regierungsantritt von Helmut Kohl erst einmal abgeschafft. So vertrauten die politischen Kontrolleure auf die Vertrauenswürdigkeit der deutsch-deutschen Geschäftemacher und auf die Übersicht des Bundeswirtschaftsministeriums. Das nämlich mußte für die Warenlieferungen die entsprechenden Genehmigungen erteilen.

Alexander Schalck-Golodkowski, den die technische Abwicklung der Sondergeschäfte weniger interessierte und der sich vornehmlich um die politischen Verhandlungen mit den Vertretern aus Bonn, Hamburg, Kiel oder München kümmerte, und Manfred Seidel hatten schon von Staats wegen weitreichendste Vollmachten. Für die Finanzgeschäfte war Seidel allein zuständig. Er führte die Konten bei der Ost-Berliner Handelsbank oder der Staatsbank, und niemand konnte ihm reinreden. Eine Kontrolle war von ganz oben untersagt, und es gab auch niemanden, der den Sachverstand gehabt hätte, die Transaktionen zu durchblicken. Marktwirtschaft, wie Schalck und Seidel sie praktizierten, wurde in der DDR nicht gelehrt.

Um so trauriger war Manfred Seidel, als sein alter Partner und Freund Ludwig Geißel 1982 in Pension ging. Ein letztes Mal fuhr Geißel in offizieller Mission des DW nach Vaduz. Geißel verabschiedete sich von der Firma Elmsoka und

122

führte seinen Nachfolger Norbert Helmes ein. Auch der früher so häufig mitgereiste Fritsch von der »Vertrauensfirma« Essenstahl hatte einen Wechsel anzukündigen und schickte seinen Nachfolger Volker Quoos. Die Gespräche verliefen in aufgeschlossener Atmosphäre und »hinterließen einen nachhaltigen Eindruck hinsichtlich der überzeugenden Existenz und geschäftlichen Aktivität der Fa. Elmsoka, Vaduz«, teilte der Intrac-Finanzchef Grötzinger seinem Vorgesetzten Seidel über die Neuankömmlinge mit.[39]

Ludwig Geißel hätte eigentlich auf ein bewegtes Leben zurückblicken und sich aus seiner aktiven Arbeit zurückziehen können. Doch von seiner Lebensaufgabe wollte er eigentlich noch nicht lassen. So reiste er auch nach seiner Pensionierung weiter munter in das Fürstentum, um die diskreten Geschäfte zu begleiten. Mal fungierte er als Berater des Diakonischen Werkes, mal reiste er als Beauftragter seiner alten »Vertrauensfirma« Brenntag von Veba. Im Juni 1986 hielt er sich wieder im Fürstentum auf. Auch diesmal verhandelte Geißel als Abgesandter des DW mit den Ost-Berliner Partnern von der Intrac und den westdeutschen Kollegen Höhn von der Brenntag und Sievers, nunmehr »Seefahrtreederei Bremen«.

Als eingespieltes Team erreichten sie schnell eine »Abstimmung der sich aus den Sondergeschäften ergebenden Transaktionen«.[40] Daß er bei seinen Reisen nach Vaduz vor dem MfS sicherer sein konnte als bei seinen Verhandlungen in der Ost-Berliner Wallstraße im Hause Schalck, war klar. In wessen Auftrag Geißel am 18. August 1983 in die Hauptstadt der DDR eingereist war, interessierte das MfS schon eher. Das notierte für die Hauptabteilung XVIII/7 einen Ludwig Geißel, geboren am 25. August 1916, als »Kaufmann Brenntag Stuttgart«.

Doch Ludwig Geißel war nicht der einzige aus dem diskreten Kreis der Geschäftsfreunde von Elmsoka, um die sich das MfS bemühte. Auch Dr. Hendrik Rudhart, Vorstandsmitglied der Brenntag, war Objekt seiner Begierde. Rudhart, der für das Geschäft mit chemischen Produkten zuständig war, wurden von seinen DDR-Partnern nachrichtendienstliche Interessen nachgesagt. Seine in Gesprächen aufgeworfenen Fragen seien zwar mit seiner leitenden Stellung zu begründen gewesen, »gleichzeitig jedoch Informationsinteressen imperialistischer Geheimdienste nahegekommen«.[41]

Rudhart wurde nicht ohne Grund von Mielkes Leuten beäugt. Manfred Seidel von KoKo und Intrac-Direktor Günter Grötzinger sollten sich auf die Partner der westlichen »Vertrauensfirma« schon verlassen können. Und im Ölgeschäft ließen sich die Warenlieferungen besonders gut zu Devisen »drehen«. Da kam der Brenntag aus Ost-Berliner Sicht eine besondere Rolle zu.

Lohnende Geschäfte

Stand wieder eine Vereinbarung im »Sondergeschäft B« an, entschieden Seidel und Grötzinger, daß diesmal eine größere Ladung Erdöl durch die Bundesregierung bezahlt werden sollte. Über die Jahre hatten die Akteure gelernt und einen Weg gefunden, wie für alle Beteiligten zeit- und kostensparend eine »Lieferung« an die Intrac vonstatten gehen konnte. Da die Intrac in der DDR das Monopol für den Import von Rohöl hatte, bestanden langfristige Verträge mit der Sowjetunion. Es gab also keinen Grund, sich im Rahmen der Sondergeschäfte zusätzlich Öl über die Bundesrepublik liefern zu lassen, es sei denn, um es gleich wieder auf dem internationalen Markt zu verkaufen. Da die DDR sehr darauf erpicht war, das Erdöl aus dem Bruderland nicht selbst zu bezahlen, übernahm die Fima Brenntag im Rahmen der »Sondergeschäfte« einen Teil des ohnehin fließenden Öls und stellte es der DDR als »Lieferung« bereit. Über diesen Umweg erhielt die DDR das gewünschte Erdöl, das nur verbucht, aber nicht aufwendig »geliefert« werden mußte. »Ein ganz einfaches Geschäft«, wie sich Manfred Seidel heute erinnnert.

Ein Geschäft, das für alle Seiten nicht viel Arbeit machte. Praktisch konnte das über den Schreibtisch abgewickelt werden und brachte für das westdeutsche Unternehmen Gewinn. Neben 0,75 Prozent Provision, die die DDR mindestens bezahlte, und einem Steuervorteil waren die »Sondergeschäfte« eine gute Basis, auf der auch die normalen Handelsgeschäfte fortgesetzt werden konnten. Auch dem Diakonischen Werk waren für seine Vermittlungsdienste von Firmen wie Brenntag jährlich einige hunderttausend DM zugedacht, als Spende für »Brot für die Welt«, jene Hilfsorganisation, deren Mitgründer der evangelische Spendeneintreiber Ludwig Geißel war.[42]

Für die DDR waren die »Sondergeschäfte« in jedem Fall eine lukrative Angelegenheit. Sie bekam nicht nur die gewünschten Waren preisgünstig »geliefert« und konnte sie dann international, oft gleich an der Londoner Börse, »drehen«. Auch die Elmsoka kassierte noch einmal mindestens 1/4 Prozent Provision, was Intrac-Finanzchef Grötzinger für »sehr marktwirtschaftlich« hielt.[43]

So profitierte schließlich die DDR vom Verkauf ihrer Häftlinge und von allen anderen DDR-Bürgern, die ihren Fuß über die deutsch-deutsche Grenze setzten. Von 1964 bis zur Wende wurden durch Vermittlung des Diakonischen Werkes nahezu 3,4 Mrd.DM bei den Waren»lieferungen« der »Vertrauensfirmen« in die DDR umgesetzt, Geld, das die Bundesregierung auch gleich der DDR hätte bar über-

weisen können, hätten nicht alliierte und deutschlandpolitische Vorbehalte dem entgegengestanden.

Mit der Arbeit des Bonner Schalck-Untersuchungsausschusses des Deutschen Bundestages sind erstmals öffentlich Zweifel aufgekommen, ob die ursprünglich den Menschen in der DDR zugedachten Waren auch tatsächlich von
den »Vertrauensfirmen« geliefert worden sind oder ob nicht
die ganze Lieferaktion nur ein großes Täuschungsmanöver
seitens der DDR mit Unterstützung der evangelischen Kirche und der beteiligten westdeutschen Firmen zu Lasten des
westdeutschen Steuerzahlers gewesen ist. Zu Recht sind
Zweifel am ausschließlich humanitären Engagement des
Diakonischen Werkes angebracht.

Zweifel bestehen aber auch an der politischen Aufsicht
der zuständigen Ministerien in Bonn, vornehmlich des
Ministeriums für innerdeutsche Beziehungen. Obwohl spä-
testens seit den Ermittlungen der Düsseldorfer Zollfahndung im Jahre 1977 öffentlich bekannt war, wie die Geschäfte mit der DDR im »innerdeutschen Handel« tatsächlich liefen, und später im Zusammenhang mit der »Affäre
Hirt« dieses Ministerium notwendigerweise umfangreiche
Recherchen vornahm, verhielten sich die in den achtziger
Jahren verantwortlichen Staatssekretäre Rehlinger und
Priesnitz ahnungslos. Daß sie ihre Kontrollpflichten sträf-
lich vernachlässigt haben, begründen sie mit dem humanitären Charakter der Kirchengeschäfte. Geahnt oder gar gewußt hätten sie zweifellos nichts von dem realen Ablauf der
Transfers. Ludwig Rehlinger will erst nach der Wende erfahren haben, »daß Herr Schalck dafür gesorgt hat, daß diese
Waren nicht der Bevölkerung der DDR zugute kamen, sondern daß sie verkauft wurden und dabei dann wieder Vorteile für die Funktionärsschicht« herauskamen.[44] Er hätte
dem »Verfahren« sonst nicht zugestimmt.[45]

Auch sein Nachfolger als Staatssekretär im Innerdeutschen Ministerium, Walter Priesnitz, hielt es nicht für nötig, die Kirchengeschäfte mit Steuergeldern intensiver zu prüfen. Das Bundeswirtschaftsministerium habe keinen Anlaß für etwaige Unkorrektheiten gesehen und ihn nicht diesbezüglich informiert.[46] Zwar wisse er heute, »was nachher an der DDR vorbei sogar verhökert wurde, letztlich als Devisen auf dem Konto Honecker gelandet ist«. »Veruntreut wurde sicherlich«, aber »inwieweit der eine oder andere daran partizipiert« hat, ist für ihn »eine Frage für sich.«[47]

Keine Frage ist es aber für die DDR-Chefverhandler Seidel und Grötzinger. Grötzinger ist sich sicher, daß im Westen »hätte erkennbar sein dürfen«, welcher Art die Geschäfte wirklich waren.[48] Auch dem Bundeswirtschaftsministerium sei das bekannt gewesen »und den Leuten, die die Verträge gelesen haben«. Den »Vertrauensfirmen« war demnach auf jeden Fall klar, auf welchem Weg sie an ihre DDR-Partner »geliefert« haben.

Auch Ludwig Geißel versichert, nicht gewußt zu haben, daß die gelieferten Waren entgegen den Vereinbarungen nicht der DDR-Bevölkerung zugute gekommen seien. Sein Auftrag sei mit der Bestätigung der Warenlieferung jeweils erledigt gewesen. Daß er sich allerdings doch viel intensiver um das Geschäftliche gekümmert hat, daran will er sich im nachhinein nicht mehr so richtig erinnern. Rückendeckung erhält Geißel von seinem alten Partner und Freund Manfred Seidel. Der nimmt den ehemaligen Vizepräsidenten des Diakonischen Werkes ausdrücklich in Schutz. Der habe nicht gewußt, daß er die Waren »gedreht« habe. Vielleicht zum Schluß habe er etwas davon geahnt. Die Wissenden macht Seidel wie sein Kollege Grötzinger in den Reihen der Bundesregierung aus. Ludwig Rehlinger zähle wohl dazu. Der habe ihn auch mal kennenlernen wollen. 1985 sollte der Präsident des Diakonischen Werkes, Karl-Heinz Neukamm, deshalb ein Gespräch für Rehlinger mit dem DDR-Koordinator für das »Sondergeschäft B« arrangieren. Doch Seidel wollte sich lieber aus der großen Politik, die sein Kollege Alexander Schalck-Golodkowski normalerweise mit Bonner Repräsentanten pflegte, heraushalten. Ein »zufälliges« Treffen anläßlich eines Mittagessens sollte der DW-Präsident zum Schein organisieren. Schließlich scheiterte die diskrete Verabredung mit dem Bonner Bevollmächtigten für die humanitären Angelegenheiten.

Mit Karl-Heinz Neukamm hingegen waren die Kontakte enger. Seit 1988 war er förmlich der Beauftragte des Diakonischen Werkes für die Kirchengeschäfte. Neukamm schätzte insbesondere die intensiven Verbindungen zu Alexander Schalck. Diesen hielt er für einen seriösen und zuverlässigen Gesprächspartner. So verwundert es nicht, daß Neukamm im Herbst 1989 sich gern als Partner in schwierigen Zeiten anbot.

Anläßlich der Leipziger Herbstmesse am 5. September 1989 überbrachte Neukamm gute Nachrichten für die evangelische Kirche der DDR wie auch für den Bereich Kommerzielle Koordinierung. Mit Seidel unterzeichnete er eine neue Vereinbarung im »Sondergeschäft A«. 40 Mio. DM der evangelischen Kirche in der Bundesrepublik sollten via Schalcks KoKo als Hilfszahlung an die Ost-Kirche gehen. Als »Gegenzahlung in Mark der DDR« verabredeten Neukamm und Seidel jeweils Überweisungen von 5 Mio. DM bis September 1990. Die »Vertrauensfirmen« sollten Kautschuk, Wolle, Erz und Kaffee liefern.

Doch die Millionen-Zahlung war nicht alles, womit Neukamm seinem langjährigen Verhandlungspartner Schalck in den unruhigen Zeiten half. Während Schalcks Flucht in die Bundesrepublik war Neukamm zur Stelle. Am 4. Dezember

1989, Schalck hatte sich mit seiner Frau in der Nacht zuvor nach West-Berlin abgesetzt, beriet er den Chefdevisenhändler der DDR, wie er sich am besten zu verhalten habe.[49]

Wenige Tage später, am 18. Dezember – die Mauer war inzwischen gefallen und die symbolische Öffnung des Brandenburger Tores stand in vier Tagen bevor –, war Neukamm schon wieder in Berlin. Als Treuhänder der Bundesregierung wollte er im Häftlingsgeschäft einen neuen Vertrag unterzeichnen. Doch er vermißte seinen alten Partner Manfred Seidel. Der war einen Tag zuvor von der DDR-Kripo wegen des Verdachts, Millionengelder während Schalcks Flucht verschoben zu haben, verhaftet worden. Klaus-Dieter Neubert, zum Nachfolger Seidels aufgebauter ehemaliger persönlicher Referent von Alexander Schalck, vertrat ihn und vereinbarte mit Neukamm eine Lieferung von Südfrüchten für 15 Mio. DM. Auf die hatte Walter Priesnitz vom Bonner Innerdeutschen Ministerium großen Wert gelegt. Die letzte »Lieferung« an die DDR sollte symbolisch der ersten von 1964 entsprechen.

In Ost-Berlin wunderte man sich über den symbolträchtigen Schritt. Prof. Karl-Heinz Gerstenberger, den der gerade berufene Ministerpräsident Hans Modrow zum Übergangsvertreter von Alexander Schalck eingesetzt hatte, schrieb an Außenhandelsminister Gerhard Beil: »Auf ausdrücklichen Wunsch der Bundesregierung soll entgegen der bisherigen Verfahrensweise die Lieferung von Südfrüchten erfolgen. Die Abwicklung läuft wie bisher über das Diakonische Werk Stuttgart.«

Doch obwohl die DDR durch den politischen Zusammenbruch immer mehr in die Defensive geriet und kein ersichtlicher Grund mehr vorlag, weitere Freikaufgeschäfte durchzuführen, ließ Walter Priesnitz noch eine letzte Vereinbarung zu. Am 23. Januar 1990 setzte Karl-Heinz Neukamm seine Unterschrift unter ein Papier, das zuvor schon von KoKo-Mann Neubert abgezeichnet war. Demnach verpflichtete sich der Präsident des Diakonischen Werkes, die Lieferung von 3750 t Kupfer, 57 kt Erdöl und 1034 Kleintransportern in die DDR zu organisieren. Alles in allem für 50 Mio. DM.

Mit im Vertrag waren auch wieder die »Vertrauensfirmen« Brenntag und Essenstahl und als Vorlieferant der Wolfsburger Autokonzern VW, der die Kleintransporter bereitstellen sollte. Am 24. September 1990, eine gute Woche vor der Wiedervereinigung, war das letzte Häftlingsgeschäft dann wirklich perfekt. An diesem Tag nahm Diakoniepräsident Neukamm eine Erklärung des Bereiches Kommerzielle Koordinierung über »die ordnungsgemäßen Lieferungen und Erfüllung der Vereinbarungen« entgegen.

Eingeholt werden die Freikaufmanager in Politik und Kirche vom Unverständnis ihrer ehemaligen DDR-Partner. Manfred Seidel, dem es bis zuletzt auf die Devisen ankam, versteht die laxe politische Haltung der Bundesregierung im nachhinein nicht. Er hätte als Bonner Verhandler nach der Wende in der DDR kein Freikaufgeschäft mehr durchgeführt. Die Bundesregierung hatte genügend politischen Spielraum, die »Lieferungen« einzustellen. »Wer das Geld hat, hat das Sagen«, erklärt Seidel heute die Situation.

Die evangelische Kirche und das Diakonische Werk rechtfertigen ihre Rolle »im Bereich der humanitären Hilfen (Häftlingsfreikauf)« durch Angriffe auf die alten Partner in der DDR. Die Beauftragten der EKD hätten »keine Möglichkeit der Kontrolle oder der Einflußnahme, wie die Empfänger in der DDR mit den ihnen zugestellten Waren umgingen«, gehabt. Darüber müßten die Verantwortlichen in der DDR »Rechenschaft geben«.[50]

Politischen Weitblick hat Neukamm ebensowenig gezeigt wie sein Bonner Auftraggeber Priesnitz. Daß »der Sozialismus in der DDR nicht zur Disposition stehen« könne und »der Kapitalismus der BRD in der DDR kein Leitbild für die Zukunft« sein« könne, hatte der christliche Hirte vom Diakonischen Werk seinem späteren Schäfchen Alexander Schalck doch noch am 19. Oktober 1989 anvertraut, was der gleich in einem Vermerk für seine vorgesetzten Schäferhunde festhielt.

Anmerkungen

1 Ludwig Geißel, »Humanitäre Maßnahmen der Bundesregierung«, Manuskript vom 30. Mai 1989, S. 1.
2 Ludwig Geißel, »Unterhändler der Menschlichkeit«, Stuttgart 1991, S. 476.
3 Ludwig Geißel, »Humanitäre Maßnahmen der Bundesregierung«, a. a. O., S. 3.
4 Armin Volze, »Kirchliche Transferleistungen in die DDR«, in: DeutschlandArchiv, 1/1991, S. 61.
5 Ludwig Geißel, »Unterhändler der Menschlichkeit«, a. a. O., S. 254.
6 Ebenda, S. 470.
7 Armin Volze, »Kirchliche Transferleistungen in die DDR«, a. a. O., S. 60.
8 »Verfügung Nr. 44/66« vom 11. März 1966 des Vorsitzenden des Ministerrates, Vertrauliche Verschlußsache B-2-45/66.
9 Peter Przybylski, »Tatort Politbüro«, Berlin 1992, S. 127.
10 Peter-Ferdinand Koch, »Das Schalck-Imperium lebt«, München 1992, S. 60.
11 Manfred Seidel, »Vernehmungsprotokoll« der DDR-Staatsanwaltschaft vom 10. Januar 1990, S. 6.
12 Peter-Ferdinand Koch, a. a. O., S. 63.
13 Manfred Seidel, »Vernehmungsprotokoll«, a. a. O., S. 2.
14 Ludwig Geißel, »Unterhändler der Menschlichkeit«, a. a. O., S. 320.
15 Ebenda, S. 322.
16 Edelgarth Orth, »Abwicklung B-Geschäft«, persönlicher Vermerk vom 10. Juli 1992.
17 Ebenda, S. 2.
18 Süddeutsche Zeitung vom 18.April 1992.
19 Edelgarth Orth, »Abwicklung B-Geschäft«, a. a. O.
20 Vgl. Schreiben der »Früco Früchtehandels-Compagnie« vom 14. Dezember 1989 an das Diakonische Werk.
21 Günter Grötzinger vor dem sog. »Schalck-Untersuchungsausschuß« des Deutschen Bundestages am 24. September 1992.

22 Ebenda.
23 Manfred Seidel, »Vernehmungsprotokoll«, a. a. O., S. 2.
24 Ebenda, S. 2.
25 Günter Grötzinger vor dem »Schalck-Untersuchungsausschuß« des Deutschen Bundestages am 24. September 1992.
26 Manfred Seidel, »Vernehmungsprotokoll«, a. a. O., S. 5-6.
27 Peter Przybylski, »Tatort Politbüro«, Band 2, Berlin 1992, S. 293.
28 Interner Vermerk der Intrac.
29 Vermerk der AG »BKK« des MfS vom Mai 1981, S. 2.
30 IM-Bericht der HA XVIII/7 des MfS vom 5. März 1977.
31 Meta Bleßing, »Protokoll einer Zeugenvernehmung« vom 12. Juni 1991 vor der Staatsanwaltschaft beim Berliner Kammergericht, S. 20.
32 Der Spiegel vom 25. April 1977, S. 101 ff.
33 »Vermerk über die in der Westdeutschen Allgemeinen Zeitung vom 16./17. Januar 1977 gegenüber der Intrac und Elmsoka gemachten Anschuldigungen« des K. Naffke vom Januar 1977, S. 1.
34 Vermerk der Intrac über »Inhalt und Ziel der behördlichen Ermittlungen gegen Elmsoka und Intrac in der BRD«, ohne Datum, S. 3.
35 Ebenda, S. 1.
36 Schreiben des Zollfahndungsamtes Düsseldorf vom 17. April 1980 an Müller.
37 Horst Steinebach, »Information« für Manfred Seidel vom 9. Dezember 1977.
38 Die Zeit vom 28. August 1992.
39 Günter Grötzinger, »Information« vom 29. Januar 1982.
40 Ders., »Information« vom 17. Juni 1986.
41 »Analyse des Materials zu Rudhart«, HA XVIII/7 des MfS vom 25. Juni 1984.
42 Die Zeit vom 28. August 1992.
43 Günter Grötzinger vor dem »Schalck-Untersuchungsausschuß« des Deutschen Bundestages am 24. September 1992.
44 Ludwig A. Rehlinger in einem Interview für den britischen Fernsehsender »Channel 4« am 13. August 1992.
45 Ludwig A. Rehlinger in der ARD-Sendung »Panorama« vom 25. August 1992.
46 Walter Priesnitz in einem Gespräch mit den Autoren am 9. November 1992.
47 Walter Priesnitz in einem Interview für den britischen Fernsehsender »Channel 4« am 13. Oktober 1992.
48 Günter Grötzinger vor dem »Schalck-Untersuchungsausschuß« des Deutschen Bundestages am 24. September 1992.
49 Vgl. Egmont R. Koch, »Das geheime Kartell«, Hamburg 1992, S. 21.
50 Karl-Heinz Neukamm in einer Stellungnahme vom 2. September 1992, in: »Diakonie aktuell«.

Scheinheilige Geschäfte: Profite für die Geistlichkeit

Die evangelische und die katholische Kirche in der Bundesrepublik setzten ihre humanitären Bemühungen, insbesondere inhaftierte Menschen aus der DDR herauszuholen, bis zur Wende fort. Oftmals halfen die wenigen eingeweihten Experten auf unkonventionellen Wegen. Humanitäre Überlegungen standen dabei meistens im Vordergrund. Doch je länger das Freikaufgeschäft organisatorischer Hilfe der beiden großen Kirchen bedurfte, um so mehr rückten auch deren eigene wirtschaftliche und politische Interessen in den Mittelpunkt. Die evangelische Kirche, die den Hauptteil des Freikaufgeschäftes über ihr Diakonisches Werk managte, und die katholische Kirche, die über den Deutschen Caritasverband, vornehmlich Hauptvertretung Berlin, ihr Scherflein beitrug, arbeiteten nicht ganz so uneigennützig, wie bisher angenommen werden konnte.

Die Caritas hilft Familie Genth

Magdeburg 1979. Dem Ehepaar Manfred und Irmgard Genth und ihren drei Kindern geht es gut. Der 38jährige Bauingenieur und seine fünf Jahre jüngere Frau, eine leitende Mitarbeiterin in einem Restaurant, haben sich einen Lebensstandard erarbeitet, um den sie manche Nachbarn und Freunde beneiden.

Sie gehören zu den Etablierten in der 290.000 Einwohner zählenden Industriestadt. Sie besitzen neben ihrem Eigenheim einen für DDR-Verhältnisse gut ausgebauten Wochenendbungalow am Rande Potsdams. Manfred Genth, ein

Liebhaber alter Autos, geht noch einer zusätzlichen Tätigkeit nach, um sich den Traum eines eigenen Oldtimers zu erfüllen. Als Mitglied im Bund der Architekten erhält er vom Bezirksbauamt in Magdeburg die Erlaubnis, auf privater Basis als »Wertermittler im Grundstücksverkehr« zu arbeiten. Mit dem erreichten Lebensstandard sind die Genths zufrieden. Unzufrieden sind sie eher mit den politischen Verhältnissen: Sie fühlen sich unfrei, weil sie sich gesellschaftlich nicht so engagieren können, wie sie es für richtig halten. Trotzdem hat Manfred Genth noch nicht über eine Ausreise in den Westen nachgedacht. Doch das ändert sich schlagartig, als er im November 1979 von einem Hausbewohner aufgefordert wird, eine Friedensresolution der SED zu unterzeichnen. Er verweigert die Unterschrift mit dem Hinweis, auch andere setzten sich für Frieden ein, da müsse er nicht unbedingt ein Papier »der Partei« unterschreiben.

Die Partei, die immer recht hatte, reagiert prompt. Sein Betrieb, der Magdeburger VEB Altstoffhandel, entläßt ihn sofort aus seiner Funktion als Leiter des Aufbaustabes und entzieht ihm die Erlaubnis zur nebenberuflichen Tätigkeit. Von heute auf morgen kann er sich einen neuen Job suchen. Obwohl Genth viele Leute in der Stadt kennt, findet er keine seinen Qualifikationen angemessene Stellung. Sein Pech: Die Personalakte wandert immer mit. Trotz des herrschenden Arbeitskräftemangels und obwohl die meisten Betriebe mit ihm zufrieden sind, wird ihm nach Eintreffen der Akte signalisiert, daß er »nicht der Richtige« ist.

Nach mehreren erfolglosen Versuchen, Arbeit zu finden, beginnen auch die Genths daran zu denken, der DDR den Rücken zu kehren. Manfred Genth, mittlerweile zum Hilfsarbeiter degradiert, und seine Frau merken schnell, daß ihre beruflichen Perspektiven gleich null sind. Sohn Michael verweigert den Wehrdienst in der Nationalen Volksarmee, weil er diesem Staat nicht dienen will. Er entzieht sich der drohenden Einberufung durch Flucht in die Ständige Vertretung der Bundesrepublik. Er hat Glück: Zwar entläßt man ihn nicht in die westliche Freiheit, doch sichern ihm die DDR-Behörden bei Verlassen der Mission Straffreiheit zu. Er kommt mit 1.000 Mark Ordnungsstrafe davon.

Als enge Freunde beschließen, die DDR zu verlassen, planen auch Genths konkret ihre Ausreise. Nächtelang sitzen Manfred und Irmgard Genth mit Freunden beisammen und diskutieren die Möglichkeiten. Bei all diesen Gesprächen reift in Manfred Genth eine Idee, die er zunächst mit seinem Vater bespricht. Auf dem Wege der Familienzusammenführung könnten sie in die Bundesrepublik übersiedeln.

Manfred Genth kann sich nur schwer mit dem Gedanken anfreunden, seine Eltern in der ehemaligen Heimat zurückzulassen. Er versucht sie zu überzeugen, mit in die Bundesrepublik zu gehen. Auch auf sie würde ein besseres Leben warten, und vor allem könne man zusammenbleiben. Nach längerem Zögern wird aus der anfänglichen Idee ein konkreter Plan. Vater Otto Genth stimmt mit seiner Frau zu, und anläßlich eines Besuches bei Verwandten in Süddeutschland im Februar 1984 bleiben sie im Westen. So gut es geht, bereiten sie die »Familienzusammenführung« ihres Sohnes und seiner Familie vor.

Derweil sorgen die Genths in Magdeburg für den Ausreisefall vor. Sie wissen, daß es gut ist, die eigenen Vermögensverhältnisse vor einer Ausreise geklärt zu haben. Um so weniger können die Behörden Probleme machen. Ende April 1984 verkaufen sie ihr Haus mit Grundstück, Garage und Trabant an Renate K., eine entfernte Bekannte. Offiziell soll das Haus 56.000 Mark der DDR kosten. Sie ist jedoch bereit, unter der Hand einen höheren Preis für den Bungalow zu bezahlen.

Renate K. bringt die Genths auf eine Idee, wie sie selbst schnell in das Haus und die ausreisewillige Familie an Startkapital im Westen kommen kann. Dabei schlägt sie einen Weg vor, den die katholische wie die evangelische Kirche, in Ost wie West, schon des öfteren gegangen ist. Sie berichtet Manfred Genth von einem katholischen Pfarrer in Magdeburg, der gute Beziehungen zum Caritasverband unterhält. Die kirchliche Hilfsorganisation könne, so Frau K., sicher auch in der Ausreiseangelegenheit Genth behilflich sein. Nach ihren Informationen sei es möglich, daß die Caritas das Ost-Geld von ihr in DM-West umtauschen könne. Konkret sei sie bereit, rund 200.000 Mark für das Haus der Genths zu bezahlen, und die Kirche könne ihnen dann, zu einem Kurs von 1 zu 4, DM im Westen auszahlen. Eine für alle Beteiligten lohnende Transaktion.

Die Genths selbst sind fasziniert von dem Plan, könnten sie doch mit einem ordentlichen Polster im Westen anfangen, wenn sie erstmal drüben wären. Renate K. sichert zu, das Geld auf ein Konto von Manfred Genths Vater in Ulm überweisen zu lassen. Schriftlich könne man das aber nicht machen, auch die Kirche sei nicht bereit, das Ganze vertraglich festzuhalten. Wenige Tage später übergibt Renate K., wie verabredet, rd. 200.000 Mark der DDR an ihren Gemeindepfarrer. Der Pfarrer mit den guten Beziehungen zur Caritas leitet das Geld an seine Brüder weiter. In mehreren Teilbeträgen landet ein Betrag von 52.500 DM auf dem Konto von Manfred Genths Vater bei der Sparkasse in der Nähe von Ulm. Die erste Rate in Höhe von 23.500 DM wird am 2. Oktober 1984 überwiesen. Absender der Überweisung: Deutscher Caritasverband, Hauptvertretung Berlin, Ahornallee 49, 1000 Berlin 19 (West). Die Genths in Magdeburg sind überglücklich, daß die Transaktion geklappt hat. Konnten sie sich doch lange Zeit gar nicht vorstellen, daß die Kirche bei einem solch delikaten Unternehmen mitspielen würde.

Am 30. April 1984 stellen Manfred und Irmgard Genth einen Ausreisantrag. Damit setzen sie das Karussell von Behördenwillkür, Bespitzelung und Demütigungen erst richtig in Bewegung. Die Ablehnung des Antrages erfolgt nur einen Monat später. Vier weitere Anträge folgen. Mit den Eltern, die sich in der Zwischenzeit in Ulm eingerichtet haben, halten Manfred und Irmgard Genth regen Telefon- und Briefkontakt. Sie versuchen von Westdeutschland aus die Ausreiseaktion zu unterstützen, halten Kontakt zum Innerdeutschen Ministerium in Bonn, erkundigen sich über Möglichkeiten, die Menschenrechtskommission in Genf einzuschalten.

Die Initiativen der Eltern im Westen bleiben der Staatssicherheit im Osten nicht verborgen. Am 19. November 1985 werden Manfred und Irmgard Genth in zwei PKW von der STASI abgeholt zur »Klärung eines Sachverhalts«. Die Fahrt führt geradewegs in die Untersuchungshaft. 17 bis 19 Stunden am Tag dauern die ersten Verhöre. Der Vorwurf: ungesetzliche Verbindungsaufnahme mit dem Westen. So hieß das im DDR-Justizjargon, wenn man ausreisen wollte und Verwandte in der Bundesrepublik konsultierte. Am 24. Februar 1986 werden Manfred und Irmgard Genth zu 26 bzw. 12 Monaten Haft verurteilt. Als Anwalt fungiert der Magdeburger Jurist Lothar Schumann, der als Unterbevollmächtigter von Wolfgang Vogel tätig wird.

Irmgard Genth muß sich eine Zelle mit 15 anderen Frauen teilen. Es herrschen katastrophale hygienische Verhältnisse, das Essen ist teilweise verdorben. Am schlimmsten ist für sie die Ungewissheit. Ihr Mann erlebt die Haft als psychische Folter. Politische Häftlinge wie Manfred Genth werden von den Aufsehern schikaniert. Während Kriminelle als

»ganz normale« Verbrecher behandelt werden, sind die »Politischen« in den Augen des Knast-Personals Volksfeinde und Verräter. Weil Untersuchungshäftlinge nicht arbeiten dürfen, herrscht tödliche Langeweile in der engen, stickigen Zelle. Kein natürliches Licht fällt durch die Fenster aus Glasbausteinen. Mittels Klopfzeichen machen sich die Genths Mut: Wir sehen uns wieder.

Doch so bald, wie sie hoffen, sehen sich Manfred und Irmgard Genth nicht wieder. Die Staatssicherheit hat ihre Augen überall. Den STASI-Mitarbeitern der Abteilung IX (Untersuchungsabteilung) bleibt die Geld-Transaktion über die Caritas nicht verborgen. Sie vernehmen Verwandte und Bekannte der Genths, um mehr Privates über die Familie herauszubekommen. Es dauert nicht lange, und über Frau K., die Käuferin des Hauses, erhalten die STASI-Kontrolleure die gesuchten Informationen. Frau K., mit den Nerven fertig, gibt zu, wie das Haus der Genths wirklich bezahlt worden ist. Sie kann die Geldüberweisung durch die Caritas (West) nicht länger verschweigen.

Manfred Genth, im Knast mit den Aussagen von Frau K. konfrontiert, leugnet zunächst. Doch als ihm die MfS-Vernehmer die Aussageprotokolle von Renate K. vorlegen, gibt er am 8. März 1986 zu, wie der Kaufpreis entrichtet worden ist. Die Staatsanwaltschaft Magdeburg leitet daraufhin gegen Manfred Genth ein zusätzliches Verfahren wegen Devisenvergehens ein. Rechtsanwalt Schumann, der die Geschichte detailliert erfährt, kann nichts machen. Im Gegenteil: Er macht ihm Vorwürfe wegen der Immobilienverkäufe und der Geldaktion. Die MfS-Mitarbeiter aus Magdeburg haben präzise recherchiert. Sie sind genauestens über den Weg des Geldes von Ost nach West informiert. Sie wissen, daß die Caritas bei dem Devisendeal mitmachte. Doch gegenüber dem Priester und den Caritas-Mitarbeitern sind die

Ermittler zurückhaltend. Ihnen passiert nichts, denn die Geschäfte sind ihnen nicht neu. Doch Manfred Genth trifft es dafür um so härter. Er wird in mehreren Verhören unter Druck gesetzt. Es gebe nur eine Chance, eine weitere Haftstrafe zu umgehen: Das Geld müsse zurückgezahlt werden. Doch nicht etwa an die Käuferin, wie Genth im ersten Moment denkt. Das Geld sollte er an den DDR-Zoll überweisen. Wenn das geschehe, würde man ihm in diesem Punkt Straffreiheit gewähren, so die Vernehmer.

Sie zwingen Manfred Genth, einen Brief an seinen Vater zu schreiben. Er soll ihn auffordern, den Kaufpreis für das Haus und darüber hinaus Geld, das sie durch den Verkauf von Möbeln erhalten hatten, unverzüglich zurückzuüberweisen. »Setzt Euch bitte schnellstens mit Prof. Vogel in Verbindung. Es geht um Wiedergutmachung und hauptsächlich um ein schnelles und gutes Ende unserer Übersiedlung«, schreibt er am 12. Juli 1986 unter dem Druck der STASI-Vernehmer an seinen Vater in Ulm. Wenige Tage später erhält Otto Genth in Ulm die Nachricht des West-Berliner Rechtsanwaltes Wolf-Egbert Näumann, daß er unverzüglich 88.500 DM als Wiedergutmachung an ihn überweisen soll. Nur dann könnte die Anklage wegen Devisenvergehens fallengelassen werden. Am 8. August 1986 überweist Otto Genth den geforderten Betrag auf das Konto 3554700600 des West-Berliner Anwaltes bei der Berliner Bank. Rechtsanwalt Näumann überweist das Geld weiter an seinen Ost-Berliner Kollegen Vogel, und der leitet es angeblich an das Zollamt in Magdeburg weiter. Manfred Genth quittiert beim Leiter der Untersuchungshaftanstalt Major Wanura ein Schreiben des Zollamtes, daß das Geld eingetroffen sei. Am 2. September 1986 werden Manfred Genth und seine Frau in Abschiebehaft gebracht und am 17. September in die Bundesrepublik entlassen.

Doch erst im Westen erfährt Manfred Genth die ganze Wahrheit über die Geldtransaktion. Bis dahin wußte er nichts über die Einschaltung des westdeutschen Caritasverbandes, Hauptvertretung Berlin, in sein »Devisenvergehen«. Die Caritas-West, die zur Unterstützung der katholischen Kirche in der DDR jedes Jahr Millionen DM zum Kurs von 1 zu 1 umtauschen mußte, sparte am Ausreisefall Genth 150.000 DM. Der östliche Caritasverband kassierte 200.000 DDR Mark, für die der westliche Verband nur gut 50.000 DM einsetzte, die er direkt an den Vater von Manfred Genth überwies.

Nichts liegt für Manfred Genth näher, als sich an die Währungsgewinnler des Caritasverbandes in West-Berlin zu wenden. Er will die ganze Sache aufklären und sehen, wie er sein Geld zurückbekommen kann. Noch im Oktober 1986 versucht er Kontakt zum Direktor des Caritasverbandes in Berlin, Heinz-D. Thiel, aufzunehmen. Doch Thiel hat von allem keine Ahnung. Er kann sich an den von Genth geschilderten Vorgang nicht erinnern, obwohl über 50.000 DM von seinem Büro an Manfred Genths Vater gegangen sind.

Manfred Genth versteht die Welt nicht mehr. Er spürt, daß etwas faul ist an der ganzen Geschichte, die ihn Geld und Knast gekostet hat. Er läßt nicht locker und droht Thiel mit der *Bild*-Zeitung. Das wirkt Wunder. Am 14. Januar 1988 kommt es in Bayern zu einem Gespräch zwischen dem Ehepaar Genth, einigen Bekannten als Zeugen und dem Caritas-Direktor Thiel. Er macht sich die Mühe und reist extra aus Berlin an, so wichtig ist es ihm plötzlich, daß die Angelegenheit nicht in die Presse lanciert wird. Aus Münster nimmt der Justitiar des Caritasverbandes, Ludger Müer, an der Runde teil.

Anfänglich bestreitet Thiel weiter, Einzelheiten des Vorganges zu kennen. Als ihm Manfred Genth dann drei Überweisungsbelege seines Büros in Höhe von 14.000 DM, 15.000 DM und 23.500 DM vorlegt, willigen der Berliner Caritas-Direktor und sein Justitiar ein, die Sache gütlich beizulegen. Man vereinbart, daß Thiel die Summe an das Ehepaar Genth zurückbezahlt und die Genths Stillschweigen bewahren. Schon sechs Tage nach dem Treffen in Bayern, mittlerweile ist der Devisendeal dem Caritas-Direktor ein Herzensanliegen, schreibt er Manfred Genth: »Im Anschluß an unser Gespräch am 14. 01. 1988 möchte ich Ihnen heute mitteilen, daß ich feststellen konnte, auf wessen Veranlassung wir die Überweisungen vorgenommen haben. Beim besten Willen kann ich im Augenblick nicht sagen, wann ich mit diesem Vermittler sprechen kann. Ich werde versuchen, baldmöglichst eine Gelegenheit dazu zu finden. Nach diesem Gespräch werde ich mich wieder bei Ihnen melden. Mit freundlichen Grüßen bin ich Ihr H.-D. Thiel.«

Es dauert rund drei Monate, bis der Caritas-Direktor eine Lösung gefunden hat, den Genths das Geld auszuhändigen. Er habe mehrere Gespräche in der DDR geführt, teilt er in einem Brief vom 8. April 1988 mit und bittet Manfred Genth und seine Frau zu einem vertraulichen Treffen nach Berlin.

Eine Woche später, an einem Samstagmorgen gegen zehn Uhr, treffen die Genths bei Herrn Thiel in der Ahornallee im noblen Berliner Westend ein. Dort bewohnt der Direktor der katholischen Hilfsorganisation eine Etage in der Caritas-Dienststelle. In der behaglichen Wohnzimmeratmosphäre seines Büros eröffnet Thiel, daß er ihnen jetzt das Geld geben könne. Er schlägt vor, es in zwei Raten zu bezahlen. Das Ehepaar Genth ist froh, überhaupt etwas von dem Geld wiederzusehen, und reist mit einem Betrag von 30.000 DM nach Ulm zurück. Thiel läßt sich nicht lumpen und erstattet ihnen sogar die Fahrtkosten nach Berlin.

An einem Samstag im Juni sind Genths erneut in der Berliner Ahornallee bei Herrn Thiel. Wieder unter sechs Augen übergibt Thiel die zweite Rate in Höhe von 22.500 DM und bittet inständig, nur bloß niemandem von dem Handel zu erzählen. Die Genths haben ihr Geld zurück und hören einstweilen nichts mehr von Herrn Thiel. Bis zum Oktober 1988. Da meldet er sich ein letztes Mal schriftlich »aus gegebenem, aber auch dringendem Anlaß«. Der Kirchenmann hatte offensichtlich ein Problem: Wie sollte er die 50.000 DM verbuchen? »Ich brauche für den internen kirchlichen Gebrauch eine schriftliche Bestätigung von Ihnen, welche Beträge Sie vom Deutschen Caritasverband, Hauptvertretung Berlin, bzw. vom Katholischen Kommissariat Berlin als Regulierung Ihrer Angelegenheit bekommen haben.« Da sich die Genths bei Thiel nicht wieder meldeten und auch er keine weiteren Anstalten machte, zu seiner Quittung zu kommen, muß der clevere Katholik die Sache irgendwie anders verbucht haben.

Bis heute haben die Genths über das Geldgeschäft geschwiegen. Mit viel Engagement sind sie mittlerweile in ihre Heimatstadt Magdeburg zurückgekehrt und haben sich ein ansehnliches Bauunternehmen aufgebaut. Das scheinheilige Geschäft einiger Kirchenvertreter geht Ihnen gleichwohl nicht aus dem Kopf.

Caritas vermittelt Bares an Wolfgang Vogel

Daß Caritas-Direktor Heinz-D. Thiel unkonventionell, aber auch ohne große Probleme helfen konnte, zeigt der Fall des Dr. med. Klaus R. Der Arzt wollte seit 1974 mit seiner Frau und seinen beiden Töchtern aus der DDR ausreisen. Doch im Rahmen der Familienzusammenführung, um die er sich bemühte, hatte er keine Chance, in die Bundesrepublik zu kommen. Eine nahe Verwandte, die Düsseldorfer Unternehmerin Margret L., hatte beim West-Berliner Anwalt Jürgen Stange nachgefragt, aber eine abschlägige Antwort erhalten.

Die privaten Bemühungen, Familie R. aus der DDR herauszuholen, zogen sich hin; die DDR war nicht bereit, auf den gut ausgebildeten Arzt ohne weiteres zu verzichten. Doch im November 1978, Margret L. hatte nicht lockergelassen, wußte Jürgen Stange plötzlich Rat. Der Caritasverband, Hauptvertretung Berlin, könne helfen. Stange vermittelte die Dame aus Düsseldorf an Heinz-D. Thiel. Thiel, der seit Jahren über beste Kontakte in die DDR und speziell zu Wolfgang Vogel verfügte, eröffnete ihr, daß es gute Chancen gebe, die Verwandten in die Bundesrepublik zu holen, wenn Frau L. bereit sei, einen entsprechenden Geldbetrag aufzuwenden. Margret L. war bereit, auch einen größeren Betrag einzusetzen, damit Klaus R. in die Freiheit ausreisen könne.

Nach einem Gespräch bei Thiel ging tatsächlich eine größere Summe auf dem Konto des Berliner Caritasverbandes ein. Am 7. November 1978 hatte Margret L. 400.000 DM überwiesen. Es dauerte einige Wochen, bis Direktor Thiel das Geld weiterleitete. In drei Raten übergab er die Summe Anfang 1979 an Anwalt Stange. Der bezahlte das Geld für die Übersiedlung der Familie R. in bar an seinen Ost-Berliner Kollegen Wolfgang Vogel. Der DDR-Anwalt will das Geld im April 1979 bei der für ihn zuständigen Koordinierungsstelle eingezahlt haben. Die Caritas-Hilfe funktionierte ohne Komplikationen. Am 24. April 1979 konnte Klaus R. mit seiner Familie in die Bundesrepublik ausreisen.

Familie Worgitzki –
Konsistorialpräsident Stolpe hilft

Es ist Freitag, der 15. August 1971. Ina und Roland Worgitzki machen sich an diesem sonnigen Tag auf den Weg nach Rahnsdorf, einem der grünen Stadtteile am Rande Ost-Berlins. Sie wollen im Grünheider Weg ein Haus kaufen und umziehen. Als sie sich abends wieder auf den Heimweg machen, haben sie mit dem Verkäufer Hermann J. einen Vorvertrag abgeschlossen. Der Traum vom Häuschen im Grünen scheint für Roland Worgitzki und seine junge Frau in Erfüllung zu gehen.

Lange müssen die beiden nicht warten, denn schon wenige Tage später ist der Kaufvertrag mit »lebenslangem Wohnrecht für den Verkäufer« notariell beglaubigt, und schneller als erwartet beziehen sie ihr neues Heim. Es macht dem tatkräftigen Ehepaar, beide sind Ingenieure, nichts aus, daß viel umgebaut werden muß. Sie verzichten auf lange Urlaube und teure Hobbys und verbringen die meiste Zeit am Haus. Mit Maurerkelle und Schaufel steht Roland Worgitzki Abend für Abend im Vorgarten und schuftet. Fast 15 Jahre werkeln sie. Der Ausbau des Hauses entwickelt sich – dank der sozialistischen Planwirtschaft, in der der Mangel staatlich verwaltet wird – zu einem nervenaufreibenden Unterfangen. Ohne Kredite finanzieren sie das Material. Die Familie wird größer, auch für die beiden Mädchen Susanne und Gabriele wird das Haus zu einem Teil ihres Lebens. Ina und Roland Worgitzki sind nicht in der Partei, aber sie sind auch keine Oppositionellen. Wie viele andere DDR-Bürger sind sie eher Mitläufer, die Entmündigung durch den übermächtigen Staat nehmen sie hin.

Doch die politische Repression in der DDR empfinden die Worgitzkis immer unerträglicher. Die Gründung der Oppositionsbewegung und ihr öffentliches Eintreten für eine demokratischere Gesellschaft geht nicht spurlos an ihnen vorüber, auch wenn sie sich nicht entschließen können, sich politisch zu engagieren. In ihnen wächst der Wunsch, in die Bundesrepublik überzusiedeln. Roland und Ina Worgitzki beschließen mit ihren beiden Töchtern, einen Ausreiseantrag zu stellen.

Im Februar 1987 reichen sie ihr erstes Gesuch bei der Abteilung Inneres in Ost-Berlin ein. Die übliche Ablehnung erfolgt ebenso prompt, wie die Worgitzkis den zweiten Antrag nachreichen. Den Druck von oben bekommen sie dann allmählich zu spüren. Ein Antrag auf eine Kur, den Roland Worgitzki lange vor dem Ausreiseersuchen gestellt hatte, wird mit der Begründung abgelehnt: »Wer die DDR verlassen will, dem werfen wir doch nicht noch eine Kur hinterher.«

Im Betrieb erfahren sie neben viel Solidarität auch Repressalien. Nun beginnen sie sich auch politisch zu engagieren. Sie nehmen an der Rosa-Luxemburg-Demonstration am 17. Januar 1988 und an verschiedenen Bittgottesdiensten teil. Der öffentlichen Aufforderung durch Manfred Stolpe, sich doch auf Gemeindeebene zu betätigen, um den Staat DDR politisch nicht zu provozieren, folgen sie. Mit dem Plan, einen Gesprächskreis für Ausreisewillige zu gründen, wenden sie sich an ihre Rahnsdorfer Gemeindepastorin Inge Mayer.

Die Pastorin nimmt sich der Idee an und gibt vor, gute Beziehungen zur Leitung der evangelischen Kirche, insbesondere zu Konsistorialpräsident Manfred Stolpe, zu besitzen. Für den Gesprächskreis könnte sie die Kontakte nutzen. Zwar kommt der nicht zustande, aber die Pastorin läßt sich des öfteren bei Worgitzkis zu Hause sehen. Sie interessiert sich für das mittlerweile stattliche Haus und klärt die ausreisewillige Familie auf, daß sie es ohnehin nicht behalten dürfte, wenn sie die DDR verlassen wollte. Ob sie es nicht ihr verkaufen wolle. Über das Gespräch sollten Worgitzkis jedoch mit niemandem reden. Ina und Roland Worgitzki sind über das Bestreben der Kirchenfrau einigermaßen überrascht. Verkaufen wollen sie ihr Haus eigentlich nicht, sondern durch Bekannte verwalten lassen.

Anfang Februar 1988 kommt Frau Mayer immer öfter, meistens unangemeldet, und bekräftigt ihren Kaufwunsch. Sie bringt auch einen konkreten Vorschlag mit: Das Haus könne indirekt an die Kirche verkauft werden, und sie wolle sich mit ihren Beziehungen dafür einsetzen, daß die Ausreise klappt und die Familie für den Verkauf im Westen D-Mark als Starthilfe bekommt. Es wäre nur ein Konto nötig, dann ginge das problemlos. Worgitzkis sind erstaunt über die Offerte der Pastorin. Sie spüren den Druck, der nach den Ausreiseanträgen auf ihnen lastet. In Betrieb und Schule werden sie mehr und mehr ausgegrenzt, und bei der Abteilung Inneres, wo sie sich des öfteren nach den Chancen ihrer Ausreise erkundigen, verlangen die Mitarbeiter den Verkauf des Hauses als Vorleistung für die Bearbeitung des Antrages. Sie bestehen darauf, endlich den Namen des Käufers zu erfahren.

Auch Pastorin Mayer läßt nicht locker. Zweimal in der Woche kommt sie vorbei und unterbreitet immer neue Angebote. Sie könne das Haus mit einem zinslosen kirchlichen Kredit kaufen, einen zugelassenen Taxator organisieren, der in solchen Fällen immer für die Kirche tätig sei, und Worgitzkis könnten dann einen entsprechenden Betrag auf ihr Westkonto überwiesen bekommen. Falls man ihr nicht glaube, könne sie leicht einen Gesprächstermin mit Stolpe persönlich arrangieren. Im übrigen laufe bei Pfarrer Christoph Sehmsdorff in Friedrichshagen die gleiche Sache.

146

Man könne auch bei der Abteilung Inneres nachhelfen, damit die Ausreise wirklich vonstatten gehe.

Worgitzkis überlegen das Angebot. Unter dem Druck der Abteilung Inneres, daß ohne Hausverkauf eine Ausreise unmöglich sei, entschließen sie sich, auf Pastorin Mayer zuzugehen. Ihr Angebot, die Ausreise durch kirchliche Kanäle zu befördern, sowie die Starthilfe in DM-West scheinen ihnen die beste aller schlechten Varianten zu sein. Frau Mayer teilt unterdessen mit, daß sie mit der Kirchenleitung alles abgesprochen habe, diese sei einverstanden.

Am 17. September 1988 spricht bei ihnen Horst Huth, der Taxator, vor. Er komme im Auftrag von Frau Mayer, sagt er und läßt durchblicken, daß er öfter für die Kirche arbeite, doch den Auftrag müßten Worgitzkis »aus formalen Gründen« selber erteilen. Das erstellte Wertgutachten weist einen Preis von 67.800 Mark aus. 60.000 Mark Materialkosten bleiben unberücksichtigt. Frau Mayer läßt es bei ihrer Kirchenleitung prüfen und vermittelt ein Gespräch mit dem Konsistorialpräsidenten.

Anfang Januar 1989 empfängt Manfred Stolpe das Ehepaar Worgitzki im evangelischen Konsistorium in der Ost-Berliner Neuen Grünstraße. Stolpe ist über die Angelegenheit schon gut unterrichtet. Das Haus komme für die Kirche in Frage, äußert er gegenüber dem Ehepaar; auch sei der Taxpreis in Ordnung. Ein Drittel des Kaufpreises bietet er als Starthilfe in DM-West und versichert, daß er sich für die Ausreise stark machen wolle. Zweifelnde Fragen bezüglich seines Einflusses räumt er mit Hinweis auf seine guten Kontakte aus, außerdem könne er noch den einflußreichen Anwalt de Maizière einschalten. Ferner rät er, ins Bundesland Baden-Württemberg überzusiedeln, dort gäbe es mehr Wohnungen als in West-Berlin. Außerdem verfüge er über beste Verbindungen zur Diakonie in Karlsruhe.

Mit Stolpe und Pastorin Mayer, die ebenfalls anwesend ist, vereinbaren Ina und Roland Worgitzki, was in den folgenden Wochen zu tun sei. Familie Mayer erhält einen zinslosen Kredit der evangelischen Kirche in Höhe des Kaufpreises, und die Kirche setzt sich gleichzeitig für die Ausreise ein. Worgitzkis selbst, so der Stolpe-Rat, sollen soviel Geld wie möglich an die evangelische »Stephanus-Stiftung« in Berlin-Weißensee »spenden«. Herr Stolpe will veranlassen, daß ihnen im Westen dann ein Betrag in DM im Verhältnis eins zu drei zur Verfügung steht. Sobald das Haus an Mayers verkauft ist, sollen sie Stolpe wieder aufsuchen.

Dem Rat des hohen Kirchenmannes folgend, bereiten Worgitzkis voller Hoffnung ihre Ausreise vor. Sie verkaufen ihre gesamte Habe und große Teile der Wohnungseinrichtung an die neuen Bewohner und »spenden« am 10. Juli 1989, wie empfohlen, 135.000 Mark auf das Konto 6792-33-1028 an Pfarrer Werner Braune, den geistlichen Leiter der »Stephanus-Stiftung«.

Drei Wochen später, am 1. August – Tausende DDR-Bürger versuchen über die bundesdeutsche Botschaft in Budapest in den Westen zu fliehen –, passieren Ina und Roland Worgitzki mit ihren beiden Töchtern und dem kleinen Sohn gegen 18.00 Uhr am S-Bahnhof Friedrichstraße die Grenze nach West-Berlin. Die erste Nacht im Westen verbringen sie bei Freunden, um am nächsten Tag zum Übergangslager Gießen weiterzufahren. Sofort erkundigen sie sich bei ihren Berliner Freunden, ob das von Stolpe zugesagte Geld bereits eingetroffen sei. Enttäuscht hören sie, daß noch kein Pfennig eingegangen ist. Roland Worgitzki setzt sich umgehend mit der Diakonie in Karlsruhe in Verbindung, wie ihm Manfred Stolpe aufgetragen hatte, falls es unvorhergesehene Probleme gebe.

Oberkirchenrat Wunderer, dem er eine handschriftliche

Notiz und die Visitenkarte Stolpes übergibt, weiß von nichts und vertröstet erst einmal auf die folgende Woche. Roland Worgitzki läßt sich jedoch nicht hinhalten und schickt ein Telegramm an Manfred Stolpe persönlich. Drei Tage später geht das ersehnte Westgeld auf dem Konto der Berliner Freunde ein. Doch der Absender ist nicht, wie angekündigt, die Diakonie Karlsruhe, sondern eine Frau Margarete Martin aus Berlin-Kreuzberg. Von ihrem Konto beim Postgiroamt Berlin überweist sie 45.540 DM, rund ein Drittel der »Spende« an die »Stephanus-Stiftung«. Zwar wundern sich Worgitzkis über den freundlichen Absender und können sich nicht erklären, warum eine ihnen völlig unbekannte Privatperson Geld überweist, aber sie sind überglücklich, das Geld endlich in Händen zu haben. Später erfahren sie, daß Frau Martin häufig derartige Kirchendienste übernommen hat.

Mit diesem Startkapital versucht die Familie, in der Bundesrepublik neu anzufangen. Sie lassen sich in Mannheim nieder und verfolgen gespannt die sich zuspitzenden Ereignisse in der DDR. Es ist nicht leicht, einen neuen Job und eine vernünftige Wohnung zu finden. Ehe sie sich versehen, werden auch sie vom untergehenden Sozialismus eingeholt. Die Mauer ist gefallen, die politischen Verhältnisse in ihrer Heimat, die sie gerade verlassen haben, ändern sich, und sie spüren, daß die Gründe für ihre Ausreise sich eigentlich über Nacht in Luft aufgelöst haben. Die Familie beginnt gemeinsam darüber nachzudenken, ob sie nicht in ihr Heim nach Rahnsdorf zurückkehren könne. Über ihre früheren Nachbarn erfahren die Worgitzkis, daß das Pastorenehepaar Mayer ihr Haus noch gar nicht bezogen hat. So machen sie sich Hoffnungen, eventuell bald zurückzukehren.

Am 3. Januar 1990 schreiben sie einen ausführlichen Brief an Manfred Stolpe mit der Bitte, doch zwischen ihnen und der Pastorin Mayer zu vermitteln. Worgitzkis schlagen vor, ihr Haus zu gleichen Bedingungen zurückzukaufen. Sie bleiben unter Umständen auch noch eine Weile im Westen, wenn es sein muß. Konsistorialpräsident Stolpe verspricht, mit Mayers zu reden.

Vier Wochen später ist Ina Worgitzki in Berlin, um sich bei den Ämtern zu erkundigen, wie sie und ihre Familie wieder in die DDR zurücksiedeln können, ein bis dahin einmaliger Vorgang. Frau Worgitzki nutzt ihren Aufenthalt dazu, mit Manfred Stolpe zu sprechen. Er macht ihr Mut, begrüßt ihr Vorhaben, zurückzukommen, und rät, vorläufig nichts zu unternehmen; er kümmere sich schon. Nach einigen Tagen kommt ein weiteres kurzes Treffen zustande, in dem Stolpe mitteilt, daß es schwierig werde mit Mayers, er sich aber weiterhin mit der Angelegenheit beschäftigen werde.

Worgitzkis wollen eigentlich nicht länger warten. Sie sind auf alles eingestellt, sie wollen nur Klarheit und sich auf keinen Fall hinhalten lassen. Unterdessen stellen sie einen Antrag auf Wiedereinbürgerung und nehmen sich einen Rechtsanwalt, der sich der Hausgeschichte annehmen soll. Rechtsanwalt Manfred Walther, der spätere Justizminister, ist ihr erster Rechtsvertreter.

Am 26. Februar 1990 schreibt Roland Worgitzki erstmals persönlich an Mayers, nachdem von Manfred Stolpe kein neues Signal gekommen war. Weitere Briefe an Stolpe und Bischof Forck, dem Bischof der evangelischen Kirche in Berlin-Brandenburg, folgen. Ein Telefongespräch mit Mayers macht deutlich, daß eine Einigung kaum möglich erscheint. Das Pastorenehepaar lehnt jede Verständigung ab.

Die Mutter von Ina Worgitzki schaltet sich ein und schreibt einen Brief an Mayers. Mit bewegenden Worten erklärt sie die Notlage ihrer Kinder. Handschriftlich läßt Valentine Krüger die »sehr geehrte Frau und Herr Pastor

Mayer« wissen, daß sie gerne »wieder eine glückliche Familie wie früher« sein würden. Der katholische Pfarrer der St. Bonifatius Gemeinde in Mannheim, Arnold Tull, nimmt sich aus seelsorgerischen Gründen dem Anliegen der Worgitzkis an und verfaßt einen Brief an seinen evangelischen Glaubensbruder, Bischof Forck: »Moralisch gehört ihnen das Haus noch heute. Die Umstände zum Weggang aus der DDR und zur Nötigung zum Hausverkauf wurden vom alten Regime gesetzt. Sie haben dann auch nicht leichtfertig oder meistbietend verkauft, sondern an die evangelische Kirche den gesamten bisherigen Lebensinhalt übergeben.«[1] Inzwischen sind die Vermittlungsversuche von Manfred Stolpe gescheitert. Mit Inge Mayer, die einige Jahre als Pressereferentin seine enge Mitarbeiterin war, scheint eine gütliche Einigung aussichtslos.

Aufgeschreckt durch einen Presseartikel, in dem Pastorin Mayer in ihrem neuen Haus portraitiert wird[2], wenden sich Worgitzkis abermals an Manfred Stolpe. Am 19. Oktober 1990 antwortet der Jurist des Konsistoriums, Ingemar Pittelkau: »Da wir an der Vermittlung des Hauskaufs beteiligt waren, wollen wir eine Vermittlerrolle natürlich auch jetzt nicht ausschlagen und, wenn die rechtlichen Fragen besser zu beantworten sind, möglichst bald ein Gespräch dazu anbieten.«

Worgitzkis sind enttäuscht, wie mit ihnen umgegangen wird. Sie sehen keinen anderen Weg, als eine Klage einzureichen. Auch das Pastorenehepaar Mayer läßt sich durch einen Rechtsanwalt vertreten. Es ist der langjährige evangelische Kirchenanwalt und Stolpe-Intimus Reymar von Wedel, der mit der Ausreiseproblematik von DDR-Bürgern bestens vertraut ist. Er vertritt eine Reihe von ähnlich gelagerten Fällen.

Roland Worgitzki beläßt es nicht dabei, den Spruch eines

Zivilgerichtes abzuwarten. Er geht an die Öffentlichkeit und erreicht reges Interesse bei Zeitungen und Fernsehen. Seine Begründung: der Hausverkauf war Bedingung für seine Ausreise und deshalb vom Staat DDR erzwungen, somit Nötigung. Auch seine Anwälte argumentieren gegenüber dem Gericht in derselben Weise. Pastorin Mayer hingegen ist der Überzeugung, daß sie ihr neues Haus rechtmäßig erworben habe, und sieht deshalb keinen Grund für eine etwaige Rückübertragung

Roland Worgitzki geht jedem Hinweis nach, der ihm helfen könnte, sein Zuhause zurückzubekommen. Er wendet sich an eine Reihe prominenter Kirchenleute, um eine eventuelle Vermittlung zu erreichen. So auch an den West-Berliner Bischof Martin Kruse und an den Präses der EKD-Synode, den SPD-Bundestagsabgeordneten Jürgen Schmude. Während eine Antwort des Bischofs ausbleibt, antwortet der Synodale postwendend, doch Unterstützung kann er kaum gewähren. Statt dessen verweist er auf die untergeordnete Rolle der Kirche bei Ausreisen aus der DDR. »Die evangelische Kirche hatte das generelle Ausreiseverbot in der früheren DDR und die besonderen Bedingungen bei ausnahmsweise erlaubten Ausreisen nicht zu verantworten. Sie konnte diese Bedingungen weder beeinflussen noch verändern«, gibt der Politiker zu bedenken.[3]

Roland Worgitzki, der inzwischen politisch weit mehr aktiv geworden ist als in seiner alten Heimat DDR, gründet mit anderen Betroffenen im Dezember 1991 eine Arbeitsgemeinschaft. Allen gemeinsam ist der Versuch, ihren durch staatliche Willkür verlorengegangenen Besitz zurückzubekommen. So beginnen die früheren DDR-Bürger für ihre Häuser zu kämpfen, die sie verkaufen mußten, um auszureisen. Die »AROV«, die »Arbeitsgemeinschaft zur Regelung offener Vermögensfragen«, hat sehr schnell erkannt, daß die

Häuser in der Regel von Leuten erworben wurden, die Privilegierte in der DDR waren. Den zuständigen Behörden mußten die Erwerber genehm sein. Nicht jeder gehörte zu den Kauf»berechtigten«. So wird für die Geschädigten verständlich, warum Unterstützung so schwer zu erlangen ist.

In seinem eigenen Prozeß hat Roland Worgitzki mit Reymar von Wedel nicht nur einen gewieften Anwalt gegen sich, sondern auch das Problem, zu beweisen, daß er von den »Privatpersonen« Mayer genötigt worden ist. Nur dann gäbe es eine Chance, das Haus zurückzuerhalten. Und Anwalt Wedel zieht sein gesamtes Register, um die Interessen des Pastorenpaars Mayer zu wahren. Nach Wedels Auffassung habe die Kirche »in keinem Fall eine Ausreisegenehmigung versprochen, um ein Grundstück an sich zu bringen. Ein solches Versprechen war gar nicht möglich, weil die Kirche eine Ausreise nicht garantieren konnte. Sie hatte keinen unmittelbaren Einfluß auf die Entscheidung über einen Ausreiseantrag.« Weiter, erläutert der Kirchenanwalt, sei auch »die Behauptung der Kläger falsch, über Ausreisen habe das MfS entschieden«.[4]

Der langjährig mit DDR-Interna vertraute von Wedel, der selbst Mandanten im Zusammhang mit Ausreisen beraten hat, schien, wo es um Interessen des Pastorenpaars Mayer geht, alle Erfahrung vergessen zu haben. Nach seiner Ansicht sei »kein Mißbrauch« der Kirche erkennbar; die Kirche habe lediglich beraten und beim Transfer des Geldes geholfen, teilt er dem Berliner Landgericht im Hausprozeß mit.

Dem Bundestagsabgeordneten Egon Jüttner, an den sich Roland Worgitzki auch um Unterstützung gewandt hatte, schreibt Anwalt von Wedel, diesmal im Auftrag des Ministerpräsidenten Manfred Stolpe, daß er auch »keinerlei Fehlverhalten von Herrn Stolpe festgestellt« habe. »Gerade er hat den Eheleuten Worgitzki unter persönlichem Risiko dazu verholfen, im Westen finanziell neu anzufangen. Insbesondere hat er keine Zwangslage der Eheleute Worgitzki ausgenutzt.«[5]

Das Landgericht Berlin, vor dem der Rechtsstreit verhandelt wird, schließt sich dem Ansinnen des Pastorenehepaars Mayer an und weist in seinem Urteil am 22. Januar 1992 die Klage von Ina und Roland Worgitzki ab. Das Gericht begründet seine Haltung unter anderem damit, daß es nicht einzusehen sei, »weshalb die Kläger, wenn sie selbst zu dem damals attraktiven Angebot der evangelischen Kirche nicht veräußern wollten, sich nicht wenigstens darum bemüht haben, den Behörden das Zugeständnis abzuringen, das Grundstück unter staatlicher Verwaltung oder auch unter privater Regie zu vermieten«. Doch genau dieses hatte das Ehepaar versucht. Die DDR-Behörden allerdings bestanden auf einer anderen Regelung.

Auch aus wirtschaftlichen Gründen sieht das Gericht keinen Grund, den Verkauf des Hauses rückgängig zu machen. »Aus ihrer damaligen Sicht war das Angebot der evangelischen Kirche, ihnen für die Einzahlung von 135.000 Mark nach Übersiedlung in die Bundesrepublik im Gegenzug einen Betrag von 45.000 DM zur Verfügung zu stellen, sehr günstig. Für sie, die ohnehin zur Ausreise entschlossen waren, eröffnete sich damit die unverhoffte Möglichkeit, mit einem nicht unerheblichen Startkapital in der Bundesrepublik Fuß zu fassen.« Das Gericht macht sich nicht die Mühe, die tatsächlichen Ausreisewege und Bedingungen intensiver auszuleuchten.

Ina und Roland Worgitzki sind entsetzt. Eine Berufungsklage können sie sich nicht mehr leisten. Das Geld, das sie als Startkapital im Westen nutzen wollten, ist für den Rechtsstreit draufgegangen. Finanziell sind sie am Ende.

Doch auch eine Tatsachenberichtigung vor Gericht geht negativ für sie aus. Mit dem Gefühl, daß die evangelische Kirche ihre Notlage ausgenutzt hat, sind sie nicht allein.

Ähnlich ergeht es Margot R. Die alte Dame will schon 1978 aus der DDR ausreisen. Auch ihr vermittelt jemand mit guten Kontakten ein Gespräch mit Manfred Stolpe. Nach dem Tod ihres Mannes muß sie, selbst schon gesundheitlich angeschlagen, ihr Haus aufgeben. Im Mai 1978 überweist sie 70.000 Mark aus ihrem Hausverkauf an die »Stephanus-Stiftung«. Nachdem der Eingang der »Spende« nicht gleich bestätigt wird, schaltet sich Manfred Stolpe ein. Schon ein paar Tage später entschuldigt sich der Verwaltungsleiter der Stiftung, Wilfried Lemke, für die urlaubsbedingte Verspätung. Anders als Worgitzkis erhält Frau R. ihr »Startkapital« im Westen nicht durch eine unbekannte Person überwiesen, sondern der renommierte Kirchenanwalt Reymar von Wedel hält »eine Beihilfe von 50.000 DM« bereit.[6] Auf Empfehlung von Konsistorialpräsident Stolpe zieht ein Pfarrer in das Haus von Margot R. in Altglienicke bei Berlin ein.[7]

Wie Stolpe dem IM »Torsten« ein Haus besorgt

Auch Horst und Ingrid D. nahmen den Rat von Manfred Stolpe in Anspruch. Er, ein in der DDR hoch angesehener Spezialist für Denkmalschutz, wird in den siebziger Jahren von den örtlichen Berliner Behörden genötigt, sich einem volkseigenen Betrieb anzuschließen. Horst D. beugt sich dem politischen Druck und läßt sich dem Institut für Denkmalpflege angliedern, an das er seinen Betrieb verkauft. Im Zuge des Verkaufs wirft man ihm verbrecherischen Betrug vor. Richter Jürgen Wetzenstein-Ollenschläger, der spätere

Honecker-Verteidiger und Freund von STASI-Minister Erich Mielke, verurteilt ihn zu acht Jahren Freiheitsstrafe. Nach seiner Haft arbeitet er an der Restaurierung von evangelischen Kirchen und Gebäuden mit, bis man gegen ihn weitere Vorwürfe konstruiert und ihm erneut Haft androht.

Horst D. entschließt sich, mit seiner Frau in die Bundesrepublik überzusiedeln. Damit die Ausreise problemlos über die Bühne gehen kann, wird auf Vermittlung des Konsistorialpräsidenten Manfred Stolpe ein Käufer für das an einem See gelegene Haus der D.s gefunden. Stolpe muß sich nicht weit umschauen. In seinem Konsistorium macht er einen Interessenten aus, den Rechtsanwalt und Kirchenjustitiar Wolfgang Schnur.

Ein Gutachten für das noble Grundstück der D.s weist einen Wert von 475.000 Mark aus. Am 19. Januar 1989 wird der Kaufvertrag mit Wolfgang Schnur geschlossen. Für die Zahlung des Kaufpreises einigen sich die Beteiligten, daß Schnur zunächst 240.000 Mark überweist, der Rest solle später beglichen werden. Das genaue Verfahren kennt die Kirchenabteilung des MfS. Am 13. Mai 1989 notiert der Leiter der HA XX/4, Oberst Wiegand, daß an den Kirchenanwalt »ein persönliches Darlehen in Höhe von 240.000 Mark auf sein Konto überwiesen« wird. »Diese 240.000 Mark der DDR sollen dann auf das Konto des Verkäufers überwiesen werden. Dieser wiederum überweist den Geldbetrag an die kirchliche Einrichtung. Es ist dann mit dem Verkäufer abgesprochen, daß dieser in der BRD jetzt einen Gesamtgeldbetrag von 158.000 DM erhält.«

Unter den Augen der STASI geht der illegale Geldtransfer vonstatten. Horst D. spendet die erste Kaufrate an die »Stephanus-Stiftung«. Im Westen eingetroffen, wenige Wochen bevor die Mauer in der DDR fällt, erhält er eine erste Rate in DM-West. Die »Hilfsstelle westdeutscher Kirchen«, ein Zusammenschluß der evangelischen Landeskirchen in der Bundesrepublik mit Sitz in der West-Berliner Goethe-straße, überweist im Oktober 1989 80.000 DM. Die D.s erfahren erst nach der Wende, daß ihr Käufer als »IM Torsten« Spitzeldienste für die STASI erledigte und der ebenfalls STASI-belastete Stolpe als »IM Sekretär« seinem Kollegen nicht nur ein schönes Haus im Grünen vermittelte. Das MfS vermerkte auch, daß Wolfgang Schnur für den Hauserwerb ein Darlehen der evangelischen Kirche bekommen sollte. Seinen Umzug von Rostock in das Berliner Haus der D.s erfreute die STASI sehr, war doch der Top-Spitzel für seine Führungsoffiziere jetzt schneller verfügbar.[8]

Horst Lange übergibt ein Vermögen und verliert ein Haus

Die LKWs des Transportunternehmens Lange rollen ganz nach Plan durch den kleinen Ort Eggerstorf im Brandenburgischen bei Berlin. In zwei Schichten, vormittags und nachmittags, fahren sie im Auftrag von Berliner und Strausberger Behörden. 16 Züge unterhalten Horst und Helga Lange seit Anfang der siebziger Jahre. Eine private Firma, von deren Größe es kaum eine andere gibt in der Umgebung, eine absolute Ausnahme in der DDR.

Horst Lange hat schon als Jugendlicher ordentlich zugepackt. Nach dem Krieg ist er mit seinen Eltern aus der Gegend von Posen vertrieben worden. Ursprünglich hatten sie überlegt, Anfang der fünfziger Jahre weiter in die Bundesrepublik zu ziehen, sind dann aber in Eggerstorf geblieben. Mit einem Pferdegespann haben sie begonnen, ein Fuhrunternehmen aufzubauen. Nach zwanzig Jahren haben sie es

geschafft: Sie nennen einen Betrieb mit fast zwanzig Ange-
stellten ihr eigen.

Die ganze Familie hilft mit: Ehefrau Helga, die beiden
Kinder, und auch Horst Langes Mutter ist zuweilen dabei.
Der Einsatz lohnt sich. Langes gehören zu den wohlhaben-
den Leuten in der Gegend. Die Familie besitzt eine ganze
Reihe von Grundstücken, ein Wochenendhaus in Zinnowitz
an der Ostsee und, was selten genug ist für DDR-Verhältnisse, ein Westauto der Nobelklasse.

Horst Lange macht gute Geschäfte. Er hat gute Kontakte
zu ausländischen Diplomaten, die ihm zu Dingen verhelfen,
die er in der DDR nicht bekommen kann, z. B. Rechenmaschinen, die er dringend in seinem Laden braucht. Mit Genehmigung des Finanzamtes importiert er einige mehr, die
er mit Gewinn weiterverkaufen kann. So geht das Geschäft
viele Jahre gut, bis eines Sonntags ein Autofahrer mit einem
Motorschaden an seinem Mercedes vor der Tür steht und
um Hilfe bittet. Mit derlei Problemen kennt sich Horst
Lange aus und macht den Wagen wieder flott. Zu dem Geschäftsmann aus Köln, der seinen alten Vater in der Nach-
barschaft der Langes des öfteren besucht, hält Horst Lange
Kontakt, und immer, wenn er wieder in der Gegend ist, trifft
man sich zu einem Kaffee.

Dieser Kontakt bleibt der örtlichen STASI-Abteilung
nicht verborgen. Bei einem nächsten Besuch verfolgen sie
den Westler und vernehmen ihn ohne ersichtlichen Grund.
Nach langem Verhör verdächtigen sie ihn der Militärspio-
nage, ohne jedoch irgendwelche Beweise vorlegen zu können. Die versuchen sie über Lange zu erhalten. Sein Telefon
wird abgehört, und die kleine Gartenlaube gegenüber dem
Wohnhaus der Familie eignet sich hervorragend als Platz für
Spitzeldienste.

Die Kundschafter fallen Lange auf. Nachdem er sie anspricht und sich über die unliebsame Verfolgung beschwert, wird er selbst Objekt intensiver Verhöre. Weil die STASI ihm nichts anhängen kann, bedrängen sie ihn, dem Kölner Geschäftsmann bei seinem nächsten Besuch im Hause seines Vaters ein Abhörgerät unterzuschieben. So habe man endlich einen »Beweis«, den unliebsamen Gast abzuschieben. Lange weigert sich. Unter keinen Umständen ist er zu bewegen, mit der »Firma« zusammenzuarbeiten. Die STASI-Spitzel geben auf, nicht ohne den verdächtigen Mann aus Westdeutschland bei nächster Gelegenheit zur Grenze zu begleiten und abzuschieben.

Für Horst Lange sind die STASI-Gespräche keineswegs beendet. Seine ablehnende Haltung provoziert die Geheimdienstler, sich eingehender mit seinem Unternehmen zu beschäftigen. Sie befragen Mitarbeiter, schnüffeln auf dem Firmengelände und konstruieren Vorwürfe, die Langes Leben schlagartig verändern. Der agile Privatunternehmer ist den örtlichen STASI-Kontrolleuren ein Dorn im Auge. Schließlich erreichen sie ihr Ziel. Im August 1982 steht Lange vor Gericht. Wegen illegaler Einfuhren, zu denen kurzerhand die genehmigten Rechenmaschinen deklariert werden, Devisen- und Steuervergehen wird er zu insgesamt 33 Monaten Haft verurteilt. Hinzu kommen rund 130.000 Mark Steuerschuld, die ihm bürokratisch penibel »nachgewiesen« werden.

Seine Familie ist entsetzt. Seine Frau und die beiden Kinder, insbesondere Sohn Arwed, der sich im Betrieb sehr engagiert, spüren sofort, daß die Behörden dabei sind, den Familienbetrieb zu ruinieren. Durch die Steuerschulden ist Helga Lange tatsächlich gezwungen, den Betrieb zu verkaufen. Sämtliche Gerätschaften, die Fahrzeuge und schließlich auch das Firmengelände müssen sie verkaufen, bis die letzte Mark ans Finanzamt abgetragen ist. Horst Lange, der seine

Haft voll absitzen muß, zuerst in Frankfurt/Oder, die letzten Monate in Magdeburg, läßt sich trotz seines fortgeschrittenen Alters nicht kleinkriegen. Sohn Arwed besucht ihn regelmäßig im Gefängnis und bespricht mit ihm die wichtigsten familiären und geschäftlichen Angelegenheiten.

Im Frühsommer 1985, Langes Entlassung rückt näher, teilt ihm sein Sohn einen unerwarteten Entschluß mit. Er will die DDR verlassen. Die Drangsalierung durch die Behörden, der planmäßig gesteuerte Niedergang der Firma, all das will er nicht hinnehmen. Arwed Lange denkt nicht an einen Ausreiseantrag; der staatlichen Willkür will er schneller entkommen. So berichtet er seinem Vater von einem Fluchtplan über Ungarn in den Westen. Versteckt in einem umgebauten Camping-Anhänger, will er in die Freiheit flüchten. Noch ehe Horst Lange am 17. Dezember 1985 aus der Magdeburger Haftanstalt entlassen wird, ist sein Sohn schon in Köln.

Auch für Horst Lange und seine Frau, die nach der Flucht ihres Sohnes durch den Staatssicherheitsdienst massiv unter Druck gesetzt wird, ist klargeworden, daß sie nicht in der DDR bleiben wollen. Ohne den Betrieb und eine vernünftige Arbeit ist es für sie sinnlos geworden, in der DDR weiterzuleben. Den Vorschlag der Behörden, als Kraftfahrer zu arbeiten, findet Horst Lange absurd. Für die Kommunisten will er sich auf keinen Fall verdingen.

Der evangelische Pfarrer Jürgen Riebesell in der Nachbargemeinde in Strausberg, wo Langes Tochter als Sekretärin beschäftigt ist, bietet ihm pro forma eine Anstellung. Für ein Taschengeld macht er sich in der Kirchenarbeit nützlich. Als Superintendent hat Riebesell auch gute Kontakte zu Manfred Stolpe, dem Konsistorialpräsidenten in Berlin. Da Jürgen Riebesell weiß, daß Familie Lange in die Bundesrepublik will, vermittelt er ein Gespräch mit Stolpe, der auch ihnen helfen könne.

Beim ersten Gespräch Anfang 1986 gibt sich Stolpe in puncto Ausreise zuversichtlich. »Das kriegen wir schon hin«, erinnert sich Lange. Der bereits gut informierte Stolpe gibt auch Ratschläge, was Familie Lange mit ihrem Restbesitz tun könne. Sie sollten soviel wie möglich verkaufen und das Bargeld ihm übergeben. Er würde dafür sorgen, daß sie über genügend Westgeld verfügen könnten, sollten sie erst mal beim Sohn in Köln sein.

Langes verkaufen alles, auch ihr Wohnhaus, das Haus ihrer Eltern und ihr Ferienhaus an der Ostsee. Wenn ein paar hunderttausend Mark zusammen sind, steckt Horst Lange sie in einen Briefumschlag und bringt das Geld zu Manfred Stolpe. Er übergibt es jedesmal persönlich, ohne Quittung. Das ist auch dem Kirchenmann zu heikel.

Über eineinhalb Jahre bringt Lange fast 1,4 Mio. Mark zu Konsistorialpräsident Stolpe. Dann endlich ist es geschafft. Nur das Haus an der See möchten Langes nicht irgend jemandem hinterlassen. Da sie es nicht verwalten lassen können, haben sie die Idee, es von der evangelischen Kirche nutzen zu lassen. Nur müssen auch sie den Umweg gehen, das Haus an eine Person zu verkaufen. Die Kirche als Institution könne dies nicht, wird ihnen von Stolpe und Superintendent Riebesell bedeutet.

Nichts liegt für die Kirchenmänner näher, als daß der Gemeindepfarrer das Haus übernimmt. Mit einem Kredit, den Stolpe in Aussicht stellt, ließe sich das bewerkstelligen. In gutem Glauben vertraut Horst Lange seinem Gemeindepfarrer sein liebstes Stück an. Und tatsächlich, Stolpe hatte nicht zuviel versprochen: Wenige Wochen später, im Mai 1987, können Langes in die Bundesrepublik ausreisen. Auch das zugesagte Westgeld wird ihnen überwiesen. In mehreren Raten erhalten sie rund 450.000 DM. Die evangelische Kirche in West-Berlin fungiert als Überweisungsträger. Weil das Geld doch etwas verspätet eintrifft, beschwert sich Horst Lange bei Pfarrer Paul Kunze, der mit der Abwicklung beauftragt ist. Nach der freundlichen Intervention geht alles reibungslos.

Nach der Wende in der DDR, im November 1989, wollen Langes zurück nach Eggerstorf. Sobald es möglich ist, die Grenze problemlos zu passieren, fahren sie in ihre Heimat. Doch die erste Nachricht, die sie von ihren Nachbarn erhalten, läßt sie fast ihren Glauben verlieren. Ihr Haus in Zinnowitz, das ihnen besonders am Herzen gelegen hatte, weil sie es in jahrelanger Kleinarbeit selbst hergerichtet hatten, war nie zu Kirchenzwecken genutzt worden. Nur Pfarrer Riebesell samt Familie hatte es genossen. Horst Lange stellt den Pfarrer zur Rede. Doch der will von der Verabredung nichts mehr wissen und betrachtet das Haus als sein rechtmäßig erworbenes Eigentum. Auch Manfred Stolpe, den Lange aufsucht, gibt sich machtlos. Seit DDR-Zeiten ist Lange mit der Nehmermentalität von Staat und Kirche bestens vertraut. Er läßt sich nicht mehr unterkriegen, und in der neu gewonnenen Demokratie schon gar nicht. Er zögert keinen Augenblick und übergibt die Sache seinem Rechtsanwalt. Nun wird ein ordentliches Gericht Langes Ansprüche klären.

Die Profiteure

All dies sind keine Einzelfälle von finanziellen Transaktionen, an denen die katholische wie die evangelische Kirche beteiligt waren. Caritas-Direktor Heinz-D. Thiel ist heute froh, daß »der ganze Schwindel« des Freikaufgeschäftes mit der Wende in der DDR zu Ende gegangen ist.

Eine Reihe von zuverlässigen kirchlichen Mitarbeitern profitierten von den Hinterlassenschaften ausgereister

DDR-Bürger, ganz so wie die staatlichen Würdenträger auch. Und die Kirche selbst hatte einen respektablen Währungsgewinn. Die meisten der in der »AROV« zusammengeschlossenen ehemaligen DDR-Bürger klagen nun vor deutschen Gerichten. Ob sie mehr Erfolg haben werden, hängt wesentlich davon ab, ob die Gerichte die tatsächliche Ausreisepraxis in der DDR genauer unter die Lupe nehmen. Dann wird erkennbar werden, welchen Einfluß die Kirchen wirklich hatten und ob sie ihn immer zu »humanitären Zwecken« genutzt haben.

Die westdeutschen Kirchen, deren Anliegen es war, den Schwesterkirchen in der DDR finanziell unter die Arme zu greifen, standen von Beginn an in dem Dilemma, kaum harte Devisen, also DM, in die DDR transferieren zu können. Zwar passierten schon mal kleinere Beträge unter »dem Rock« eines Pfarrers die deutsch-deutsche Grenze, doch der offizielle Umtauschkurs, meistens via Warenlieferungen, war 1 zu 1. Ein schlechter Wechselkurs für das humanitäre Bemühen der westlichen karitativen Einrichtungen. Daher waren die Kirchen immer bemüht, einen besseren Umtauschkurs zu erzielen. Daß das inoffiziell geschehen mußte, versteht sich von selbst, handelte es sich doch im Prinzip jedesmal um ein Devisenvergehen.

Wandte sich ein DDR-Bürger an einen Pfarrer in Ost-Berlin, um seinen in die Bundesrepublik ausgereisten Sohn mit ein paar Mark zu unterstützen, kam es nicht selten vor, daß der Caritasverband Wechselstube spielte. Wurden beispielsweise 40.000 DDR-Mark bei der Caritas-Ost als »Spende« eingezahlt, erhielt der Sohn in West-Berlin 10.000 DM ausbezahlt. Ein kleiner Währungsgewinn für die Kirche und eine Unterstützung für den hilfsbedürftigen Sohn. Die Caritas konnte mit diesem Geld dann wieder ihre Einrichtungen unterhalten. Bei einem Monatslohn von 800 DDR-

Mark konnte auf diese Weise so manche Krankenschwester oder Erzieherin in einer katholischen Einrichtung in der DDR bezahlt werden. Wenn die Staatssicherheit diesen kleinen Devisenhandel monierte, intervenierte man über »die Kontakte«, und eine Strafverfolgung unterblieb.

Anmerkungen

1 Schreiben des P. Arnold Tull, Pfarrer des Kath. Pfarramts St. Bonifatius, Mannheim, vom 6. März 1990 an Bischof Dr. Forck.
2 Vgl. »Für Dich«, 29/1990.
3 Schreiben des »Präses der Synode« der EKD Jürgen Schmude vom 2. April 1991 an Roland und Ina Worgitzki.
4 Schriftsatz des RA v. Wedel an das Landgericht Berlin in Sachen Worgitzki ./. Mayer vom 3. Oktober 1991, S. 9.
5 Schreiben des RA v. Wedel an Prof. Egon Jüttner, MdB, vom 5. Mai 1992.
6 Schreiben des RA v. Wedel vom 30. Juni 1978 an Margot R.
7 FAZ vom 31. Januar 1992.
8 FAZ vom 25. Juli 1992.

Polit-Connection:
Kumpanei hinter den Kulissen

Immer wenn die DDR-Wirtschaft in ihren letzten Zügen lag, eilte der »Große Bruder«, wie die Sowjetunion in der DDR genannt wurde, zu Hilfe. Als Ende der siebziger Jahre die Rohstoffpreise auf dem Weltmarkt explodierten, die Sowjetunion ihre jährlichen Erdöllieferungen um 2 Millionen auf 17,1 Millionen Tonnen reduzierte und die DDR kurz vor dem Ruin stand, konnten und wollten die sowjetischen Wirtschaftsführer ihren angeschlagenen Partner nicht unterstützen. Bei Geld hörte selbst die sozialistische Bruderliebe auf.

Auch auf dem DDR-Markt machte sich die Krise bemerkbar: »Plaste und Elaste aus Schkopau«[1], wie Eimer und Kinderbadewannen, verschwanden aus den Regalen und wurden zur Mangelware.

Um den drohenden Bankrott abzuwenden, schaltete das für Wirtschaft zuständige SED-Politbüromitglied Günter Mittag seinen Devisenbeschaffer Alexander Schalck-Golodkowski ein.

Gemeinsam planten sie Ende 1981, über Schweizer Geschäftskontakte einen zur Abwendung des Fiaskos dringend benötigten Kredit zu beschaffen.

Holger Bahl, Direktor der schweizerischen Bank für Kredit und Außenhandel AG, Zürich, sollte die Ost-Deutschen bei dem Geschäft unterstützen. Auf Bahl waren die cleveren KoKo-Manager nicht zufällig gestoßen – er hatte über den Repräsentanten seiner Bank in Ost-Berlin einen guten Draht zur DDR-Wirtschaftsspitze. In einer als »VS – Nur für den Dienstgebrauch« eingestuften Meldung des Bundesnachrichtendienstes (BND) vom 2. März 1981 heißt es, daß der

Repräsentant der Bank für Kredit und Außenhandel in der DDR Hans Joachim Meister sei. »Er gilt als enger Vertrauter des Politbüromitgliedes Dr. Günter Mittag und des Staatssekretärs im Ministerium für Außenhandel, Dr. Alexander Schalck«, ermittelten die BND-Spione. Meister, der 1959 in der Bundesrepublik wegen Beschaffung von Embargowaren für die DDR zu einer mehrjährigen Haftstrafe verurteilt worden war[2], betätigte sich auch im innerdeutschen Schrotthandel. Provisionszahlungen aus diesen Geschäften flossen, von Meister gesteuert[3], an die in Zürich, Mainaustraße 19, ansässige Industriekredit AG. Aktionäre der Industriekredit AG waren die zu Schalcks Bereich KoKo gehörende Intrac Handelsgesellschaft mbH und Yvette Bahl-Zurbuchen, die Ehefrau von Holger Bahl.

Am 9. Oktober 1981, anläßlich der Unterzeichnung eines 50-Millionen-Dollar-Kredites, fragten der Intrac-Generaldirektor Horst Steinebach und sein Finanzchef Grötzinger bei Bahl an, ob er über seine Bonner Kontakte die Möglichkeit eines Milliardenkredites für die DDR ausloten könne. Als Gegenleistung sei die DDR bereit, das Rentenalter um fünf Jahre herabzusetzen. Holger Bahl informierte Karl Wienand, den früheren Fraktionsgeschäftsführer der SPD und engen Vertrauten von Helmut Schmidt und Herbert Wehner. Wienand versprach, in Bonn nachzufragen.

Ende 1981 schien die Zeit für die Schalck-Leute günstig zu sein, denn in Bonn und Ost-Berlin bereiteten Diplomaten und ein Rechtsanwalt den Besuch des Bundeskanzlers Helmut Schmidt in der DDR vor.

Der Schmidt-Besuch

Um die Feinheiten des Besuches abzustimmen, hatte sich Kanzler Schmidt Rechtsanwalt Wolfgang Vogel als Verbindungsmann zu Honecker gewünscht. Am 9. Dezember 1981, zwei Tage vor dem Staatsbesuch, führte der Anwalt ein letztes Gespräch mit dem Bundeskanzler. Inhalt waren neben protokollarischen Fragen auch Probleme im humanitären Bereich, wie die Senkung des Reisealters für DDR-Bürger.

In einem von Vogel für Honecker verfaßten und als »Streng geheim!« deklarierten Gesprächsprotokoll vermerkte der Anwalt zum Thema »Reise- und Rentenalter«, daß der Bundeskanzler »wisse, daß da wirtschaftliche bzw. finanzielle Gegenleistungen im Gespräch seien, die aber nicht seine Billigung fänden. (...) Und er sei frustriert, daß da über einen Bankfachmann aus Zürich [Bahl] von einem DDR-Handelsunternehmen an Karl Wienand völlig unannehmbare ›Hirngespinste‹ herangetragen worden seien.« Vogel ließ nicht locker und meinte, daß Schmidt »sich doch eine seit Barzels Ministerzeit vielleicht einmalige Chance entgehen lassen könnte«[4]. Der Bundeskanzler fragte den Rechtsanwalt, ob dieser nicht am Abend des ersten Besuchstages das Gespräch auf dieses Thema bringen könnte. Was wie ein gelungener diplomatischer Schachzug gedacht war, geriet, weil Vogel es ja Honecker mitteilte, zur Farce.

Im weiteren Verlauf des Gespräches wies Schmidt Vogel auch darauf hin, daß er »eine Reihe von Briefen aus der Bevölkerung und auch von Persönlichkeiten mit humanitären Anliegen« erhalten habe. »Diese Briefe nebst einer aufgearbeiteten Liste würde er gern beim Essen im kleinen Kreis am 11. abends dem Generalsekretär übergeben. Davon habe ich ihm dringend abgeraten.«[5] Vogel schlug Schmidt vor, daß es besser sei, wenn Edgar Hirt ihm diese Unterlagen übergebe. Da Vogels Verhandlungspartner sowieso Hirt war, blieb alles, wie es war.

Schmidt freute sich auf den Besuch in Güstrow, der Heimatstadt des Malers und Dramatikers Ernst Barlach. Nur der protokollarische Zeitablauf in der Stadt »gefalle ihm ganz und gar nicht«[6]. Er verlangte eine schwerwiegende Änderung des Ablaufes: »Barlachhaus, Marktplatz, Dom und nicht Barlachhaus, Dom, Marktplatz.«[7] Der Kanzler »meinte dann noch, er würde diesen von ihm erbetenen Ablauf gewiß nicht als Bad in der Menge strapazieren oder gar mißbrauchen. Abschotten und verstecken ließe er sich nicht. Ich habe ihm erwidert, daran denke niemand, erst recht nicht E. H. [Erich Honecker]. Seine Erregung sei unverständlich und sei wohl auf falsche Informationen zurückzuführen.«[8] So falsch lag der Kanzler gar nicht, wie sich beim Besuch zeigen sollte. Die STASI hatte ganze Arbeit getan und die Kleinstadt hermetisch abgeriegelt.

Nach dem Gespräch beim Bundeskanzler begab sich Wolfgang Vogel zu Herbert Wehner. Vogel, der gewiefte Taktiker, erzählte Wehner, daß der Bundeskanzler »die humanitären Dinge E. H. vom Halse«[9] halten wolle, um sie mit Hirt zu bewältigen. Das war schon die hohe Schule der Diplomatie: Im Dienste der Sache log Vogel seinen Freund Herbert Wehner an, denn nicht Schmidt, sondern Wolfgang Vogel hatte die Idee mit Hirt.

Auch in der Frage des Kredites und humanitärer Gegenleistungen wußte Vogel Neues von seinem Gespräch mit Wehner an Honecker zu berichten. »Bezüglich Rentenalter (Reisen) erklärte er, z.Zt. habe der BK [Bundeskanzler] für wirtschaftliche Gegenleistungen kein Ohr. Das müsse nicht so bleiben.«[10] Dann zitierte Vogel Wehner wörtlich: »Wenn man am Werbellinsee das Gespräch beginnt, solle es unter dafür Beauftragten auf nur einer Schiene fortgesetzt werden. Dann sei der BK irgendwann in Zugzwang, auch was die Gegenleistung betrifft. Ich werde nachhelfen.«

Für beide Seiten verlief das Spitzentreffen der beiden deutschen Regierungschefs zufriedenstellend. Honecker und Schmidt benannten für weitere Verhandlungen Schalck und Bölling (wirtschaftliche Fragen) und Vogel/Hirt (humanitäre Fragen).

Auch auf der dritten Ebene verhandelten die Bundesregierung und die DDR weiter.

Am 10. März 1982, um 11.30 Uhr, kam es in der Wohnung des Direktors der Bank für Kredit und Außenhandel, Holger Bahl, zu einem Treffen zwischen Karl Wienand und den Schalck-Abgesandten Horst Steinebach und Günter Grötzinger.[11] Die Verhandlungspartner wollten über ein von Bahl ausgearbeitetes Arbeitspapier mit dem Titel »Zusammenarbeit zwischen einer staatlichen Institution der BRD und der Intrac Handelsgesellschaft mbH, Berlin/DDR im internationalen Kreditgeschäft« beraten.

Wienand, der sich als langjähriger Vertrauter von Schmidt und Wehner vorstellte und die beiden über den Inhalt des Arbeitspapiers informiert hatte, legte zu Beginn die Verhandlungspositionen der SPD dar. Diese basierten auf einem Gespräch vom 9. März 1982, in dessen Verlauf Kanzler Schmidt, dessen Staatssekretär im Bundeskanzleramt, Manfred Lahnstein, und Karl Wienand das Arbeitspapier detailliert durchgesprochen hatten.[12]

Der SPD-Beauftragte machte den Verhandlungspartnern klar, daß mit einem Kredit nur zu rechnen sei, wenn auch humanitäre Aspekte wie die Senkung des Rentenalters (und, daraus resultierend, des Reisealters) in die Gespräche mit aufgenommen würden. Grundsätzlich sei seine Seite der Meinung, daß »die Geschäftsgrundlage für eine solche Operation«[13] gegeben sei. Neben den technischen Problemen bei der Abwicklung – eine geeignete Bank mußte gefunden werden – bereitete die Höhe des von der DDR geforderten Kredites den Bonner Sozialdemokraten einige Kopfschmerzen: »Die Aufbringung einer Summe von 4 Mrd. in DM bzw. anteiligen anderen Währungen«[14] war nach Wienands Ansicht weder kurzfristig noch in einem Betrag möglich. Auch sonst konnte Wienand nicht viel Neues berichten. Die DDR-Unterhändler reagierten ziemlich pikiert und notierten in dem Verhandlungsprotokoll: »Wir müssen feststellen, daß von (bundesdeutscher) Seite (...) keine konkreten Vorstellungen und Vorschläge unterbreitet werden« konnten.

Obwohl die Besprechung ergebnislos verlaufen war, nahmen die Beteiligten noch ein gemeinsames Mittagessen ein. Vorbereitet und serviert wurde das Mahl von Yvette Bahl, neben Intrac Miteigentümerin der Industriekredit AG. Diese plante auch nach der Wende in der DDR eine erfolgreiche Zukunft. In dem »Bericht des Verwaltungsrates an die Generalversammlung der Aktionäre vom 22. März 1991« heißt es, daß die »Vereinigung Deutschlands und die Veränderungen in Osteuropa (...) für die Gesellschaft eine erhebliche Veränderung ihrer bisherigen Geschäftstätigkeit« mit sich brachten. Dennoch vermerkte die Gesellschaft für das 17. Geschäftsjahr ein positives Resultat. Und da Geld bekanntlich nicht stinkt, fanden sich auch zwei neue Teilhaber: Der Bericht vermerkt die »Aufnahme der Bank für Gemeinwirtschaft AG, Frankfurt/Main und der DARAG Deutsche Versicherungs- und Rückversicherungs-AG, Berlin«, in den Kreis der Aktionäre.[15] Zwischen Bonn und Ost-Berlin liefen die Verhandlungen weiter auf Hochtouren. Für einige fuhr der Zug in Richtung Milliardenkredit jedoch zu schnell.

So schnitt Wolfgang Vogel in einem Gespräch mit Edgar

Hirt das Thema »Rentenalter gegen Kreditgewährung« unter ausdrücklicher Bezugnahme auf das schon einmal vorgelegte Arbeitspapier an. »Hirt kannte das Thema nicht, hat Wischnewski informiert. Er kannte das Thema auch nicht (...).«[16] Auch der für die Verhandlungen mit Schalck verantwortliche Leiter der Abteilung Deutschlandpolitik im Kanzleramt, Otto Bräutigam, hatte keine Ahnung. Wischnewski, damaliger Staatsminister im Kanzleramt, rief daraufhin Helmut Schmidt an. Und der meinte, ihm sei die Sache bekannt. Wenigstens einer, der Bescheid wußte. Und damit das auch so blieb, »müsse alles so vertraulich behandelt werden, daß Genscher davon nichts erfährt«.[17]

Für die Regierung Schmidt wäre die Senkung des Reisealters für DDR-Bürger sicherlich ein großer Erfolg gewesen. Schmidt glaubte auch, mit solch einem spektakulären Coup die Koalition zu retten.[18] Doch das sollte nicht mehr gelingen. Mit der Wahl Helmut Kohls am 1. Oktober 1982 zum Bundeskanzler begann eine neue Ära in der deutschen Politik. *Der Spiegel* befürchtete zwar eine »Wende zurück in die sechziger Jahre«[19], doch dazu kam es nicht.

In der Deutschlandpolitik sollte, obwohl gerade die SED-Führung etwas anderes befürchtete, Kontinuität bestimmend sein. Hatte die CDU/CSU-Opposition die Brandtsche Ostpolitik der siebziger Jahre noch lauthals verdammt, kamen nach der Wende aus Bonn und München ganz andere Signale in Ost-Berlin an.

Für die DDR wurde die Sache mit dem Milliardenkredit immer dringender. Über den Rosenheimer Fleischhändler Josef März stellte Schalck den Kontakt zu Franz Josef Strauß her. Nach zähen Verhandlungen zwischen Schalck und Strauß sowie einigen Verzögerungen kam es am 30. Juni 1983 zu der in Ost-Berlin sehnsüchtig erwarteten Meldung, daß der Milliardenkredit perfekt sei. Einen Tag später unterzeichneten in München die Präsidenten der Ost-Berliner Außenhandelsbank, Werner Polze, und der Bayrischen Landesbank, Ludwig Huber, die Kreditvereinbarung. Humanitäre Erleichterungen waren zwar nicht Bestandteil des Vertrages, aber die DDR-Seite stand auch so zu ihren Zugeständnissen. In einer späteren Mitteilung von Schalck an Strauß heißt es, daß die Selbstschußanlagen an der Grenze abgebaut werden und der Mindestumtausch für Rentner auf 15 DM gesenkt wird.[20]

Der Schweizer Bankdirektor Holger Bahl hatte Pech gehabt: Er war aus dem Rennen, wie aus einem von Schalck angefertigten Gesprächsprotokoll hervorgeht.[21] Schalck beschwerte sich bei Strauß, daß in den letzten Tagen »Holger Bahl erneut unter Bezugnahme auf Jenninger das ›Züricher Modell‹ (...) wieder ins Gespräch gebracht« hat. Strauß rief sofort Jenninger an, und der erklärte unmißverständlich, »daß Bahl weder ein Mandat hätte noch habe und daß er nach dieser eigenmächtigen Handlung veranlassen wird, daß jegliche Gesprächsführung über Bahl zu diesem Thema verboten werde«.[22] Nach den Ausführungen Jenningers zu urteilen mußten Steinebach und Grötzinger den Banker nach Ost-Berlin bestellt haben, wovon Schalck wiederum nichts wußte. Bahl hatte Jenninger außerdem die Mitteilung zukommen lassen, daß er um den 13. November 1983 in Ost-Berlin Gespräche führen wird. Zu diesen Gesprächen ist es aber scheinbar nicht mehr gekommen. Recherchen der STASI im Jahre 1988 ergaben, daß Bahl sich erst wieder am 3. Mai 1984 im Ost-Berliner Handelszentrum meldete.

Die Gespräche mit Strauß gingen weiter und wurden noch ausgebaut. Regelmäßig unterrichteten sich die beiden Polit-Profis über Interna der jeweils anderen Seite. Die Mitteilungen hatten alle einen »konspirativen« Charakter und begannen in der Regel mit der Anrede »Lieber Gesprächspartner«.

172

Am 5. November 1983 unterrichtete Schalck seinen »Gesprächspartner« Strauß über ein Treffen mit Jenninger, der in den Vermerken lediglich als »J.« bezeichnet wurde. »J. teilte mir mit, daß beim letzten Gespräch zwischen Rehlinger und Vogel dieser – nämlich Vogel – geheimnisvolle Andeutungen über neue Kreditverhandlungen gemacht habe. Rehlinger habe dann J. gefragt, was hier laufe. J. hat erwidert, daß ihm nichts davon bekannt sei.« Es wußte wieder mal einer nicht, worum es geht. Schalck versprach Strauß, daß er Vogel zurechtweisen werde: »Wenn die Angaben von Rehlinger und J. richtig sind, wäre V. [Vogel] dringend anzuhalten, daß er weder durch Worte noch durch Mimik geheimnisvolle Dinge andeute.«[23]

Das Verhältnis von Alexander Schalck-Golodkowski und Wolfgang Vogel war bei weitem nicht mehr so gut wie in der Anfangszeit ihrer Zusammenarbeit. Zu einem Eklat kam es 1982, als den frei zugelassenen Anwälten in der DDR ihre Steuervergünstigungen gestrichen werden sollten. Im Gegensatz zu den in Kollegien organisierten Anwälten – sie mußten auf ihre Einnahmen 70 Prozent Steuern bezahlen – brauchten die frei zugelassenen Anwälte nur 30 Prozent Steuern an den Staat abzuführen. Diese Regel, bis 1982 abgesichert durch einen Ministerratsbeschluß, kam dadurch zustande, daß die freien Anwälte als freischaffende Künstler eingestuft waren. Als 1982 die Kollegiumsanwälte gegen diese Ungleichbehandlung aufbegehrten, verfügte das Finanzministerium, daß nicht nur vor dem Gesetz, sondern auch vor dem Fiskus alle gleich zu behandeln seien. 70 Prozent für alle.

Vogel und Co. beschwerten sich daraufhin, und Politbüromitglied Günter Mittag wies Schalck an, die Differenzsumme aus der gutgefüllten KoKo-Kasse an die betroffenen freien Anwälte zu überweisen. Es sollte ja im Sozialismus keinem schlechter gehen. »Mir wurde das auch angeboten, aber ich habe es nicht mitgemacht«, sagt Vogel heute.[24] Manfred Seidel, einst Stellvertreter von Schalck, sieht das ganz anders: »Ist ja ein Witz, der hat nie was bekommen. Alex [Alexander Schalck] hat damals zu mir gesagt: ›Alle, aber nicht Vogel! Der schwimmt ja im Geld.‹«[25]

Später normalisierte sich das Verhältnis von Schalck-Golodkowski und Vogel wieder, und der Rechtsanwalt erlebte als Geheimdiplomat einen zweiten Frühling. So war Vogel Mitorganisator des ersten Zusammentreffens zwischen Schalck und dem im November 1984 zum Bundesminister für besondere Aufgaben und Chef des Bundeskanzleramts berufenen Wolfgang Schäuble. Die Initiative zu diesem Treffen war von Franz Josef Strauß ausgegangen, wie ein Brief von Schalck an Strauß vom 29. November 1984 belegt. Nach der üblichen Anrede »Lieber Gesprächspartner!« bedankte sich Schalck für die letzte Nachricht und verwies auf die Schwierigkeiten bei der politischen Einstufung des Treffens. »Aus prinzipiellen Gründen kann ein Gespräch mit dem angekündigten Partner nur durchgeführt werden, wenn strengste Geheimhaltung gewährleistet wird. Kann dieser Grundsatz nicht garantiert werden, ist ein solches Gespräch nicht möglich.«

In einem Vermerk an STASI-Chef Mielke vom 29. November 1984 erläuterte Schalck seinen Plan. Das Treffen sollte inoffiziell und ohne Wissen von Honecker und Mittag stattfinden. »Ein offizielles Zusammentreffen mit Schäuble würde die Zustimmung von Genossen Honecker und Genossen Mittag voraussetzen. Das würde ich in der gegenwärtigen Situation als nicht zweckmäßig halten, da ja sofort die Frage aufkommen könnte, was da besprochen werden soll.« Streng konspirativ planten Vogel und Schalck das Treffen mit Schäuble. »Denkbar halte ich, daß Schäuble zu Wolfgang Vogel ins Büro geht und ich ›zufällig‹ dazukomme«, spann Schalck den Plan weiter. Sein Chef Mielke war einverstanden.

Und so geheim, wie die Vorbereitung vonstatten ging, vereinbarten die Teilnehmer auch die Behandlung des Treffens nach außen: »In Übereinstimmung wurde vereinbart, die Anwesenheit von Genossen Schalck als streng geheim zu behandeln und nicht in irgendeiner Weise gegenüber Dritten bekanntzugeben.«[26]

Botschaftsflüchtlinge

Verschiedene innerdeutsche Probleme mußten einer baldigen Lösung zugeführt werden. Neben einem schon länger geplanten Agentenaustausch sollte die Besetzung der Prager Botschaft der Bundesrepublik durch DDR-Ausreisewillige verhandelt werden.

Schäuble war sich der Problematik durchaus bewußt und wies Schalck und Vogel mehrmals darauf hin, »daß auch unter dem Eindruck des Weihnachtsfestes mit einer außerordentlich negativen Presse zu rechnen ist, wenn sich da nichts bewege«[27]. Schäuble versicherte aber, »daß er es für möglich hält, daß die Arbeit von RA Dr. Vogel und Staatssekretär Rehlinger mindestens für die Zeit der Anwesenheit in der BRD-Botschaft nicht durch Presse und Fernsehen belastet wird«[28].

Vogel stand während der gesamten Zeit mit Heinz Volpert in Verbindung. Nach Absprache mit Volpert läßt er per Telefon Schäuble ausrichten, daß der Standpunkt der DDR zu den Botschaftsfällen wohl bekannt sei und »es ausschließlich Sache der BRD ist, das Problem zu lösen«.[29] Vogel war es – trotz Zusage von Straffreiheit und wohlwollen-

175

der Prüfung des Ausreiseantrages durch die zuständigen örtlichen Behörden – nicht gelungen, alle Botschaftsbesetzer zu einer Rückkehr in die verhaßte Heimat zu bewegen. Am 6. Januar 1985 hielten sich immer noch acht DDR-Bürger in der Botschaft auf. Was dann folgte, war ein Lehrstück in Sachen Verhandlungsdiplomatie.

In einem Vermerk vom 7. Januar 1985 notierte der Anwalt, daß er versuchen werde, auf den harten Kern massiv einzuwirken. »Gelingt das im Verlaufe der nächsten Woche nicht, darf ich empfehlen, die Vollmacht nebst Straffreiheit zu widerrufen.«[30] In einem Telegramm an die westlichen Verhandlungspartner Dr. Siemes und Franz Jürgen Staab vom gleichen Tage droht Vogel Konsequenzen an, falls die verbliebenen DDR-Bürger sich nicht alsbald entscheiden, d. h. in die DDR zurückkehren. Zitat Vogel: »mit einem widerruf meiner vermittlervollmacht [ist] zu rechnen. demzufolge entfaellt dann die zusage fuer straffreiheit und bearbeitung der ausreiseverfahren. (...) man ist hier fest entschlossen, ein evtl. verbleiben dieser ddr-buerger auszuhalten und durchzustehen.« Mit »man« kann Vogel ja nur sich selbst gemeint haben, denn von ihm kam der Vorschlag zu dieser Verhandlungsposition.

Vogels diplomatische Winkelzüge hatten Erfolg, die DDR-Bürger verließen die Botschaft ein paar Tage später. Der DDR-Anwalt stieß jedoch kein Triumphgeheul aus, sondern schlug, ganz leise und im geheimen, Maßnahmen vor, die eine Wiederholung verhindern sollten. In einem Vermerk an Erich Honecker drängte Vogel darauf, daß seine den Botschaftsbesetzern gegenüber gemachten Zusagen eingehalten werden: »Wenn es eine einzige nachweisbare Verhaftung gibt, halte ich das zwar persönlich aus, nicht aber meine Glaubwürdigkeit.« Und die war ihm eben näher als das, was mit den Menschen passieren könnte.

Weiter heißt es bei Vogel: »Mit den ersten Ausreisen sollte unbedingt gewartet werden (...), sonst gibt es neue Botschaftsbesetzer und eine Wiederholung der Szene. (...) Daher haben mich u. a. darum gebeten, bei uns mit Nachdruck zu erklären, daß vorschnelle Ausreisen der Botschaftsbesetzer die erkennbare Wiederholung zur Folge hätten: Stolpe, Bischof Hempel, Bischof Forck, Prälat Lange, v. Weizsäcker, (...) Rehlinger, Jenninger, Schäuble, Hans-Jochen Vogel, Wischnewski, Rau. Ich könnte noch eine Reihe namhafter Journalisten, wie Merseburger, Jürgen Engert, Lothar Löwe etc., fortsetzen.«

Es lohnt, noch zwei Passagen aus Vogel-Vermerken zu zitieren. Der zweite sollte zu Konsequenzen in der deutschen Außenpolitik führen. Im ersten ist Wolfgang Vogel ganz devot: »Ich schreibe dies auf in der Erkenntnis, daß mir so viel Freimut vielleicht verübelt wird. Ich tue es dennoch in der Überzeugung, unserer gemeinsamen Sache zu dienen.«

Im zweiten weist er Honecker darauf hin, daß er Schäuble gebeten hat, die Botschaften besser abzuriegeln. Dieses Gespräch mit Schäuble, an dem auch Schalck teilnahm, fand am 14. Januar 1984 in Berlin statt. Wolfgang Vogel, der das Treffen organisierte, notierte nach einem Telefonat mit Schäuble in einem Vermerk an Schalck vom 7. Januar 1985, daß Schalck um 13.30 Uhr Schäuble anrufen solle. »Diskretion wird zugesichert, sollte aber nicht für die Südschiene [Südschiene = F. J. Strauß] gelten. Falls ein Treffen gewünscht werde, müßte der Ort zumutbar sein. Mit meinem Büro wäre er einverstanden.« Handschriftlich, mit grüner Tinte, vermerkte Vogel: »Er landet erst 19.15 in Tegel, also 20.30 Büro. Offensichtlich hat er begriffen, denn er wußte nicht, ob er Dich direkt anrufen dürfte.«

Während des Treffens sprach Vogel nochmals die Sicherung der Botschaften an. In seinem an Honecker gemachten

Vermerk heißt es: »Auch bauliche Veränderungen müßten nach dem Vorbild der Stäv. [Ständige Vertretung der Bundesrepublik in der DDR] erwogen werden.« Schäuble versprach, mit Genscher darüber zu reden. Ganz soweit mochte das Bonner Auswärtige Amt (AA) dann doch nicht gehen. Der damalige Außenminister Hans-Dietrich Genscher wies jedoch das Botschaftspersonal in den Ostblock-Staaten an, keine DDR-Bürger mehr ohne Grund in die Vertretungen zu lassen. So kam es zu grotesken Situationen z. B. vor der bundesdeutschen Botschaft in Budapest:

Der Ost-Berliner Thomas H. war Stammgast in der Botschaft. Jedes Jahr im Sommer suchte er die deutsche Vertretung auf, um sich mit den *Spiegel*-Heften des vergangenen Jahres einzudecken. Nach seinem Urlaub schleppte er, gut getarnt als Tramper, bis zu 40 Hefte im Rucksack über die Grenze in die DDR, stets in Angst, von der STASI an der Grenze erwischt und ins Gefängnis gesteckt zu werden. Als er im Jahre 1984 vor der Botschaft in der Iszo-Straße stand, wollte das Botschaftspersonal ihn nicht hereinlassen. Erst ein Telefonanruf in der Botschaft und der Hinweis auf die *Spiegel*-Leidenschaft öffneten das Tor. Ein Jahr später war die neue Linie durchgesetzt: Vor den Augen des ungarischen Geheimdienstes wurde ihm vom Botschaftspersonal der Zutritt verwehrt. Ein Botschaftsangestellter entblödete sich nicht, den Ostdeutschen über die Sprechanlage nach seinem Namen zu fragen.

Thomas H. blieb hartnäckig, er wolle nur den *Spiegel*. Nach zehn Minuten brachte ein Mitarbeiter die begehrten Hefte und reichte sie, für alle geheimen Augen und Ohren sichtbar, durch den Zaun.

Autobahnbau gegen Asylantenstop

Nachdem sich die Situation in den Botschaften wieder normalisiert hatte, war Vogel als Gesprächsorganisator nicht mehr vonnöten. Auch das Problem der Kontaktaufnahme lösten Schalck und Schäuble nun untereinander. Am 6. Juni 1985 informierte Alexander Schalck seinen Wirtschaftschef Günter Mittag: »Am heutigen Tag, 11 Uhr, erhielt ich von Schäuble einen telefonischen Anruf. Zurückkommend auf das Gespräch am 3. Juni 1985 und das von seiner Seite gewünschte zweite Gespräch, schlägt er als Termin den 20. Juni 1985 vor.« Mittag stimmte dem Treffen zu, und Schalck bat seinen Stellvertreter Manfred Seidel, für den organisatorischen Ablauf zu sorgen. Seidel rief die Hauptabteilung Personenschutz der STASI an und veranlaßte, daß Schäuble ohne Grenzkontrolle den Übergang Invalidenstraße passieren konnte. Anschließend fuhr Schäuble, geleitet von einem Funkwagen, mit Tempo 100 nach Berlin-Niederschönhausen zu dem inoffiziellen Treffen mit Schalck.

Die beiden hatten wichtige Dinge miteinander zu besprechen. Die DDR brauchte dringend Hilfe aus Bonn, um ihre Autobahn zu erneuern, und der Westen erhoffte sich von der DDR eine Eindämmung des Zustroms von Asylbewerbern.

Allein im ersten Halbjahr 1985 waren über 4000 Tamilen bei den West-Berliner Ausländerstellen vorstellig geworden. Über den bei Ost-Berlin gelegenen Flughafen Schönefeld waren sie via Transitbus bzw. S-Bahn nach West-Berlin gelangt. Da es auf den West-Berliner Bahnhöfen keine Grenzkontrollen gab, konnten die Tamilen ungehindert einreisen.

»Die BRD-Seite ist sich völlig darüber im klaren, daß sie in dieser Frage ›hoffnungslos dem guten Willen der DDR unterliege‹«, notierte Schalck in seinem Vermerk über das Treffen mit Schäuble.

»Da die Asylgewährung Bestandteil des Grundgesetzes ist und nur mit den Stimmen der SPD im Bundestag verändert werden könnte – was nicht denkbar ist – (...)«, bat Schäuble die DDR-Seite, die Angelegenheit zu regeln.[31] Für den Fall, daß die DDR die löchrige Mauer schließt, würde das »für die künftig stattfindenden Gespräche auf den verschiedensten auch die DDR interessierenden Gebieten atmosphärisch von Vorteil sein«.[32]

Schalck hatte verstanden. Dem »Genossen Günter Mittag« meldete er, »daß bei einer positiven Erklärung der DDR zu einer bedeutenden Reduzierung einreisender Tamilen (...) jetzt noch vorhandene technische Probleme zur Vereinbarung der Grunderneuerung von Autobahnteilstrecken kurzfristig zugunsten der DDR geklärt werden«.

Am 5. Juli 1985 verkündete die DDR die Schließung des Schleichweges. Im Gegenzug erklärte Bonn, daß der zinslose Überziehungskredit für die DDR von 600 auf 850 Millionen DM erhöht werde. Kurze Zeit später waren auch die technischen Probleme beim Autobahnbau ausgeräumt.

Anmerkungen

1 Werbeinschrift an der Autobahn Berlin-Leipzig, mit »Plaste« meinte man in der DDR »Plastik«.
2 Peter-Ferdinand Koch: Das Schalck-Imperium lebt, Hamburg 1991, S. 43.
3 Meldung des BND vom 2. März 1981, Tagebuchnummer 172/81.
4 Gesprächsprotokoll des Treffens Schmidt–Vogel vom 9. Dezember 1981, von Vogel am 11. Dezember Honecker vorgelegt und von diesem mit »E. H. 11. Dezember« abgezeichnet.
5 Ebenda, S. 4.
6 Ebenda, S. 5.
7 Ebenda.
8 Ebenda.

9 Gesprächsprotokoll der Unterredung zwischen Herbert Wehner und Wolfgang Vogel, von Vogel für Honecker angefertigt und von diesem am 11. Dezember 1981 mit »E.H.« abgezeichnet.

10 Ebenda.

11 Internes Protokoll der Verhandlungen aus dem Bereich KoKo vom 12. März 1982.

12 Eigentlich wäre nach der Bonner Ministerialbürokratie Staatsminister Huonker zuständig gewesen. Schmidt wollte jedoch die Verhandlungen geheimhalten. Das wäre aber mit Huonker nicht möglich gewesen, da der Vorsitzender eines sogenannten »Kaffeekränzchens« im Bundeskanzleramt war. Diesem Kreis gehörten die Staatssekretäre verschiedener Ministerien und der Berliner Senator für Bundesangelegenheiten, Norbert Blüm (CDU), an.

13 Internes Protokoll der Verhandlungen aus dem Bereich KoKo vom 12. März 1982.

14 Ebenda.

15 Bericht des Verwaltungsrates der Industriekredit AG an die Generalversammlung der Aktionäre vom 22. März 1991.

16 Vermerk von Schalck an Mielke vom 14. Mai 1982.

17 Ebenda.

18 Ebenda.

19 Der Spiegel, Nr. 40/1982, S. 17.

20 Mitteilung von Schalck an Strauß vom 27. Januar 1984.

21 Auszüge aus dem Gespräch zwischen Genossen Schalck und Ministerpräsident F. J. Strauß am 2. November 1983 in seiner Wohnung in München.

22 Ebenda.

23 Mitteilung an Gesprächspartner vom 5. November 1983 über ein Treffen Schalck–Jenninger.

24 Berliner Zeitung vom 12. Oktober 1992.

25 Gespräch Manfred Seidel mit den Autoren.

26 Vermerk von Schalck über ein Gespräch zwischen Schäuble, Vogel und Schalck am 5. Dezember 1984.

27 Ebenda.

28 Ebenda.

29 Vermerk vom 20. Dezember 1984.

30 Interner Vermerk von Vogel vom 7. Januar 1985.

31 Vermerk von Alexander Schalck vom 20. Juni 1985.

32 Ebenda.

Verschwiegene Alternative:
UNO-Methode »1503«

Neben den offiziellen Freikaufverhandlungen zwischen der DDR und der Bundesrepublik sowie den privaten Freikäufen von Wolfgang Vogel, der Staatssicherheit und einigen Helfershelfern im Osten wie im Westen, wird 1980 eine weitere Möglichkeit aufgedeckt, aus der DDR herauszukommen. Ausfindig macht sie die deutsche Schriftstellerin Brigitte Klump. Der Weg: das sogenannte »1503-Verfahren« des Wirtschafts- und Sozialrates der Vereinten Nationen, ein wirksames politisches Druckmittel auf die DDR. Dennoch scheute sich Ost-Berlin nicht, jeden über dieses Verfahren Ausgereisten der Bundesregierung in Rechnung zu stellen.

Brigitte Klump war 1957 selbst aus der DDR in den Westen gekommen. Sie hatte am Leipziger »Roten Kloster«, der Fakultät für Journalistik an der Karl-Marx-Universität, studiert. An der »Schmiede für führende Kader der Nation«, wie der Dekan Hermann Budzislawski in seiner verqueren Sprache diese Ausbildungsstätte der journalistischen Nomenklatura nannte, wurde versucht, jeden Studenten für die Mitarbeit beim Staatssicherheitsdienst zu verpflichten. Die Erteilung des Diploms war abhängig vom Nachweis erfüllter Bewährungsproben für das MfS. Brigitte Klumps Aufgabe war es, einen Freund an der West-Berliner Freien Universität zu bespitzeln, der dort stellvertretender ASTA-Vorsitzender war.

Sie »dekonspiriert« sich, wie es in der Geheimdienstsprache heißt, indem sie ihr Opfer über den Spitzelauftrag informiert. Er schlägt ihr daraufhin vor, selbst an der FU zu studieren, um sich so dem Auftrag zu entziehen. Im November 1957 flieht sie nach West-Berlin. Ihr Bekannter Dietrich

Spangenberg, Geschäftsführer des Amtes für gesamtdeutsche Studentenfragen, gewährt Brigitte Klump Unterkunft in seinem bewachten Bürohaus im vornehmen Villenviertel Dahlem.

Spangenberg, der später Staatssekretär im Innerdeutschen Ministerium wird, fragt sie, ob sie einem ihm persönlich gut bekannten, vertrauenswürdigen Ost-Berliner Juristen Auskunft über die Gründe ihrer Flucht geben würde. An der journalistischen Fakultät in Leipzig herrsche große Aufregung. Schuldige würden gesucht, vielleicht könnte sie zur Entlastung beitragen, damit nicht Unschuldige verfolgt würden.

Sie ist einverstanden und empfängt den jungen Mann zu einem Vier-Augen-Gespräch. Der Jurist gibt sich als Beauftragter des ZK der SED zu erkennen. Das erstaunt Brigitte Klump nicht, denn die journalistische Fakultät ist direkt dem ZK unterstellt. Die Fragen drehen sich hauptsächlich um die Gründe ihrer Flucht. Der Abgesandte will Details wissen, aber Brigitte Klump hat kein Interesse daran, ihre Kommilitonen in die Pfanne zu hauen. Nachdem sie jetzt weiß, daß jeder Student einen STASI-Paten hat und zu Auskünften gezwungen ist, legt sie keinen Wert mehr auf das Diplom. Der Jurist erkundigt sich, was sie bewegen könnte, das Studium wieder aufzunehmen. Aber sie läßt sich auf keine Verhandlung ein. Trotz scheinbar glänzender Aussichten auf eine gute Karriere im Sozialismus steht ihr Entschluß, im Westen zu bleiben, fest. So hat der Gesprächspartner schlechte Karten und muß das Treffen erfolglos beenden. Sein Name: Wolfgang Vogel.[1]

Brigitte Klump setzt ihr Studium am Institut für Zeitungswissenschaften der Freien Universität fort. Nebenbei schreibt sie für verschiedene Zeitungen und heiratet zwei Jahre später den renommierten Journalisten Wolf Heckmann. Ihre Erfahrungen in der DDR, die Ausbildung am »Roten Kloster« in Leipzig, die STASI-Offerte, all das wird Erinnerung und weicht dem Familienleben mit zwei Kindern. In die DDR hat sie nur noch Kontakte zu den Eltern und ihren Geschwistern, die dort verheiratet sind. Besonders eng verbunden ist sie mit der Familie ihres Bruders, der als leitender Chemie-Ingenieur in »Wihelm-Pieck-Stadt« Guben arbeitet.

Fast zwanzig Jahre später beginnt die studierte Journalistin, die verdrängte Zeit in der DDR aufzuarbeiten. Sie bricht ihr Schweigen über die Erziehungsprinzipien an der Journalistenschule in Leipzig. 1978 veröffentlicht sie ihr erstes Buch »Das Rote Kloster«, in dem sie die sozialistisch-doktrinäre Erziehung an der Kaderschmiede beschreibt. Das Buch wird ein Bestseller. Zugleich ist es für sie Anlaß, sich weiter mit den Geschehnissen in Deutschland-Ost und deren Auswirkungen in Deutschland-West zu befassen.

Während eines Urlaubs in Ungarn, Ende Januar 1979, versucht ihr Neffe Klaus Klump mit seiner Freundin über die grüne Grenze in den Westen zu fliehen. Sie werden geschnappt, es folgen Verhöre, und auch die Eltern werden durch die Staatssicherheit in die Mangel genommen. Die Attacken veranlassen sie, sofort einen Ausreiseantrag zu stellen. Noch am selben Tag informieren sie Brigitte Klump, die seinerzeit in Rohrbach bei München lebt.

Brigitte Klump ist erschrocken. Wie viele andere im Westen will sie ihrer Familie helfen, doch sie weiß nicht genau wie. Besonders ihr inhaftierter Neffe macht ihr große Sorgen. Also setzt sie sich auf dem bekannten Weg mit dem Innerdeutschen Ministerium, Bundeshaus Berlin, in Verbindung in der Hoffnung, daß die Beamten ihr helfen.

Am 8. März 1979, Klaus Klump ist noch immer in Haft, schickt sie einen Brief an die Berliner Außenstelle des Ministeriums. Darin bittet sie den Leiter des zuständigen Referats, Klaus Plewa, um Hilfe bei der Familienzusammenführung. Eine Woche später bekommt sie einen Antwortbrief vom Berliner Rechtsanwalt Wolf-Egbert Näumann, der mit der Haftangelegenheit Klaus Klump einen Kollegen in Cottbus beauftragt hat. Ansonsten muß sie erst mal abwarten. Doch anstatt sich bürokratischen Arbeitsabläufen zu beugen, bombardiert sie bundesdeutsche Dienststellen mit Briefen und Telegrammen und archiviert jeden Vorgang.

Am 12. November 1979 wird Klaus Klump im Rahmen einer allgemeinen Amnestie zum 30. Geburtstag der DDR überraschend aus der Haft entlassen. Doch für eine Ausreise in den Westen gibt es keine Anzeichen. Weder Stellen in der DDR noch bundesdeutsche Behörden oder das Anwaltsbüro Näumann in Berlin haben positive Nachrichten.

Im Gegenteil. Am 31. März 1980, ein gutes Jahr später, erhält Brigitte Klump einen Brief des Innerdeutschen Ministeriums. Statt des erwarteten positiven Signals teilt man ihr eine deutliche Warnung mit. »Vor der beabsichtigten Publizitätskampagne muß ich ganz eindringlich warnen. Ich muß darauf hinweisen, daß jede öffentliche Behandlung von Einzelfällen die Chance für eine positive Regelung praktisch zerstört.« So der Tenor des Ministeriums. Auch die Berliner Anwaltskanzlei Näumann bläst in dasselbe Horn. Mit Schreiben vom 10. April 1980 teilt sie die dringende Bitte mit, »Publizität in der Bundesrepublik zu vermeiden«. Sonst bestehe die Gefahr, »daß die andere Seite bezüglich der Ausreisewünsche erst recht unnachgiebig und unfreundlich reagiert«.

Brigitte Klump ist empört. Sie hatte keine Publizitätskampagne geplant. Ihr liegt nur die Bitte des Goldmann-Verlages vor, zur beabsichtigten Veröffentlichung des Taschenbuches »Das Rote Kloster« ein Vorwort zu schreiben. In diesem Vorwort, im Frühjahr 1980 verfaßt, beklagt sie die Verletzung der Menschenrechte in der DDR.

Sie wendet sich an einen befreundeten Diplomaten aus Peru. Der hochkarätige Jurist gibt ihr den entscheidenden Tip, sich an die Vereinten Nationen zu wenden. Es gäbe völkerrechtliche Instrumentarien, die weiterhelfen könnten, wenn man sie anzuwenden weiß.

Ihr Ehemann Wolf Heckmann, ein erfahrener und begeisterter Sportflieger, hatte zwischenzeitlich schon überlegt, unter den Radarschirmen der DDR hindurchzufliegen und die Familie seiner Frau rüberzuholen. Im Mai 1980 macht er sich auf, um mit Freunden in Norwegen Grenzflüge zu üben. Sie fürchtet, daß er abgeschossen werden könnte, und ruft in ihrer Not Rüdiger von Wechmar an, der als bundesdeutscher UNO-Botschafter in New York akkreditiert ist. Vielleicht, so hofft sie, kennt er einen Weg, um ihrer Familie und anderen in einer vergleichbaren Notsituation die Ausreise aus der DDR zu ermöglichen.

Sie ist entschlossen, wenn von Wechmar nicht weiterhelfen kann, den peruanischen Diplomaten in seinem Heimatland aufzusuchen, der sich in völkerrechtlich verschlungenen Wegen auszukennen scheint. Aber das erübrigt sich. Rüdiger von Wechmar gibt ihr für den 17. Juni 1980 einen Termin in der deutschen UNO-Botschaft in New York. Es ist der 37. Jahrestag des Arbeiteraufstandes in Ost-Berlin. Wechmar gibt der politik- und verwaltungsunerfahrenen Schriftstellerin hilfreiche Ratschläge und setzt sie auf die richtige Spur. Im Generalsekretariat der Vereinten Nationen ersucht sie um Hilfe für sich und die anderen, die sich auch nicht zu helfen wissen. Es wird ihr empfohlen, unverzüglich zur Weltbehörde nach Genf zu fliegen. Es ginge um Zeit. Mehr erfährt sie nicht.

Sie bekommt ihren Termin in Genf und dort den Rat, bürokratische Formalitäten einzuhalten. Sie solle sich im Auswärtigen Amt in Bonn die UNO-Resolutionen vorlegen lassen. Es gäbe ein Verfahren des Wirtschafts- und Sozialrates der UN, das seit dem Beitritt beider deutscher Staaten zu den Vereinten Nationen 1973 weitgehend unbekannt geblieben sei. Das Auswärtige Amt hatte ihr schon im Mai 1980 mitgeteilt, daß »die Möglichkeiten, individuelle Menschenrechtsverletzungen im Rahmen der Vereinten Nationen zu behandeln, ... leider sehr begrenzt sind«.[2] Einen hilfreichen Hinweis gibt das AA bis dahin, wider besseren Wissens, wie sich später herausstellen soll, nicht.

Als sie jetzt selbst im Auswärtigen Amt vorspricht, wird sie fündig. Die Resolution 1503 (XLVIII) ECOSOC ist in einem Aktenordner abgeheftet, der aus dem Justizministerium herübergeholt wird. Sie begreift, wenn sie in ihrer Petition die systematischen und groben Verletzungen der Menschenrechte in der DDR darstellt, besteht eine gute Chance, daß ihr Anliegen »ins Verfahren« kommt.

Am 30. Juni 1980 ist sie zum zweitenmal in Genf. Es ist die allerletzte Sekunde. Dieser Tag ist der Einsendeschluß für Petitionen aus aller Welt.

Auf der Resolution 1503 ist ein eingespieltes Verfahren aufgebaut. Sie ermächtigt die »Unterkommission für die Verhinderung von Diskriminierung und für den Schutz von Mehrheiten«, eine aus fünf Mitgliedern bestehende Arbeitsgruppe zu ernennen, die einmal im Jahr zehn Tage lang – unmittelbar vor der Tagung der Unterkommission – in nichtöffentlichen Sitzungen zusammentritt, um alle Mitteilungen, einschließlich der Erwiderungen von Regierungen, zu prüfen und der Unterkommission zur Kenntnis zu bringen, die im Rahmen des Mandats der Unterkommission liegende Verletzungen von Menschenrechten und Grundfreiheiten erkennen lassen.

Grundsätzlich bezieht sich die 1503-Resolution nicht auf Einzelfälle, sondern auf mehrere vergleichbare Fälle, die eine »systematische« Menschenrechtsverletzung beschreiben. Mehrere gegen dieselbe Regierung gerichtete Beschwerden, die sich jeweils auf Schicksale einzelner Menschen beziehen, sind Indizien dafür, daß eine »Situation« im Sinne des »1503-Verfahrens« vorliegt – falls sie ein übereinstimmendes Muster erkennen lassen.

Beim »Centre for Human Rights«, dem Sekretariat der Menschenrechtskommission, werden zunächst alle eingehenden Beschwerden über Menschenrechtsverletzungen geprüft. Nach komplizierten vertraulichen Vorberatungen von Arbeitsgruppen und Unterkommissionen kann die 43 Mitglieder umfassende UNO-Menschenrechtskommission dann selbst entscheiden, ob sie sich in bestimmte Fälle einschaltet. Nur wenn systematische Verletzungen der Menschenrechte nachgewiesen sind, kann die Kommission ihr bescheidenes Instrumentarium einsetzen. Dann kann sie eine Studie über das beschuldigte Land anordnen, einen Berichterstatter oder eine Ad-hoc-Kommission einsetzen und schließlich öffentliche Verurteilungen aussprechen.[3] Öffentliche Verurteilung heißt, das jeweilige Land wird international an den Pranger gestellt. Von der UNO bestätigt, gilt es fortan als Land, das die Menschenrechte mißachtet. Ein politisches Druckmittel, das Brigitte Klump durch ihre Recherchen wiederentdeckte, nachdem es beide deutsche Staaten jahrelang unter Ausschluß der Öffentlichkeit verwalteten.

Keine Regierungsstelle in Deutschland hatte ihr die Handhabung des »1503-Verfahrens« erklärt, obwohl ihr Neffe und seine Familie in der DDR festsitzen und die Bundesregierung über den Weg der Familienzusammenführung nichts erreicht. Zu eingespielt sind die »humanitären Bemühungen« der Bundesregierung mit den Verhandlungspartnern in Ost-Berlin. Frau Klump erreicht, daß die UNO-Gremien sich mit dem Fall ihres Neffen beschäftigen, weil sie die notwendigen Formalitäten vorher herausgefunden und fristgerecht eingehalten hat. Sie beschließt, die Regeln der UNO-Methode 1503 als Möglichkeit der Selbsthilfe für Bürger, die sich im UNO-Dschungel der Paragraphen nicht zurechtfinden, im Anhang ihres Taschenbuchs »Das Rote Kloster« zu veröffentlichen.

Nachdem die Bundesregierung auf dem bekannten Verhandlungswege nicht helfen kann, scheint ihr die UNO-Methode die einzig erfolgversprechende Variante zu sein. Sie versteht nicht, warum bisher niemand öffentlich Notiz davon genommen hat. Noch im August 1980 fährt sie zum *Spiegel* nach Hamburg und verhandelt über einen Bericht zu ihrer Entdeckung. Am 1. September veröffentlicht das Nachrichtenmagazin als erstes deutsches Medium einen Artikel über die Existenz der UNO-Methode[4], und Brigitte Klump wird erste private Beschwerdeführerin bei den Vereinten Nationen.

Der *Spiegel*-Bericht bewirkt, daß sich zunehmend Betroffene brieflich und telefonisch an sie wenden und um Hilfe bitten. In kurzer Zeit gelingt es ihr, eine erste Sammelbeschwerde mit 23 Petitionen zum Thema Sippenverfolgung zusammenzustellen und in Genf persönlich vorzulegen. Trotzdem kostet es die in Bürokratie ungeübte Schriftstellerin viel organisatorisches Talent, allen erforderlichen Formalitäten bei der UNO zu genügen. Jede Petition der Sammelbeschwerde muß nicht nur in deutscher Sprache, sondern auch in einer der beiden Konferenzsprachen der UNO, Englisch oder Französisch, vorgelegt werden. Fehlt eine Übersetzung, wird diese Petition aus der Sammelliste herausgenommen und in die Übersetzungsabteilung gegeben. Das kann die Bearbeitung um Monate verzögern, wenn nicht ganz verhindern. Eine Petition, die aus Mangelgründen einer Sammelpetition entnommen wird, gilt als Einzelpetition und bleibt erfolglos, wenn der beschuldigte Staat solche Einzelpetitionen nicht zur Kenntnis nimmt.

Brigitte Klump ist davon überzeugt, daß die Petitionen an die Vereinten Nationen die örtlichen Behörden der DDR hindern werden, sich an ihren Bürgern zu vergreifen. Sie ist sicher, daß die Wahrscheinlichkeit, auf die Anklagebank der Vereinten Nationen gesetzt zu werden, ihre Wirkung nicht verfehlen wird. Sie nimmt sich für jeden Angehörigen anderthalb Stunden bis zu zwei Tagen Zeit, damit in den Petitionen nicht verletzte Empfindungen, sondern tatsächliche Rechtsbrüche dargestellt werden. Sie erklärt jeweils die Regeln und versucht, in gründlichen Interviews die groben Verletzungen von Recht und Würde herauszukristallisieren und die Verursacher mit Namen und Adresse in der Petition zu nennen. Nur so ist die Überprüfbarkeit einer Beschwerde gewährleistet und die Zulässigkeit einer Sammelbeschwerde belegt. Allein die Glaubwürdigkeit einer behaupteten Rechtsverletzung öffne die Grenze. Diese Überzeugung vermittelt sie auch ihren Petenten.

Hoffnungen, durch die geheimen Beratungen in Genf könnte den Ausreisewilligen in der DDR geholfen werden, macht ihr kaum jemand. UNO-Beamte versichern ihr, daß die Ausreisebeschränkungen der DDR ganz unten auf der Liste der Menschenrechte stünden. Selbst der Bonner Vertreter in der Menschenrechtskommission, der SPD-Politiker Gerhard Jahn, will lieber die bewährten »bilateralen Möglichkeiten« ausschöpfen.[5]

Als die Taschenbuchausgabe ihres »Roten Klosters« im September 1980 erscheint, veröffentlicht sie im Anhang ihre »UNO-Methode 1503«. Genau zwei Monate später, am 13. November 1980, dürfen ihr Neffe Klaus Klump und seine

Eltern ausreisen. Sie werden aus der Staatsbürgerschaft der DDR mit den zynischen Worten eines Verwaltungsbediensteten entlassen: »Die DDR trennt keine Familien.«

Für Brigitte Klump endet hier ihre private Motivation, sich in die Angelegenheiten ausreisewilliger DDR-Bürger einzuschalten. Gleichzeitig beginnt das politische Engagement, ehemaligen Landsleuten in Not über die UNO-Methode 1503 zu helfen. Sie hat mit dem Fall ihres Neffen ein Instrumentarium entwickelt, das auch anderen Menschen aus der DDR helfen kann.

Schon am 26. Januar 1981 reicht sie eine neue Sammelliste mit 23 Petitionen bei der Menschenrechtskommission in Genf ein. Und die Frühjahrssitzung der Menschenrechtskommission endet damit, daß die DDR sich auf der Anklagebank der Vereinten Nationen zu verteidigen hat. Erstmalig in der Geschichte der UNO werden die Verhaltensweisen eines Ostblockstaates vor diesem Forum diskutiert.

Im April 1981 folgt ihre dritte Sammelbeschwerde »von Bürgern der Bundesrepublik für Bürger der DDR über andauernde Verletzungen von Menschen- und Grundrechten in der DDR«.[6] »Aus diesen dokumentierten Petitionen ist ablesbar, daß die Verfassung der DDR durch die DDR selbst systematisch und fortgesetzt handelnd vielfach gebrochen wird«, schreibt sie nach Genf. Sie fährt fort: »Weitere Petitionen, von mir vorgelegt, werden folgen. Ich sammle diese Petitionen aus eigenem Entschluß, ohne Auftraggeber und ohne finanzielle Hilfe von irgendeiner Seite. Ich bin eine Privatperson, Hausfrau, politisch engagiert in der Literatur, keiner Partei verpflichtet. Entspannung verstehe ich so: Konflikte sollten nicht versteckt, sondern debattiert werden, damit sie gelöst werden können.« Und sie fügt hinzu: »Wenn es deutsch-deutsche Abreden gibt, deutsche Angelegenheiten nicht vor das Forum der Weltöffentlichkeit zu tragen, sollten sie für die Vereinten Nationen nicht bindend sein.«

Mit dem Hinweis auf Öffentlichkeit hat sie, die Hintergründe der deutsch-deutschen Verhandlungspolitik noch nicht erkennend, in ein Wespennest gestochen. Hinweise auf die notwendige Öffentlichkeit des UNO-Verfahrens gibt sie nicht nur mit solchen Schreiben. Sie beklagt auch immer wieder die äußerst zurückhaltende Beratungspraxis des Innerdeutschen Ministeriums in bezug auf die Erfolgsaussichten dieses »neuen« Instruments. Und mit den Erfolgen, der zunehmenden Zahl von Menschen, die über den UNO-Weg die DDR verlassen können, hält sie nicht hinter dem Berg. Sie informiert laufend schriftlich und mündlich die zuständigen Bonner Stellen und die Presse und plant ein Buch über die »Methode 1503«, einen autobiographischen Bericht.

Die andauernde Forderung der Menschenrechtlerin aus Rohrbach bei München, neben den »humanitären Bemühungen« der Bundesregierung auch auf das UNO-Instrument hinzuweisen, stößt auf taube Ohren und offiziell beim Innerdeutschen Ministerium schnell auf Ablehnung. Politische Gründe führt Dietrich Spangenberg, der Staatssekretär dieses Hauses, an. »Mir und meinen Mitarbeitern geht es hingegen um eine möglichst umfassende Hilfe für Bewohner der DDR, die um Unterstützung in ihren Übersiedlungsbegehren bitten. An dieser allein am Einzelschicksal orientierten Arbeit wird sich auch künftig nichts ändern.«[7] Mit diesen Worten antwortet er auf eine Beschwerde Brigitte Klumps über die mangelnde Beratung zum »1503-Verfahren«. Damit war eine erste Marschroute zur offiziellen Handhabung festgelegt.

Inoffiziell bekommt sie allerdings des öfteren Zuspruch von amtlicher Stelle. Ein Mitarbeiter des Genscher-Ministeriums zeigt sich »nach wie vor beeindruckt von Ihrer Dynamik«.[8] Sie ist mittlerweile durch die ersten Erfolge ihrer eigenen humanitären Bemühungen so beseelt, daß sie die Arbeit an einem Buch über die Ausreise ihres Neffen Klaus fortsetzt.

Es soll auf der Buchmesse im Herbst 1981 in Frankfurt der Öffentlichkeit vorgestellt werden mit dem Titel: »Freiheit hat keinen Preis. Ein deutsch-deutscher Report«. Darin schildert sie minutiös ihre Versuche, Klaus aus der DDR herauszuholen, und beleuchtet die Hintergründe einer Politik, die die DDR mit Freikaufgeldern »belohne«, anstatt ihr die Rechtsbrüche vorzuhalten, damit sie diese unterlasse.

Sie mahnt, das sei die Kehrseite der Medaille des Menschenhandels, und setzt sich damit in die Nesseln der deutsch-deutschen Politik. Die Folgen beiben nicht aus. Der Verlag stellt plötzlich die anlaufende Werbekampagne ein. Top-Journalisten, denen sie selbst ein Vorausexemplar gesandt hatte und die beeindruckt zum Interview bei ihr zu Hause erschienen waren, bedauern überraschend, ihre Artikel und Sendungen nicht plazieren zu können.

Der Staatssekretär Ludwig Rehlinger gibt sich nach dem Ende des Freikaufgeschäftes auch als Medienlenker zu erkennen. »Jeder Bundespolitiker wußte um die Vorgänge, und jede Chefredaktion einer Zeitung, einer Illustrierten oder eines Senders war im Grunde im Bilde, doch alle schwiegen, um eine mögliche Hilfe für den Nächsten nicht zu gefährden.«[9] Keinesfalls hatte Rehlinger vergeblich an die Verantwortlichen appelliert. Die Presse der Bundesrepublik wußte über viele Vorgänge Bescheid. Sie hat aus Verantwortung über Details geschwiegen und sich damit einige höchst interessante und auflagensteigernde Stories entgehen lassen.

Rezensionsexemplare, die an Redaktionen von Presse,

Funk und Fernsehen verschickt wurden, fanden entweder keine Resonanz oder waren auf Nachfrage gar nicht beim Empfänger angekommen. Brigitte Klump wittert, nicht zu Unrecht, einen Boykott. Bis auf die *Abendzeitung München*, in der ihr Mann in leitender Funktion tätig ist, erscheint kaum eine Notiz über das eigentlich so wichtige deutschlandpolitische Instrument. Die Bonner Stillhalte- und Schweigepolitik in deutsch-deutschen Angelegenheiten, vornehmlich im Zusammenhang mit Freikauf- und Ausreisefällen, schlägt voll gegen die Autorin durch und vernichtet ihre Lebensgrundlage. Ein unverkäufliches Buch bringt kein Geld. Wie sollte sie ihre UNO-Methode an andere Menschen weitergeben?

Beide deutsche Staaten, die mit Beitritt zu den Vereinten Nationen im Jahre 1973 auch die Verfahrensregeln der UNO-Resolution 1503 ratifizierten, hatten ein eminent politisches Interesse daran, daß dieser Weg, der letztlich ein Weg aus der DDR war, nicht öffentlich weiterverbreitet war. Die DDR hatte bis zu ihrem politischen Zusammenbruch im November 1989 kein Interesse am Bekanntwerden dieser Resolution, bedeutete sie doch eine Möglichkeit, vor den Augen der Weltöffentlichkeit ziemlich komplikationslos das Land zu verlassen. Die öffentliche Anerkennung, geschweige denn Bekanntgabe wäre zudem das offene Eingeständnis der unrechtmäßigen Reisepolitik und nicht vorhandenen Freizügigkeit im eigenen Lande gewesen. Dabei hatte die DDR nicht nur die KSZE-Schlußakte von Helsinki unterzeichnet, sondern die Freizügigkeit auch in der eigenen Verfassung sowie im Staatsbürgerschaftsgesetz von 1967 verbrieft.

Die Bundesregierung war an der weitgehenden Tabuisierung interessiert, weil sie die Interessen der DDR kannte und die eingespielten Verhandlungswege nicht »stören«

wollte. Außerdem wollte sie öffentlich nicht eingestehen, daß es neben der Freikaufpraxis und der Familienzusammenführung noch eine weitere Möglichkeit gab, aus der DDR auszureisen. Es hätte die vorhandenen Verhandlungsmuster in Frage gestellt. Und vor allen Dingen wäre die Notwendigkeit der Milliardenüberweisungen an das Imperium des Alexander Schalck-Golodkowski zweifelhaft geworden. Ganz zu schweigen von dem Milliardengeschäft ausgewählter westdeutscher Firmen, die sich im deutsch-deutschen Beziehungsgeflecht eine goldene Nase verdienten.

Eine ganze Reihe von Bonner Persönlichkeiten findet die mangelnde Öffentlichkeit kleinkariert. Unterstützung jedoch erhält Brigitte Klump wieder von ihrem bewährten Ratgeber Rüdiger Freiherr von Wechmar, der zum »Thema ›Einwirkung von außen‹ nicht Stellung nehmen«[10] will; er teile aber die »Auffassung, daß es merkwürdig ist, wenn in der Tat niemand von Ihrer neuerlichen Veröffentlichung Notiz genommen hat«, so schreibt er als Präsident der UNO-Vollversammlung an Brigitte Klump.

Konkreter läßt sich ein leitender Mitarbeiter der *Süddeutschen Zeitung* mit Hinweis auf seinen Bonner Ratgeber aus, der einen Bericht über ihre Arbeit und ihr Buch plant: »Um es auf eine Formel zu bringen: die Verhandlungen über die Übersiedlung von Deutschen aus der DDR in die Bundesrepublik seien so delikat, daß ihnen jede großangelegte Publizität schaden müßte. Das gelte um so mehr, je mehr sich die DDR in die Ecke gedrängt fühle. Solange die DDR noch sozusagen ohne Gesichtsverlust und ohne größere Aufmerksamkeit in der Öffentlichkeit nachgeben könne, sei alles einigermaßen in Ordnung. Aber wenn sich dies ändere, werde das Klima so belastet, daß man womöglich irreparable Schäden anrichte.«[11]

Deutlicher als der Journalist der *SZ* konnte man den eigentlichen Grund für den »Boykott« des UNO-Verfahrens kaum beschreiben. Zudem bezog er sich bei seiner Einschätzung nicht auf eigene Erkenntnisse, sondern eben auf den Rat »eines hochrangigen Deutschlandexperten«. Wie Brigitte Klump später herausfindet, war dies Bonns Ständiger Vertreter in der DDR, Günter Gaus.

Entgegen allen Beteuerungen der Bonner CDU/FDP-Regierung, die vorgab, eine der schärfsten Kritikerinnen der Ost-Berliner Ausreisepolitik zu sein, wurde in den achtziger Jahren alles getan, um der DDR das Gesicht wahren zu helfen. Der Umgang mit dem »1503-Verfahren« ist dafür beispielhaft. Für wen sollte eigentlich ein »irreparabler Schaden« entstehen, wenn nicht für die Menschen, die den Arbeiter-und-Bauern-Staat DDR verlassen wollten? Schaden aber befürchtete die Bundesregierung im eigentlichen Sinne nicht für die Menschen, sondern für die Verhandlungen mit der DDR, konnte man sich doch innenpolitisch vor jeder Wahl gut als die besseren Deutschlandpolitiker darstellen. Darum durften die eingetretenen Wege zwischen Ost und West nicht verlassen werden, zum Schaden der Menschen und des bundesdeutschen Steuerzahlers.

Trotz aller Rückschläge läßt sich Brigitte Klump auf ihrem Weg nicht beirren. Sie engagiert sich für die Menschenrechte in der DDR und für eine Politik, die die Rechtsverstöße vor dem internationalen Forum darlegt. Während die »1503-Methode« öffentlich nahezu totgeschwiegen wird, verlassen Hunderte von Familien auf diesem Weg die DDR. Ebenso viele Beschwerden sendet sie seit 1980 jährlich an das Centre for Human Rights. Namenslisten übergibt sie dem Bundesministerium für innerdeutsche Beziehungen (BMB), damit dieses prüfen kann, ob die Betroffenen tatsächlich in einem Zeitraum zwischen zwei Monaten und einem Jahr ausreisen können.

Aus Sorge, die DDR könnte auf der Anklagebank sitzen bzw. weiterhin auf der schwarzen Liste der menschenrechtsbrechenden Staaten geführt werden, sind die DDR-Behörden zum Entgegenkommen bereit und entlassen die betreffenden Bürger in den Westen. Die DDR-Behörden entwickeln in den Fällen der UNO-Petitionen ein eigenes Verfahren. Sie verlangen von den Bundesbürgern eine Zusicherung, keine weitere UNO-Petition mehr vorzulegen, weil das die Abwicklung aufhalte. Erfolgt die telegrafische Benachrichtigung, wird in der Regel die Genehmigung nach wenigen Wochen erteilt.

Brigitte Klump erreicht eine Abkürzung des Verfahrens, indem sie ab September 1987 jeder Behörde vorab mitteilt, daß eine neue Petition zugunsten eines DDR-Bürgers eingegangen sei. Sie bittet um eine schnelle Erledigung, damit ein förmliches Verfahren vermieden werden könne. Über diesen Versuch informiert sie die UNO in Genf sowie den UNO-Präsidenten der 42. Sitzungsperiode, den stellvertretenden Außenminister der DDR, Peter Florin, in New York und das Bundesministerium für innerdeutsche Beziehungen.

Keiner ihrer Petenten wird von Staatsorganen bedrängt. Das hatte sie bereits 1984 im Fall der Familie Michael Lins erreicht, als sie sich telegrafisch an den Generalstaatsanwalt der DDR, Josef Streit, wandte. Die Vereinten Nationen und das BMB in Bonn hatte sie ebenfalls informiert. Innerhalb von sieben Tagen war die Ausreise der Familie genehmigt. Wolfgang Vogel hatte über vier Jahre versucht, die Ausreise zu organisieren, war aber immer an den örtlichen Behörden gescheitert.

Ihre Telegramme bewirken auch, daß Personen, die bereits auf dem Weg zum OP sind, sich aber vor der Operation fürchten, plötzlich in einen Krankenwagen umgebettet und mit Blaulicht über die Grenze gebracht werden. Überraschend dürfen auch Familien von geflüchteten Spitzensportlern und Nationaltrainern ausreisen, zu deren Gunsten sie einen Hungerstreik aufnimmt und davon den Generalstaatsanwalt verständigt. Die Familien waren fast 7 Jahre voneinander getrennt. In einem Fall gelingt eine Ausreise, für die sich Wolfgang Vogel und das BMB 19 Jahre erfolglos eingesetzt hatten. Kein Wunder, daß sich immer mehr Menschen hoffnungsvoll an sie wenden.

1984 erhält sie für ihr Engagement das Bundesverdienstkreuz. Petenten hatten es bei verschiedenen Ministerpräsidenten erbeten. Bundespräsident von Weizsäcker verfügt die Ehrung, die Öffentlichkeit herstellt, obwohl sie unerwünscht ist. Die Sprachregelung des Innerdeutschen Ministeriums ändert sich trotz der offensichtlichen Erfolge dieser Methode nicht. Das konnte nicht daran liegen, daß das »1503-Verfahren« kein sogenanntes Staatenverfahren war, sondern nur von Privatpersonen oder Organisationen angerufen werden konnte.

Die von der Bundesregierung für die Verhandlungen über Familienzusammenführung mit dem Ost-Berliner Rechtsanwalt Wolfgang Vogel beauftragte Berliner Rechtsanwältin Barbara von der Schulenburg lehnt die UNO-Methode rundweg ab. Dies teilt sie ihren Mandanten auf Anfrage auch schriftlich mit. Obwohl bis 1986 nahezu 3000 Personen auf diesem Weg aus der DDR ausreisen können, meint Frau von der Schulenburg mitteilen zu müssen, daß es »unter Umständen für die Betroffenen zu Schwierigkeiten führen kann«, sich an die UNO zu wenden, da diese direkt an die zuständigen Stellen herantreten«.[12]

Auch der zuständige CDU-Staatssekretär Ludwig A. Rehlinger kann lange Zeit nicht an den Erfolg dieser Methode glauben. Ihn stören weniger die Angriffe Brigitte

Klumps auf die mangelnde Aktivität der Behörden, die ihm »eher ein Schmunzeln«[13] abnötigen, als die Vorwürfe wegen des Vergessens der »1503-Methode«. Auch ihm sei »die Möglichkeit ›1503‹ erst später bekannt geworden«.

Allzuspät dürfte ihm diese Möglichkeit nicht bekannt geworden sein, hatte sie doch von Anfang an durchschlagenden Erfolg. Im übrigen sandte Brigitte Klump in den ersten Jahren dem Innerdeutschen Ministerium regelmäßig ihre Namenslisten zu den UNO-Sammelbeschwerden zum Vergleich zu. Einblick in die vertraulichen UNO-Petitionen, die nur für die UNO und die DDR bestimmt waren, erhielt das BMB nicht.

Das Ministerium ist nicht nur durch die schriftlichen Hinweise informiert, deren Eingang verwaltungsgemäß ordentlich bestätigt wird. Manchmal läßt es sich Staatssekretär Rehlinger nicht nehmen, Brigitte Klump selbst für die Überlassung der Namenslisten an die UNO zu danken. Er läßt die Listen in seinem Ministerium prüfen und teilt sogar eigene Ergebnisse mit.[14] Sonst bestätigt der Mitarbeiter des Bundeshauses in Berlin, Rainer Breithaupt, die Adressenlisten von Brigitte Klump.[15] Breithaupt sagt zu, daß »diese Angaben hier exakt ausgewertet werden«.

Brigitte Klump kümmert sich nur um besonders schwere Fälle, die von Rechtsanwalt Vogel hängengelassen werden. Hin und wieder teilen örtliche Behörden Ausreisenden mit, daß sie die Genehmigung zur Ausreise Frau Klump zu verdanken haben. So der Familie Ludwig Heitmeier aus dem Kreis Nordhausen im Mai 1989.

Im Fall Gunter Widlitzka, um dessen Ausreise sich seine Tante in der Bundesrepublik, Elly Herold, bemüht, gibt Peter Florin, der stellvertretende DDR-Außenminister, zu erkennen, daß die Telegramme von Brigitte Klump, die sie ihm nach New York schickt, auf fruchtbaren Boden fallen.

Er läßt das Ministerium für Auswärtige Angelegenheiten im Februar 1988 an ihre Petentin Elly Herold in Pforzheim antworten, daß ihre Petition bearbeitet wird.[16] Tatsächlich führt das Engagement im Dezember 1988 zur Ausreise von Widlitzka, der in einem Rüstungsbetrieb gearbeitet hatte. Nachdem sich Florin eingeschaltet hatte, sagten die Behörden Widlitzka die Ausreise zu. Solche Erlebnisse machten Brigitte Klump immer wieder Mut.

Um Haftfälle hat sie sich selten bemüht, da diese Angelegenheiten generell von den Anwälten Wolf-Egbert Näumann sowie Jürgen Stange mit dem BMB auf westlicher und Wolfgang Vogel auf östlicher Seite betreut wurden. In Ausnahmefällen, bei Suizidgefahr, wenn die Verwandten in der Bundesrepublik in großer Sorge zu ihr kamen, wendet sie sich als private Beschwerdeführerin bei der UNO per Telegramm an den Generalstaatsanwalt der DDR und erreicht, daß innerhalb von sieben bis zehn Tagen die Betroffenen aus der Haft in die Bundesrepublik ausreisen dürfen.

Insgesamt erreichte Brigitte Klump bis zum Fall der Mauer, daß 1003 Fälle über die Resolution 1503 der Vereinten Nationen gelöst wurden. Mehr als viertausend Menschen hat sie durch ihr Engagement zu einem Leben in Freiheit verholfen. Geld hat sie für ihre Arbeit von keiner Seite erhalten. Ab Frühjahr 1982, nachdem sie das Familienvermögen durch ehrenamtliche Tätigkeit verbraucht und ihr Mann die Scheidung eingereicht hatte, nahm sie pro »Fall« eine Unkostenpauschale von 750 DM. Ein lächerlicher Betrag, wenn man bedenkt, daß sie wochenlang damit beschäftigt war, Petitionen mit ganzen Lebensläufen zu verfassen, englische Übersetzungen anzufertigen und astronomische Telefon- wie Telegrammrechnungen zu begleichen. Dazu kamen die Reisen nach Bonn, Berlin und zu kompetenten Völkerrechtlern, die ihr halfen, das Instrument der UNO-

Methoden den ständig wechselnden Anforderungen anzupassen. Es waren stille Helfer im Hintergrund.

Da sie niemanden hat, der ihr hilft, die Rechnungen zu begleichen, die weit höher liegen als die berechnete Pauschale von 750 DM je Familie, und sie vieles nicht steuerlich geltend machen kann, wendet sie sich an den bayerischen Ministerpräsidenten Strauß. Der kann ihr wenigstens eine geringe Hilfe des Finanzministeriums wegen anstehender Vollstreckungsmaßnahmen und nicht anerkannter Aufwendungen als Betriebsausgaben vermitteln.[17]

Der 1990 ermordete Chef der Deutschen Bank, Alfred Herrhausen, würdigt als stiller Helfer ihre Arbeit. Er übersendet einen Scheck über 5000 DM als Grundstock für ihre geplante »Stiftung für Bürgerhilfe«, die sie seit 1985 zu gründen versucht. Im November 1987 setzt Dr. Peter Lex, ein renommierter Münchner Anwalt, die Stiftungssatzung der »Brigitte-Klump-Stiftung für Bürgerpetitionen« beim Münchner Finanzamt für Körperschaften erfolgreich durch. Das Grundstockvermögen von 50.000 DM zu sammeln bereitet Brigitte Klump große Schwierigkeiten. Ihr Mann setzt im Januar 1988 die Scheidung durch. Ihre Hilfstätigkeit hatte das eheliche Vermögen aufgebraucht und ihre Rente dazu. Aber sie macht dennoch weiter, weil unterlassene Hilfeleistung für sie ein Verbrechen wäre.

Verdient hat die DDR an den Bemühungen der Brigitte Klump genauso wie an jedem anderen Bürger, der seinen Fuß über die deutsch-deutsche Grenze setzte. Dabei waren Geldzahlungen im Zusammenhang mit Bemühungen der Vereinten Nationen ausdrücklich ausgeschlossen. Doch die Bundesregierung zahlte auch für Fälle, die gar nicht von ihr gelöst wurden. Sie überwies Millionen via Warentransfer auf das KoKo-Konto 0528, auf dem auch sonst die Gelder für den Häftlingsfreikauf und die Familienzusammenführung landeten. Rechtsanwalt Vogel hatte die UNO-Fälle der Bundesregierung zur Verrechnung vorgelegt.

Der bis zuletzt amtierende innerdeutsche Staatssekretär Walter Priesnitz bestätigt: »Es gibt überhaupt keine Fälle, für die wir nicht bezahlt haben.«[18] Der Sprecher des UNO-Centre for Human Rights in Genf, Jakob Möller, findet es unglaublich, daß die Bundesregierung für die UNO-Fälle an die DDR gezahlt habe. Das sei nicht Sinn und Zweck des UNO-Verfahrens gewesen. Der UNO-Beamte war zu Recht überrascht. Die UNO-Gremien konnten nicht davon ausgehen, daß ihre Bemühungen auf dem deutsch-deutschen Verhandlungsweg finanziell unterlaufen wurden.

Priesnitz macht geltend, daß er nicht genügend Details über die UNO-Fälle erhalten habe. Offenbar vergißt er dabei, daß sein Ministerium über einen längeren Zeitraum regelmäßig die Namenslisten an die UNO erhielt und eine Prüfung bestätigte. Klaus Plewa, der auch für die Rechnungsprüfung zuständig war, habe keine Möglichkeit gehabt, die Listen von Brigitte Klump mit den eigenen des Ministeriums zu vergleichen, um so eine falsche Rechnungstellung der DDR aufzudecken.

Eine reichlich fadenscheinige Begründung für eine ansonsten buchhalterisch äußerst penibel arbeitende Behörde. Andere »Rechnungen«, die Wolfgang Vogel stellte, so z. B. für über die »Glienicker Brücke« nach West-Berlin abgeschobene DDR-Bürger, deckte der Verwaltungsmann als falsch auf und sparte der Bundeskasse Millionenbeträge, wie er darlegt.[19] Nur im Fall Klump zeigt er sich bedeckt.

Dabei ist das BMB über Jahre hinweg regelmäßig über die UNO-Fälle informiert worden und hat diese Angaben überprüft. Eine falsche Rechnungstellung durch die DDR hätte also aufgedeckt werden können. Doch die Bundesregierung wollte sich wegen der wenigen Fälle die Türen nach

202

Ost-Berlin nicht verschließen. Unter Druck gesetzt durch Wolfgang Vogel, zog sie es vor, auch diese Millionen zu bezahlen. Aufgedeckt hat Vogel seine Machenschaften selbst. In einem Schreiben vom 8. August 1990 teilt er Brigitte Klump mit, »daß alle unter Ihrer damaligen Obhut befindlichen Schützlinge durch die Bundesregierung freigekauft worden sind«.

Anmerkungen

1 Informationen nach Gespräch mit Brigitte Klump.
2 Schreiben des Auswärtigen Amtes vom 29. Mai 1980 an Brigitte Klump.
3 Der Spiegel, 26/1980, S. 28.
4 »Methode 1503«, Im Alleingang will eine Bundesbürgerin durchboxen, daß die DDR wegen Menschenrechtsverletzungen von der UNO verurteilt wird, in: Der Spiegel, 1. September 1980, S. 28 f.
5 Der Spiegel, 36/1980, S. 29.
6 Schreiben von Brigitte .Klump an die »Division of Human Rights«, Genf, vom 11. April 1981.
7 Schreiben des Staatssekretärs Dietrich Spangenberg vom 27. Februar 1981 an Brigitte Klump.
8 Schreiben des Herrn B. auf offiziellem Briefpapier des AA vom 11. März 1981 an Brigitte Klump.
9 Ludwig A. Rehlinger, »Freikauf. Die Geschäfte der DDR mit politisch Verfolgten 1963–1989«, Berlin 1991, S. 209.
10 Brief des Rüdiger Freiherr von Wechmar an Brigitte Klump vom 26. April 1982.
11 Brief des Herrn R. vom 26. November 1982 an Brigitte Klump.
12 Schreiben der Rechtsanwältin Barbara von der Schulenburg an Günter H. vom 11. Mai 1986.
13 Brief des Ludwig A. Rehlinger vom 27. Dezember 1983 an Brigitte Klump.
14 Schreiben des Staatssekretärs Rehlinger vom 27. Februar 1984 an Brigitte Klump.
15 Schreiben des Ministerialrats Rainer Breithaupt u.a. vom 15. März 1985 und 1. Dezember 1986.
16 Schreiben des Ministeriums für Auswärtige Angelegenheiten vom 15. März 1988 an E. Herold.

17 Schreiben der Bayrischen Staatskanzlei vom 20. Januar 1987 an Brigitte
   Klump.
18 In einem Interview für den britischen Fernsehsender Channel 4 am 13.
   Oktober 1992.
19 Im Gespräch mit den Autoren am 16. Oktober 1992 im Beisein seines
   Stellvertreters Rainer Breithaupt.

Verschwundene Millionen:
Affäre Franke-Hirt

»Diener und Herr vor den Kadi« lautete am 22. März 1984 eine Überschrift der Hamburger Illustrierten *Stern.* Der »Herr« war der ehemalige Minister Egon Franke und der »Diener« dessen langjähriger Ministerialdirektor Edgar Hirt. Eigentlich, sollte man denken, ehrenwerte Persönlichkeiten.

Im Februar 1983, Helmut Kohl und Hans-Dietrich Genscher hatten gerade erst, wenige Monate nach der Bonner Regierungswende vom Oktober 1982, eine neue Regierungskoalition aus CDU/CSU und FDP geschmiedet und schickten sich an, die bewährte sozialliberale Verhandlungspolitik mit der DDR fortzusetzen, brachte ein Finanzskandal im Innerdeutschen Ministerium die deutsch-deutschen Freikaufaktionen ins Gerede. Dem Ministerium war auf dubiose Weise ein Betrag von rund 6 Millionen DM abhanden gekommen. Somit war die Sache unter dem Aktenzeichen 50 Js 62/83 ein Fall für die Staatsanwaltschaft in Bonn. Es sollte aber noch bis 1986 dauern, ehe nach langen und schwierigen Ermittlungen vor dem Landgericht in Bonn gegen Franke und Hirt verhandelt werden konnte. Die Prozeßakten bekamen den Stempelaufdruck »Geheim-VS amtlich geheimgehalten«, der noch Mitte 1992 auf den meisten Unterlagen erneuert wurde.

Hirt war der Adlatus von Franke, der als alter SPD-Mann 13 Jahre das Bundesministerium für innerdeutsche Beziehungen leitete. In den letzten Tagen der Kanzlerschaft von Helmut Schmidt war er sogar vom 17. September bis 1. Oktober 1982 zugleich Stellvertreter des Bundeskanzlers. Gegen den Willen des Bundespersonalausschusses machte

Franke seinen Hirt zum Beamten, und so war Hirt seit dem 1. Dezember 1973 neben der Leitung des Ministerbüros auch mit der Leitung der Abteilung I des Ministeriums betraut. Dazu gehörten die humanitären Bemühungen der Bundesregierung. Hirts Sonderstellung wird deutlich, wenn man bedenkt, daß er unter Ausschaltung der Staatssekretäre direkt dem Minister unterstellt war. Franke, der schon 1945 zum Besprechungskreis des »Büros Dr. Kurt Schumacher« in Hannover zählte, unter den Nationalsozialisten wegen Hochverrats im Zuchthaus saß und von 1943 bis 1945 in der berüchtigten Strafeinheit 999 Frontdienst leisten mußte, mochte keinen bürokratischen Aufwand. Dessen Bewältigung überließ er Hirt, der seinen Minister wiederum gegen die weiteren Mitarbeiter abschirmte. Berühmt war im Ministerium zudem Frankes Devise, Schriftliches nur selten zu erstellen.

Mit solchem Rahmen ausgestattet, konnte Hirt im Ministerium fast nach Belieben schalten und walten. Notwendige Zuarbeit gab es eigentlich nur noch durch den Berliner Referatsleiter des Ministeriums Klaus Plewa, die Bonner Referatsleiterin Marie-Elisabeth von Friesen und den im Ministerium für Eingaben und Sonderaufträge zuständigen Heinz Lehmann.

Von Friesens Referat bearbeitete die Bereiche Finanzhilfen für kirchlich-karitative Maßnahmen in der DDR, materielle Hilfeleistungen für Deutsche in der DDR und im Ostblock, wozu Medikamentenhilfe und die Anschaffung von medizinisch-technischem Gerät zählten, und die Förderung innerdeutscher Begegnungen. Finanzielle Hilfen für kirchlich-karitative Maßnahmen in der DDR wurden im Zuge von Warentransfers erledigt, wobei, wie bereits geschildert, für die katholische Kirche der Deutsche Caritasverband (DCV) in Freiburg im Breisgau und für die evangelische Kirche das Diakonische Werk (DW) in Stuttgart zuständig waren. Die materiellen Hilfen für kirchliche Krankenhäuser in der DDR wickelten ebenfalls das DW und der DCV ab. Die entsprechenden Bundeszuschüsse für diese materiellen Hilfen beantragte der DCV im Sinne der Kameralistik insgesamt zum Jahresende für das Folgejahr. Gemäß solcher Globalanträge bewilligte das Innerdeutsche Ministerium die Mittel zu Anfang des Haushaltsjahres. Dem DCV wurde es dabei überlassen, die Aufteilung der Mittel dem Ministerium mitzuteilen. Nachbewilligungen erfolgten im Laufe des Jahres, wobei Bezug auf die Bewilligung zum Jahresanfang genommen wurde. Zum Jahresende bewilligte man dem DCV in der Regel noch restliche Haushaltsmittel, die meist aus den anderen Referaten des Ministeriums kamen und über die Haushaltsabteilung sowie das Referat von Friesen nach dem Proporzprinzip ausgeschüttet wurden.

Im Haushaltsplan des Ministeriums waren die Mittel des Referates von Friesen im Kapitel 2701 Titel 685 21 veranschlagt und zweckbestimmt für die »Förderung besonderer Hilfsmaßnahmen gesamtdeutschen Charakters«. Im Bundeshaushaltsplan tauchten sie unter der Rubrik »Die Ausgaben werden zur Behebung von besonderen Notständen geleistet« auf. So erhielt der DCV in den Jahren 1979 bis 1982 an Mitteln zur Anschaffung von medizinisch-technischem Gerät 15.152.130 DM, darin sind 3.595.490 DM an »restlichen Haushaltsmitteln« enthalten.

Aus dem genannten Haushaltstitel bekamen die Kirchen auch Finanzen für Hilfsmaßnahmen, bei denen das Ministerium bzw. die Bundesregierung nicht als Hilfeleistender erkannt werden wollte. Es handelte sich dabei um Gelder zur Förderung von Begegnungen Jugendlicher aus der Bundesrepublik und der DDR in Ostblockstaaten. Diese »Drittlandbegegnungen« wurden bis 1985 bezuschußt respektive finanziert. Hinzu kamen Gelder zur finanziellen Unterstützung von Flüchtlingen aus der DDR bzw. Starthilfen für diese, wenn sie die Flucht mit gewerbemäßigen Fluchthelfern bewerkstelligt hatten und dadurch in eine soziale Notlage gerieten. Aufgrund des Transitabkommens mit der DDR vom 17. Dezember 1971 und des Grundlagenvertrages vom 21. Dezember 1972 war die Bundesregierung nämlich gehindert, »Fluchthilfegelder« offiziell zu bezuschussen oder zu übernehmen, da dies eine Vertragsverletzung gewesen wäre. Zudem wäre es natürlich ein Anreiz für Fluchthilfeorganisationen gewesen, sich noch intensiver in diesen gefährlichen Bereich einzuschalten. 1973 wurde vereinbart, daß geflüchtete Menschen, die, wenn die Flucht nicht länger als ein Jahr zurücklag, in eine Notlage gerieten, im Einzelfall mit bis zu 5.000 DM unterstützt wurden. Bedürftige, die sich dahingehend an das Ministerium wandten, wurden über Lehmann an die Kirche weitervermittelt. Keinesfalls durfte die Kirche die Bundesregierung als Geldquelle dafür nennen. Bereits 1978 war Hirt bewußt, wie in diesen Bereichen verfahren wurde.

Ein Unterausschuß des Haushaltsausschusses des Bundestages, der sogenannte »8er-Ausschuß«, hatte sich auf parlamentarischer Ebene mit den Mitteln des innerdeutschen Haushaltskapitels 2702 Titel 685 21 zu befassen. Die acht Mitglieder setzten sich aus Berichterstattern der Bundestagsfraktion für den Einzelplan 27 sowie aus Abgeordneten des Innerdeutschen Ausschusses zusammen. Als Grundlage diente ihnen ein Ausgaben- und Verwendungsplan für den Titel, den das Ministerium erstellte.

Weder der Bundesrechnungshof (BRH) noch das Ministerium verlangten zunächst schriftliche Nachweise über die Verwendung der dem DW und dem DCV gewährten Mittel des Bundes. Begründet wurde dies mit der »besonderen

Sensibilität der kirchlichen Arbeit in der DDR und dem sich daraus ergebenden Bedürfnis besonderer Vertraulichkeit«. Ersatzweise berichteten dafür der Bevollmächtigte der evangelischen Kirche am Sitz der Bundesregierung, Prälat Heinz-Georg Binder, sowie ein Mitglied des Bischöflichen Ordinariats in West-Berlin, normalerweise Generalvikar Johannes Tobei, und der Berliner Caritas-Direktor Heinz-Dietrich Thiel dem Minister oder dem Parlamentarischen Staatssekretär mündlich über die Mittelverwendung. Hirt und von Friesen waren bei den Sitzungen ebenfalls anwesend. Dazu gab es Prüfungsberichte des Oberrechnungsamtes der evangelischen Kirche für das DW und der Solidaris-Treuhandgesellschaft mbH für den DCV. Das zuständige Fachreferat des Ministeriums begnügte sich mit einer jährlichen Stichprobenkontrolle der Verwendungsnachweise beim DW und DCV. Der BRH hatte nichts zu prüfen, da gemäß einer Vereinbarung zwischen Bischof Hermann Kunst und dem damaligen Präsidenten des BRH aus dem Jahre 1963 darauf verzichtet wurde. Als der beim BRH zuständige Prüfer es bei der evangelischen Kirche doch einmal versuchen wollte, komplimentierte ihn Kunst mit einem Hinweis auf das Abkommen hinaus. Somit führte der BRH Prüfungen der Kirchen nur beim Ministerium durch, und zwar ohne Prüfung von Anschaffungsbelegen. Auch dieses Prüfungsverfahren war Hirt bekannt.

Offiziell standen dem Innerdeutschen Ministerium keine Haushaltsmittel zur Verfügung, die für Kautionszahlungen hätten benutzt werden können, wenn Straftaten in der DDR begangen wurden, die außerhalb des politischen Bereichs lagen und in der Bundesrepublik ebenfalls verfolgt worden wären. Dazu zählten beispielsweise Kautionszahlungen bei Verkehrsunfällen in der DDR. Franke unterrichtete darüber den Petitionsausschuß des Deutschen Bundestages unter

Leitung von Liselotte Berger am 3. Juni 1981. Wie schon erwähnt, standen der Bundesregierung auch keine Mittel zur Übernahme von Fluchthilfeforderungen zur Verfügung, wenn kommerzielle Fluchthelfer im Spiel waren. Ebenfalls standen offiziell keine Haushaltsmittel zur Gewährung von Start- oder Existenzgründungen an übergesiedelte oder geflüchtete DDR-Bürger zur Verfügung, da die Gewährung solcher Mittel gegen den Gleichheitsgrundsatz verstoßen hätte. Hirt war natürlich auch dieser Sachverhalt bekannt.

Bis 1977 wurden die Mittel für die erwähnten besonderen Bemühungen der Bundesregierung haushaltsmäßig nicht veranschlagt. Auf Antrag des Innerdeutschen Ministeriums wurden diese Mittel überplanmäßig bei Kapitel 2702 Titel 685 05, ab 1978 Titel 685 21, bereitgehalten. Beabsichtigt war, diese Mittel ausschließlich für die Kirchen zu verwenden. Obwohl dies nicht im Haushaltsplan stand, war es gängige Praxis und vor allem vom Haushaltsausschuß abgedeckt. Es sollte damit geheimgehalten werden, welche Summe die Bundesregierung bereit war, für besondere humanitäre Bemühungen gegenüber der DDR einzusetzen.

Am 25. Mai 1977 fällte das Bundesverfassungsgericht eine Entscheidung zur Befugnisbeschränkung des Bundesfinanzministeriums bezüglich überplanmäßiger Ausgaben nach Artikel 112 des Grundgesetzes. Der Finanzminister verlangte daraufhin eine Veranschlagung der Mittel für den Häftlingsfreikauf, die Familienzusammenführung sowie den Agentenaustausch beim Titel 2702-685 05. Das Innerdeutsche Ministerium wehrte sich vehement dagegen und lehnte 1978 eine Veranschlagung mit der Begründung ab, daß durch eine Mittelausweisung der DDR offengelegt würde, was die Bundesregierung bereit sei, dafür auszugeben. Zudem wurde argumentiert, daß diese Mittel nicht vorhersehbar seien und von politischen Gegebenheiten abhingen.

Ein Kompromiß war bald gefunden, indem vom Finanzministerium vorgeschlagen wurde, Mittel für die besonderen Bemühungen im Einzelplan 60 der allgemeinen Finanzverwaltung unter Kapitel 6002 Titel 685 01 einzustellen. Die Zweckbestimmung dieses Titels lautete: »Förderung von Hilfsmaßnahmen in Einzelfällen«. Erläuternd hieß es: »Der Bund sieht sich veranlaßt, in Einzelfällen Hilfe zu leisten.« Unverändert blieben somit die Mittel für den Häftlingsaustausch, die Familienzusammenführung und den Agentenaustausch im Kapitel 6002 Titel 685 01 enthalten, wobei allen Beteiligten klar war, daß die Mittel trotz der weit gefaßten Zweckbestimmung nur für die drei genannten Humanitärbereiche zur Verfügung stehen sollten. Ebenso klar war allen, daß die im Kapitel 2702 Titel 685 05, später 685 21, veranschlagten Mittel nur für Hilfsmaßnahmen in der DDR und nicht für den Häftlingsfreikauf etc. zu verwenden waren. Hirt war die Trennung der beiden Haushaltstitel in den Einzelplänen sowie die Unterschiedlichkeit ihrer Zweckbestimmung und der Unterschied der mit ihnen zu finanzierenden Maßnahmen bewußt. Ebenso die unterschiedliche Prüfungspraxis der Ausgaben aus diesen Titeln.

Mit den Mitteln, die im Kapitel 6002 Titel 685 01 eingestellt waren, befaßte sich auf parlamentarischer Ebene der »3er-Ausschuß«, ein Unterausschuß des Haushaltsausschusses des Bundestages wie der bereits genannte »8er-Ausschuß«. Dieser Ausschuß wurde am 20. Januar 1977 eingerichtet, um im Bereich der Ausgaben für den Häftlingsfreikauf und die Familienzusammenführung eine strengere Abgrenzung und Vertraulichkeit zu haben. Zu seinen ersten drei Mitgliedern gehörten Liselotte Berger (CDU), Albert Nehm (SPD) und Günter Hoppe (FDP). An seinen jährlich einmal stattfindenden Sitzungen nahmen neben den Mitgliedern noch der Prüfungsleiter des BRH sowie Franke und

Hirt teil. Das Kontrollrecht des Ausschusses wurde von der Vorsitzenden Berger in einem Schreiben vom 25. November 1981 gegenüber Franke ausdrücklich betont. Interessant in diesem Zusammenhang ist, daß die Verwendung der Mittel durch den BRH lediglich begrenzt geprüft wurde, was nach der Gesetzeslage so nicht vorgesehen war. Die Begrenzung beruhte wie im Bereich der Ausgaben für den Titel 2702-685 21 auf einer Vereinbarung. Weil Hirt über all diese Unzulänglichkeiten bestens informiert war, wollte er diese Mängel für sich nutzen, da darin die Möglichkeit bestand, sich unentdeckt erhebliche Barmittel zur eigenen Verwendung zu beschaffen. Wie heute bekannt ist, wollte er sich einerseits damit selbst bereichern. Mit dem anderen Teil wollte er, am Ministerium und Bundeshaushalt vorbei, Gelder zu Hilfsmaßnahmen verwenden, für die keine Haushaltsmittel des Bundes zur Verfügung standen.

Hirt wandte sich an den Berliner Rechtsanwalt Jürgen Stange und erklärte ihm, daß sein Ministerium einen Weg suche, Hilfe in besonderen humanitären Fällen zu leisten, die außerhalb der üblichen Vereinbarungen liegen würden. Das Ministerium dürfe jedoch aus Geheimhaltungsgründen nicht öffentlich in Erscheinung treten. Um das Vorhaben zu bewerkstelligen, werde Bargeld benötigt. Stange sagte umgehend seine Unterstützung zu und nannte den Direktor des Berliner Caritasverbandes, Heinz-Dietrich Thiel, als Ansprechpartner. Hirt war sich bewußt, daß sich die Kirchen und somit der DCV im Bereich der besonderen Bemühungen einsetzten und Vertraulichkeit wahrten.

Stange und Thiel waren befreundet, und so führte Stange das erste Gespräch gleich selbst, um Thiel das vorgeschobene Anliegen der »Ministeriumsleitung« zu unterbreiten. Um Bargeld aufzutreiben, erläuterte er Thiel im Einvernehmen mit Hirt, beabsichtige das Ministerium, dem DCV zu den bisher üblichen Überweisungen förmlich zusätzliche Mittel für materielle Leistungen in die DDR, vor allem zur Beschaffung von medizinisch-technischem Gerät, zu bewilligen. Aus diesen Geldern solle der DCV-Berlin dann auf Anforderung Stanges Barbeträge an ihn auszahlen. Zur Bekräftigung konstatierte Stange, daß Franke dem Vorschlag Hirts zugestimmt habe.

Hirt, Stange und Thiel war klar, daß für die Barzahlungen Rechnungen als Verwendungsnachweise über die Anschaffung von medizinisch-technischem Gerät aus anderen Mitteln gegenüber von Friesen und der Solidaris-Treuhandgesellschaft mbH vorgelegt werden mußten. Daher mußte Thiel dieses Vorhaben mit seinen engsten Mitarbeitern sowie dem Berliner Kardinal Alfred Bengsch besprechen. Zusätzlich mußten Vertrauensleute des Caritasverbandes in Ost-Berlin einbezogen werden. Thiel legte dar, daß es sich bei den besonders problematischen Fällen um politische Häftlinge und sehr schwierige Familienzusammenführungen handele, woraufhin Bengsch dem Lösungsweg zustimmte.

Um die zusätzlichen Gelder und die daraus zu entnehmenden Barzahlungen in der Buchführung des DCV vollkommen getrennt zu behandeln, sprach Thiel mit seiner Buchhaltung ab, die zusätzlich bewilligten Mittel auf einem gesonderten Konto zu verbuchen und die Barauszahlungen an Stange wiederum als Gegenbuchung dazu vorzunehmen. Nachdem dies alles geregelt war, unterrichtete Hirt seinen Minister Franke in dessen Dienstzimmer, daß die Kirchen einspringen würden, was Franke, der die Zusammenhänge angeblich nicht kannte, so auffaßte, daß nunmehr Bitten um Hilfeleistungen in den Fällen, in denen der Bund aus den beschriebenen Gründen offiziell keine Mittel zur Verfügung stellen konnte, direkt an die Kirchen weitergeleitet und dort in »eigener Zuständigkeit« erledigt würden.

Der Verwendung der Mittel in dem Sinne, wie Hirt sie vorgetragen habe, soll Franke zugestimmt und sie politisch ausdrücklich gebilligt haben. Bei Vorträgen Franke gegenüber habe es ausgereicht, erinnerte sich Hirt, darauf hinzuweisen, in welchem Fall sich eine Lösung anbahnte und welcher Betrag dazu fällig sei. Franke soll dann zu Hirt gesagt haben: »Dann machen Sie. Nicht so viel reden, erledigen Sie.«

Anläßlich eines ersten persönlichen Gesprächs, das Thiel mit Hirt und Stange im März 1979 in Bonn führte, wurde auch darüber gesprochen, was mit den Geldern geschehen solle, die nicht durch Barauszahlungen an Stange verbraucht würden. Vereinbart wurde, daß der DCV diese Mittel entsprechend dem Verwendungszweck zur Anschaffung medizinisch-technischer Geräte verbrauchen könne. Thiel erfuhr in diesem Gespräch nichts davon, daß die Gelder letztendlich wieder an Hirt zurückfließen sollten. Von der mit Hirt getroffenen Vereinbarung über die Zuwendung von zusätzlichen Mitteln und den daraus vorzunehmenden Barauszahlungen an Stange berichtete Thiel dem Leiter des Prüfungsamtes des Verbandes der Diözesen Deutschlands (VDD) im Oktober 1980 allerdings nur in groben Umrissen. Dieser unterrichtete wiederum seine kirchlichen Vorgesetzten, und die veranlaßten, daß Thiel alles schriftlich niederzulegen hätte, was mit der Hirt-Vereinbarung zusammenhing. Einen entsprechenden Vermerk fertigte Thiel jedoch erst am 29. September 1982 in Kurzform und eine ausführliche Darstellung gar erst am 8. März 1983 an, also zu einem Zeitpunkt, da der Ballon bereits geplatzt war.

Am 29. Dezember 1978 beantragte der DCV beim Innerdeutschen Ministerium· für das Haushaltsjahr 1979 eine Bundeszuwendung von rund 13,5 Millionen DM, um die Hilfsmaßnahmen in der DDR sowie den ost- und südosteuropäischen Staaten fortsetzen zu können. Der Globalantrag war in 10 Hauptpositionen gegliedert. Auf diesen Antrag hin bewilligte das Ministerium – auf Veranlassung von Hirt – mit Bescheid vom 20. März 1979 einen Bundeszuschuß bis zur Höhe von 4.536.000 DM. In dem vom Parlamentarischen Staatssekretär Heinz Kreutzmann unterzeichneten Bescheid wurde dargelegt, daß die Zuwendung gegenüber 1978 um 700.000 DM höher liege und darum gebeten werde, diesen Steigerungsbetrag ausschließlich für Vorhaben in der DDR einzusetzen.

Hirt schickte am 22. März 1979 eine Kopie dieses Bescheides zur Kenntnisnahme an Thiel, der die Mehrbewilligung – wie von Hirt gewollt – als zusätzlichen Betrag gemäß der mit Stange und Hirt getroffenen Vereinbarung ansah. Die Buchhaltung des DCV verbuchte deshalb 400.000 DM dieser Summe auf das Konto F 927 und 300.000 DM auf das Konto F 926. Das Konto F 927 war extra eingerichtet worden, um die »Sonderzuwendungen« des Bundes gegenüber den »normalen« Bundeszuwendungen abzugrenzen und auch getrennt von F 926 (Medizin-Technik) zu führen. Auf F 927 nahm der DCV 1979 noch weitere Buchungen von insgesamt 2.100.000 DM vor.

In diesen Bescheiden wurde mit Ausnahme des Bescheides vom 21. Dezember 1979 (es handelte sich dabei sowieso nur um einen Teilbetrag aus einer Bewilligungssumme von 305.490 DM) stets Bezug auf Besprechungen zwischen Hirt und Thiel genommen. Bis auf den Bescheid vom 21. Dezember 1979 wurden alle von Hirt persönlich unterschrieben, denn als Abteilungsleiter im Ministerium konnte er über Bewilligungen bis zur Höhe von 1.000.000 DM verfügen. Der zuständigen Referatsleiterin von Friesen gegenüber gab Hirt stets mündlich und wahrheitswidrig vor, daß Thiel bei ihm gewesen sei und ihm mitgeteilt hätte, daß er Geld für medizinisch-technisches Gerät benötige. Weder wurde darüber ein Schriftwechsel geführt, noch gab Hirt gegenüber von Friesen eine Begründung für die zusätzlichen Mittel an. Obwohl in ihrem Referat bekannt war, daß Krankenhäuser in der DDR dringend auf Geräte angewiesen waren, wurden die von Hirt vorgegebenen Zuschußwünsche Thiels für von Friesen immer undurchschaubarer. Deshalb betonte ihr Referat bei Anfragen auch stets, daß nicht bekannt wäre, was hinter diesen Bewilligungen stehe, und dies somit alleinige Sache von Hirt sei. Die Zuschußbeträge überwies das Ministerium auf das Konto des DCV-Freiburg, von dort wurde es auf das Konto des DCV-Berlin weitergeleitet.

Von den 1979 zusätzlich erfolgten Bezuschussungen in Höhe von 2.100.000 DM zahlte der DCV-Berlin auf Abruf Stanges im Jahre 1979 1.900.000 DM gegen Quittung bar aus. Geldbote waren entweder Stange selbst, seine Ehefrau Antonie Stange oder Stanges Bürovorsteher Herbert Taubert. 1980 flossen weitere Zusatzbewilligungen des Ministeriums an den DCV in Höhe von 2.995.000 DM. Alle Bescheide trugen Hirts Unterschrift und wurden in Durchschrift und mit Anschreiben vom selben Tag an Thiel geschickt. Aus dieser Summe zahlte der DCV dann in bewährter Manier an Stange oder einige seiner Mitarbeiter im Jahr 1980 insgesamt 1.450.000 DM aus. 1981 wurden erneut 2.450.000 DM an Zuschüssen des Innerdeutschen Ministeriums an den DCV transferiert und auf dem Konto F 27 gebucht. Per Dezember 1981 gab es einen weiteren Zuschuß in Höhe von 350.000 DM, der, obwohl den Vermerk einer Besprechung zwischen Thiel und Hirt enthaltend, nicht auf F 27, sondern auf Konto F 26 beim DCV verbucht wurde. Das Büro Stange holte sodann 1981 insgesamt 950.000 DM bar beim DCV ab, wobei die Geldbotinnen einmal die damals bei Stange beschäftigte Rechtsanwältin Barbara von der Schulenburg war, ansonsten Stanges Ehefrau Antonie Stange. Im letzten Jahr der zweifelhaften Geschäfte, also 1982, erfolgten nochmals zusätzliche Bewilligungen an den DCV von insgesamt 2.750.000 DM. Die Bescheide waren wie stets zweckgebunden für die Anschaffung von medizinisch-technischem Gerät und sämtlich von Hirt unterzeichnet. Interessant ist dabei die Unterzeichnung der Bewilligung vom 28. Mai 1982, denn gemäß Geschäftsordnung waren beim Innerdeutschen Ministerium Abteilungslciter – also Hirt – lediglich bis zu einem Betrag von 1.000.000 DM verfügungsberechtigt. Das Büro Stange holte von diesen »Zusatzmitteln« 1982 insgesamt 1.260.000 DM ab. Sämtliche hier genannten Gelder, die der DCV bar an Stange bzw. dessen Mitarbeiter ausbezahlte, gingen (mit Ausnahme von 60.000 DM vom 27. März 1979) umgehend an Hirt zurück. Entweder nahm sie Hirt anläßlich eines Berlin-Aufenthaltes persönlich mit, oder Stange bzw. dessen ausgewählte Mitarbeiter überbrachten sie Hirt nach Bonn. Quittungen auf Gegenseitigkeit bezüglich der Geldübergabe wurden grundsätzlich nicht ausgestellt. Im Ministerium hatte niemand – Hirt natürlich ausgenommen – eine Ahnung von den Bargeldrückflüssen.

Vor Gericht gab Hirt an, daß er nicht wisse, wie Stange die Geldabholung bei Thiel vornahm, auf jeden Fall seien ihm die Einzelsummen jeweils von Stange oder einem seiner Mitarbeiter in einem Umschlag nach Bonn gebracht worden. Nachgezählt wurde nicht, da hier keine Buchhaltung notwendig gewesen sei. Das Geld habe Hirt dann unmittelbar an die entsprechenden »Emissäre«, wie z. B. Diplomaten von rumänischen, polnischen oder bulgarischen Vertretungen in Bonn, weitergereicht. Dies sei in der Regel im Bonner Hotel »Steigenberger«, der Autobahnraststätte »Im Eichkamp« zwischen Bonn und Köln oder im Bad Godesberger Restaurant »Cäcilienhöhe« erfolgt. Quittungen seien dabei natürlich nicht ausgestellt worden.

Die genannten 60.000 DM wurden von Stange an Rechtsanwalt Vogel weitergeleitet, um damit zur Wiedergutmachung eines von einem Bundesbürger in der DDR verursachten Schadens beizutragen und damit eine Bewährungsstrafe zu ermöglichen. Vor dem Bonner Landgericht bestätigte Vogel 1986 als Zeuge die Entgegennahme und Weiterleitung der Summe an seine »Koordinationsstelle«. Die übrigen 26 Bargeldzahlungen des DCV an Stange konnten vor Gericht keiner konkreten Fallösung zugeordnet werden. Allerdings wurde in vier Anliegen nicht mit Sicherheit ausgeschlossen, daß Gelder, die über Stange an Hirt zurückflossen, Verwendung für ähnliche Fälle fanden.

Mit den beim DCV verbliebenen »Überschußmitteln« von 1979 bis 1982 wurden auch Schulden von freigekauften Häftlingen getilgt, die diese in der DDR hatten. Mitte 1979 wandte sich Stange an Thiel und berichtete ihm, daß viele entlassene DDR-Häftlinge Schulden hätten, die sich aus Unterhaltsverpflichtungen, Ratenkäufen usw. rekrutierten. Thiel sollte über Stange sogenannte »Schuldenblätter« erhalten, die von Rechtsanwalt Vogel erstellt worden seien. Das Innerdeutsche Ministerium wäre einverstanden, so Stange zu Thiel, wenn die in diesen Blättern verzeichneten Schulden aus den zusätzlich bewilligten Mitteln an den Caritas-Direktor in Ost-Berlin, Roland Steinke, überwiesen würden und dieser sie zur Tilgung der Schulden an Vogel weiterreiche. In einem weiteren Gespräch bestätigte Hirt diese Verfahrensweise gegenüber Thiel. Nachdem so verfahren wurde, änderte sich später der Modus. Zwischen 1979 und dem 28. Februar 1983 wurden durch den DCV-Berlin aus den zusätzlich bewilligten Mitteln 1.536.523,24 DM zur Schuldenregulierung in der DDR aufgebracht.

Aus den genannten zusätzlichen Mitteln wandte der DCV zwischen 1979 und 1983 weiterhin noch 776.089,58 DM für Honorare, Kautionen und Kosten für kulturelle Hilfen sowie Hilfen für Behinderte und sonstige Hilfen auf. Für den eigentlichen Zweck, nämlich die Anschaffung von medizinisch-technischem Gerät für katholische Krankenhäuser in der DDR, wurden zwischen 1979 und 1982 2.086.600,19 DM aus diesen Mitteln aufgewandt. Ende 1982 ergab sich aus den zusätzlich bewilligten Bundesmitteln noch ein Überschuß in Höhe von 437.226,98 DM beim DCV.

Interessant ist in diesem Zusammenhang, daß die Staatsanwaltschaft Bonn mit Verfügung vom 14. März 1984 gemäß § 154 der Strafprozeßordnung von einer Strafverfolgung Hirts und des Mitangeklagten Franke absehen wollte, wenn sich nachweisen ließe, daß der DCV aus den zusätzlichen Bundesmitteln Schulden für politische Häftlinge in der DDR getilgt hatte.

Bleibt zu fragen, weshalb im Ministerium selbst dieser Betrug unentdeckt bleiben konnte, obwohl die Hirtschen Transaktionen zumindest im Referat von Friesen Bauchschmerzen auslösten. Die Lösung dürfte relativ einfach sein: Auf Veranlassung Hirts wurde regelmäßig mit Belegen für den Ankauf von medizinisch-technischem Gerät aus kircheneigenen Mitteln des Verbandes der Diözesen Deutschlands (VDD) abgerechnet. Der DCV-Berlin benutzte für den Nachweis der Verwendung der zusätzlichen Bundesmittel Originalbelege. Diese beizubringen war möglich, weil dem DCV-Berlin auch Mittel des VDD für die Versorgung der katholischen Krankenhäuser in der DDR mit medizinisch-technischem Gerät zur Verfügung standen und dem VDD über die Verwendung dieser Mittel keine Originalbelege vorgelegt werden mußten. Diese konnten somit geschickt für die Kontrollen des Referats von Friesen benutzt werden.

Das Konto F 27 des DCV-Berlin blieb von Friesen übrigens verborgen.

Dennoch müssen sich das Ministerium und der Bundesrechnungshof die Frage gefallen lassen, ob den Revisionspflichten genügt wurde. Entsprechende Fragen sollten sich natürlich auch die Oberen der katholischen Kirche und des DCV sowie deren Prüfungseinrichtungen stellen. Ebenso sollte sich Franke fragen, ob es richtig war, daß er sich aus Zuständigkeitsfragen im Ministerium heraushielt und diese einem einerseits überforderten, andererseits korrupten, in die eigene Tasche wirtschaftenden Beamten überließ. So mutete es doch eher anachronistisch an, als Franke später feststellte, daß er von Hirt nicht nur enttäuscht sei, sondern sich von diesem auch getäuscht sehe.

Schließlich gab es in der Ära Franke/Hirt noch einen weiteren weißen Fleck um Rechtsanwalt Stange. Dieser war zwar seit Anfang der sechziger Jahre im Rahmen der besonderen humanitären Bemühungen für die Bundesregierung tätig, besaß dazu jedoch kein offizielles Mandat des Bundes, sondern quasi ersatzweise eines der Kirchen. Die Aufwendungen dafür trug allerdings die Bundesregierung. Dies änderte sich, als die Bundesrepublik, vertreten durch das Innerdeutsche Ministerium, mit ihm einen vom 1. Januar 1977 an geltenden Mandatsvertrag bis zum 31. Dezember 1977 abschloß, der sich, falls keine andere Vereinbarung notwendig wurde, jährlich verlängerte.

Neben einem beträchtlichen Honorar wurden Stange »sonstige notwendige Auslagen«, die im Zusammenhang mit politischen Häftlingen und Familienzusammenführungen standen, und die Mehrwertsteuer durch gesonderte vierteljährliche Abrechnung erstattet. Eine Besprechungsrunde des Ministeriums, an der auch Hirt teilnahm, einigte sich, daß Stange ab 1. Oktober 1977 getrennt von den genannten

Auslagen vierteljährlich »zusätzlich notwendige Auslagen« gegenüber dem Ministerium abrechnen dürfe.

Es sollte sich dabei um Auslagen handeln wie die durch die Überführung von politischen Häftlingen, kurzfristig bekannt gewordene Zahlungsverpflichtungen in der DDR oder die Gewährung von kleinen Übergangshilfen. Aus Geheimhaltungsgründen konnte Stange dafür angeblich keine Belege erbringen. Jährlich sollte die Summe 15.000 DM nicht übersteigen, allerdings entwickelte sich der »Sonderauslagenbetrag« rasch nach oben. Für 1978 rechnete Stange 12.512 DM ab, 1980 aber bereits 67.600 DM. Deshalb wurde der Jahresbetrag 1981 auf 60.000 DM angehoben, aber schon im selben Jahr rechnete er 107.100 DM ab und 1982 den Rekordbetrag von 556.200 DM. Aufgrund einer Sitzung des »3er-Ausschusses« vom 1. Dezember 1981 vermerkte Hirt in einem Protokoll: »Der für Herrn Stange zur Verfügung stehende vierteljährliche Betrag von 15.000 DM, der nicht nachweispflichtig ist und möglicherweise nicht ausreicht – Erfahrungswert –, wird durch MD Hirt erklärt mit Vorgängen kurz vor der Haftentlassung und Übersiedlung für noch vorhandene Verpflichtungen. Es besteht Einvernehmen und Zustimmung.«

Die Bundesregierung, vertreten durch den neuen innerdeutschen Staatssekretär Rehlinger, kündigte Stanges Mandatsvertrag durch Schreiben vom 29. August 1983 mit sofortiger Wirkung. Der Anlaß dafür waren von Stange abgegebene anwaltliche Versicherungen im Zusammenhang mit den »zusätzlichen notwendigen Auslagen«, wobei es sich konkret um Abrechnungen in Höhe von 460.000 DM handelte, auf die noch gesondert eingegangen wird. Nach der fristlosen Kündigung fanden Stange und das Ministerium jedoch eine Einigung bezüglich der Beendigung des Mandatsverhältnisses.

Bei den vier Fällen, denen das Landgericht Bonn während der Verhandlung 1986 nicht hinreichend absprechen wollte, daß Hirt tatsächlich Gelder aus den DCV-Sonderzuschüssen für humanitäre Zwecke verwandt hatte, handelt es sich um sehr unterschiedliche Anliegen und Beträge:

Ein am 10. Mai 1971 in der DDR festgenommener Mann wurde am 29. Dezember 1971 vom Militärobergericht in Ost-Berlin wegen Agententätigkeit für den Bundesnachrichtendienst zu lebenslanger Haft verurteilt, jedoch bereits am 19. Dezember 1973 im Rahmen einer Austauschaktion in die Bundesrepublik entlassen. Stange hatte auf Veranlassung Hirts an diesen Mann am 2. April 1979, fünfeinhalb Jahre nach dessen Austausch, einen Betrag von 20.000 DM ausbezahlt und angeblich die gleichgroße Summe mit Zustimmung Hirts für sich behalten. Das Bargeld war zuvor beim DCV-Berlin abgefordert worden. Auf diesen Fall stieß das Gericht durch eine Eingabe der Tochter des Mannes vom 12. März 1986 bei der Staatsanwaltschaft Bonn. Den ausbezahlten Betrag von 20.000 DM hatte Stange im Rahmen seiner »sonstigen notwendigen Auslagen« 1979 gegenüber dem Ministerium nicht geltend gemacht.

Ein weiterer ungeklärter Fall ist das Anliegen des Arztes Dr. Erhard Becher, der am 5. Oktober 1979 in die Bundesrepublik ausreiste. Becher, der als Oberarzt einer Klinik in Ost-Berlin tätig war, korrespondierte mit einem Pharmaunternehmen in Westdeutschland, aufgrund dessen gegen ihn ein Disziplinarverfahren eingeleitet wurde. Daraufhin beantragte er am 11. Juli 1978 seine Entlassung aus der Staatsbürgerschaft der DDR, also seine Ausreise, um noch am selben Tag seine Stellung als Oberarzt zu verlieren. Einen Polenbesuch nutzte er, um am 13. September 1978 in der Botschaft der Bundesrepublik in Warschau vorzusprechen, damit sichergestellt war, daß seine in Westdeutschland lebenden Verwandten in Kenntnis gesetzt würden und sich somit bei einer Verhaftung bundesdeutsche Stellen für ihn einsetzten.

Auf diesem Weg erfuhr die Bundesregierung von Becher und seiner Situation und konnte ihn so Ende 1978 in die besonderen Ausreisebemühungen einbeziehen. Nach der ungewöhnlich kurzen Verfahrenszeit von einem guten Jahr traf er in der Bundesrepublik ein, obwohl Übersiedlungswünsche von Ärzten zur damaligen Zeit als fast »unlösbar« galten. Nicht auszuschließen ist, daß sich Wehner und Hirt fördernd für das Anliegen einsetzten.

Der Fall Becher kam vor Gericht auch eher zufällig zur Sprache, und zwar durch die Vernehmung einer Zeugin in der Angelegenheit einer Ärztin, die in der gleichen Klinik wie Becher in Ost-Berlin gearbeitet hatte. Hirt, der an Becher keine konkrete Erinnerung haben wollte, aber mutmaßte, daß er diesen Fall aus einer Gesprächsrunde mit dem Bundeskanzler kennen könnte, wollte vor Gericht dann doch glauben machen, daß das Anliegen nur durch einen hohen Bargeldbetrag an die DDR lösbar wurde. Seltsam daran scheint zunächst, daß Hirt diesen Fall nicht selbst zu seiner Entlastung bei Gericht zu Gehör brachte. Immerhin kam das Landgericht Bonn 1986 zu der Auffassung, daß nicht auszuschließen sei, daß für Becher aus den DCV-Mitteln über die Schiene Hirt, Stange und Vogel bis zu 400.000 DM an die DDR geflossen seien. Nachdem die Sache nun einmal auf dem Tisch war, meinte Hirt sogar, daß für Becher ein höherer Geldbetrag über Stange an Vogel zur Weiterleitung in die DDR geflossen sei. Bei Gericht reichte Hirt einen Hilfsbeweisantrag ein, um Vogel in der Sache als Zeugen zu vernehmen. Dieser erschien jedoch zum einen deshalb nicht, weil er nochmals vor Gericht erscheinen wollte, und zum anderen, weil ihm die DDR angeblich keine Zustimmung dafür geben wollte.

Einiges spricht für und anderes gegen diese Darstellungen. Zum Beispiel steht fest, daß Becher anläßlich seiner Übersiedlung nicht über eine gewöhnliche Ausreiseliste gegenüber der DDR abgerechnet wurde, da er im Referat Plewa des Innerdeutschen Ministeriums auf einer solchen nicht verzeichnet war, sondern lediglich auf einer vorangegangenen Genehmigungsliste. Aufgrund einer solchen Liste bezahlte die Bundesregierung aber nicht, da nach der Devise »erst die Ware, dann das Geld« gehandelt wurde. Vogel bestätigte den Sachverhalt am 7. November 1986 gegenüber Plewa und fügte hinzu, daß sich auf der bei ihm befindlichen Karteikarte für Becher die Eintragung »S« für »Sonderfall« und »Hirt« befände. Wenn es sich tatsächlich – wie von Hirt behauptet – um eine Barzahlung gehandelt hätte, müßte der Eintrag aber »S« und »bar« lauten. In diesem Zusammenhang sollte die Frage gestattet sein, was wohl bei den bisherigen Geschehnisabläufen der Unterschied zwischen »Hirt« und »bar« ist. Zudem teilte Vogel mit, daß sich für das Anliegen Herbert Wehner und Hirt offiziell eingesetzt hätten, weshalb kein Zusammenhang zu den in Rede stehenden Barzahlungsäußerungen Hirts bestünde. Fest steht auf jeden Fall, daß die Bundesregierung für ausgereiste Personen, die nicht auf einer von der DDR erstellten »Ausreiseliste« standen, keine finanziellen Gegenleistungen erbrachte. Weshalb im Fall Becher keine offizielle Leistung gefordert wurde, dürfte das Geheimnis der DDR bzw. Wolfgang Vogels sowie seiner »Koordinierungsstelle« und vielleicht Edgar Hirts bleiben.

Interessant bleibt, weshalb Hirt ausgerechnet an Becher keine Erinnerung haben wollte, denn mit ihm verband ihn bis zu dessen Tod Anfang 1992 eine durchaus enge Freundschaft. So soll Becher von Hirt nach erfolgter Ausreise eine finanzielle Starthilfe erhalten haben. Über einen Hilfsbeweisantrag Hirts im Fall Becher hat das Bonner Landgericht nicht mehr entschieden. Wichtig wäre dies schon deshalb gewesen, weil unzählige Unterlagen der damaligen Zeit spurlos verschwunden sind. Ludwig Rehlinger berichtete in seinem Buch über die seinerzeitigen Gegebenheiten im Innerdeutschen Ministerium, daß viele Spuren nicht mehr verfolgbar seien, »da die Vorgänge Jahre später unter der Ägide von Bundesminister Egon Franke auf Weisung seines Vertrauten, des Ministerialdirektors Edgar Hirt, aus nicht genannten und mir unerfindlichen Gründen samt und sonders vernichtet worden sind«[1]. Weshalb Hirt diese Weisung erließ, wird bei Betrachtung des bisher geschilderten Sachverhaltes sicherlich schlüssig. Lästige Beweise wurden eben gar nicht erst archiviert oder aber rechtzeitig vernichtet, und Franke machte sich schließlich nichts aus Papier.

Jahre nach Bechers Ausreise schloß sich noch ein Ausreiseverfahren enger Angehöriger von ihm an, das sich sehr aufwendig und schmerzlich gestaltete. Viele westliche Stellen richteten Appelle an Vogel, in diesem Fall Hilfe und Unterstützung zu geben, allen voran das Büro Hans-Jochen Vogel in Bonn und das Anwaltsbüro Kürfürstendamm 36 in Berlin, wobei natürlich stets der Name Becher auftauchte. Dennoch zog sich das Anliegen für alle Beteiligten übermäßig lange und teilweise tragisch hin. Letztlich wurde dann eine Lösung gefunden.

Auch Wolfgang Vogel hat offenbar Schwierigkeiten, sich an den Namen Becher zu erinnern, obwohl allseits sein phänomenales Gedächtnis (vornehmlich für Namen) gelobt wird. Aber auch die, die der Affäre Franke/Hirt eher kritisch gegenüberstanden, geben sich nicht gerade auskunftsfreudig. So schrieb Rehlinger 1991 in einem Brief auf die Frage, weshalb in seinem Buch über Hirt so wenig nachzulesen sei, folgendes: »Über Edgar Hirt habe ich das geschrieben, was rechtlich zulässig war.«[2]

Im Falle eines Arztes der Augenheilkunde, der am Regierungskrankenhaus in Ost-Berlin angestellt war und 1979/80 in die Bundesrepublik übersiedelte, wollte das Landgericht Bonn ebenfalls nicht ausschließen, daß Hirt einen Betrag zwischen 20.000 DM und 30.000 DM als Starthilfe aus den DCV-Zuschüssen aufbrachte. Erwähnung fand ein solcher nicht näher modifizierter Fall in einer Sitzung des »3er-Ausschusses« vom 9. und 11. Februar 1983, als Hirt dort aussagen mußte.

Der letzte der vier Fälle, bei denen die Kammer des Landgerichts Bonn nicht ausschließen wollte, daß Hirt 100.000 DM aus den zu ihm zurückgeflossenen Bargeldern verwendet hat, ist der Fall des Fluchthelfers Hans-Michael Mücke. Er war am 19. Dezember 1979 in der DDR festgenommen und am 13. Mai 1980 wegen »staatsfeindlichen Menschenhandels« gemäß § 105 des Strafgesetzbuches der DDR zu neun Jahren Freiheitsstrafe verurteilt worden. Mücke, der für eine Fluchthilfeorganisation tätig war, wurde am 17. Dezember 1981 im Rahmen besonderer Bemühungen der Bundesregierung um politische Häftlinge in die Bundesrepublik entlassen. Da seine Entlassung als »Sonderaktion« erfolgte, wandte die Bundesregierung für ihn den doppelten Satz des sonst üblichen Betrages von 95.847 DM auf, der dann über den sogenannten Warentransfer der Kirche an die DDR geleistet wurde.

Eine zusätzliche Zahlung Hirts in diesem Fall wollte das Gericht lediglich deshalb nicht ausschließen, weil Stange am 16. April 1980 100.000 DM beim DCV-Berlin bar abholte und auf dem von ihm unterschriebenen Quittungsvordruck handschriftlich den Namen »Mücke« vermerkte. Das Gericht drückte bei dieser, Hirt vermutlich zu Unrecht begünstigenden Auslegung wahrlich beide Augen zu, denn außer der handschriftlichen Anmerkung Stanges sprach nichts für Hirt. Erstens gehörte Mücke einer Fluchthilfeorganisation an, und von solchen distanzierten sich Franke wie auch Hirt, und zweitens bekundete Vogel vor Gericht, daß er von den in Rede stehenden Geldbeträgen bis auf die Zahlung in Höhe von 60.000 DM nichts erhalten habe. Bekräftigend fügte er hinzu, daß nichts an ihm vorbeigelaufen sei. Das Gericht argumentierte, daß der für Mücke angeblich aufgewandte Betrag einer Kautionsleistung gleichzustellen sei.

Eigentlich spricht wenig bis nichts dafür, daß Hirt Gelder, die aus den »DCV-Mitteln« bar an ihn zurückflossen, für humanitäre Belange in der DDR oder anderen Ostblockstaaten eingesetzt hat. Insgesamt flossen 5,56 Millionen DM an ihn zurück, dazu müssen nochmals 460.000 DM hinzugerechnet werden, die er an Stange auf dem Weg von »Sonderauslagenerstattung« in drei Teilbeträgen auf dessen Konto überweisen ließ. Angeblich soll das Geld im Rahmen eines Agentenaustauschs an südafrikanische Emissäre ausgehändigt worden sein. Während Stange sagte, er habe das Geld nach Eingang auf seinem Postscheckkonto abgehoben und bar an Hirt ausgehändigt, schrieb Hirt am 3. Dezember 1982 an Rehlinger, daß Stange ihm bestätigt hätte, er habe die im Auftrag des Ministeriums eingegangenen Verbindlichkeiten erfüllt, also das Geld an ihn aufgegebene Stellen weitergeleitet. Danach bestätigte Stange telefonisch gegenüber Rehlinger, daß er das Geld tatsächlich auf Weisung Hirts anderen Empfängern zugestellt habe. Der Fall war nunmehr eine Sache für den »3er-Ausschuß«. In seiner Sitzung vom 10. Dezember 1982 beschloß er, den Bundesrechnungshof mit einer Sonderprüfung der Sonderzahlungen des Jahres 1982 an Stange in Höhe von 556.200 DM zu beauftragen. Die Aufkündigung des Mandates der Bundesregierung für Stange am 29. August 1983 nahm somit ihren Lauf.

Ende Oktober 1982 wurde dem Caritas-Direktor Thiel mitgeteilt, daß ihn der Amtsnachfolger des in den einstweiligen Ruhestand versetzten Hirt wegen der besonderen Mittel sprechen wolle. Daraufhin rief Thiel zunächst Hirt an und fragte ihn, was er sagen solle. Angeblich ging Thiel davon aus, daß Hirt seinen Nachfolger bereits informiert habe. Hirt meinte aber lediglich, daß Thiel den Nachfolger an ihn verweisen solle. Kurze Zeit später, am 19. November 1982, führte Rehlinger anläßlich eines Berlin-Aufenthaltes ein Gespräch mit Thiel. Rehlinger hielt später dazu fest: »Dabei fragte er mich dann auch, ob Bundesminister Barzel und ich an der bisherigen Handhabung festhalten würden, daß Beträge, die der Caritasverband vom Bundesministerium für innerdeutsche Beziehungen erhalten hätte, von ihm, dem Verband, wieder in bar an das Haus zurückgegeben werden sollten. Ich verstand zunächst den Sinn seiner Worte nicht. Alles in mir sträubte sich gegen den Gedanken, der hinter seinen Sätzen stehen konnte. So fragte ich tief erschrocken zurück, ob er damit wirklich meine, daß er, Thiel, Gelder, die das Ministerium für karitative Zwecke dem Verband zur Verfügung gestellt habe, in bar wieder zurückübermittelt habe? Thiel bejahte meine Frage und zeigte sich nun seinerseits bestürzt und beunruhigt darüber, daß ich offenbar von dem Vorgang keine Kenntnis hatte, was nur bedeuten konnte, daß in den Akten keine Notiz verzeichnet war, also hier möglicherweise sich etwas Ungeheuerliches abgespielt hatte.«[3]

Ob sich das ungeheuerliche Spiel tatsächlich erst anläßlich dieses Gesprächs offenbarte, sei dahingestellt, denn schließlich hatte Thiel dem Hirt-Nachfolger bereits am 2. November 1982 über die zusätzlichen Bewilligungen berichtet. Unter Umständen hat er aber auch nicht alles berichtet.

Jedenfalls kam ab da der Fall eines veruntreuenden und betrügenden Spitzenbeamten ans Tageslicht, der von seinem Minister an der ganz langen Leine geführt wurde. Nachdem der »3er-Ausschuß« trotz zäher Befragungen Frankes und Hirts nicht aufklären konnte, wo die Millionenbeträge geblieben sind, bekam die Bonner Staatsanwaltschaft auf Antrag von Frankes Amtsnachfolger Barzel ab Februar 1983 viel zu tun und erkannte alsbald, daß Hirt in 27 Fällen Beträge zwischen 10.000 DM und 700.000 DM vom Caritasverband in Berlin zurückgefordert hatte. Anklage erhob sie nicht nur gegen Hirt wegen fortgesetzter Untreue und Urkundenunterdrückung, sondern auch gegen Franke, dessen parlamentarische Immunität dazu aufgehoben werden mußte. Franke legte dar, daß er seinem Mitarbeiter für die humanitären Hilfen in schweren Notfällen freie Hand gegeben hätte, und übernahm dafür die politische Verantwortung. Wörtlich fügte er hinzu: »Jeder kann sich darauf verlassen: Keine Mark von Staatsgeldern ist in meine private Tasche geflossen.«[4]

Vor dem Bonner Landgericht, das ihn 1986 freisprach, meinte Franke, daß er von den Bargeldverfügungen Hirts ebensowenig wußte wie von dessen Vereinbarungen mit Thiel. Von Hirts schwarzer Kasse will er erst im Februar 1983 durch den »3er-Ausschuß« erfahren haben. Seltsam daran ist, daß sein Nachfolger Barzel ihm bereits am 7. Dezember 1982 einen ausführlichen Brief schrieb, in dem er festhielt, daß auf Veranlassung Hirts Gelder an den DCV überwiesen und diesem über Stange in bar wieder zur Verfügung gestellt wurden. Das Schreiben will Franke erst am 20. September 1983 von Hirt erhalten und zur Kenntnis genommen haben. Ungeachtet dessen antwortete Franke seinem Nachfolger Barzel am 15. Dezember 1982 unter Bezugnahme auf das Schreiben vom 7. Dezember 1982 und stellte dabei fest, daß die genannten Mittel ausnahmslos für humanitäre Zwecke Verwendung fanden und in jedem Einzelfall die Entscheidung von ihm, Franke, getroffen worden sei. Dieser Antwortbrief soll von Hirt verfaßt und von Franke ohne Vorlage des Barzel-Schreibens routinemäßig unterschrieben worden sein. Diese Version klingt nicht nur kurios, sie ist es auch: Ein im Oktober 1982 aus dem Amt geschiedener Bundesminister erhält von seinem Amtsnachfolger einen Brief mit Datum vom 7. Dezember 1982, und der ebenfalls im Oktober 1982 durch einen Nachfolger ersetzte Ministerialdirektor Hirt soll diesen Brief in Händen gehabt und bis zum 20. September 1983 unterdrückt haben. Dazwischen beantwortet der Minister diesen Brief aber noch schnell »unwissentlich« am 15. Dezember 1982. Das klingt wie eine Geschichte aus »Tausendundeiner Nacht«.

Stange hatte vor Gericht als Zeuge bekundet, daß Franke von Beginn an gewußt habe, daß Bargeld über den DCV und ihn an Hirt zurückfließen sollte. Franke habe solche Geldübergaben sogar miterlebt. Da Stanges Aussagen aber nicht frei von Widersprüchen waren, wurde ihm nicht geglaubt, und das Gericht gelangte zu der Überzeugung, daß Franke die Einrichtung und Nutzung einer schwarzen Kasse verborgen blieb. Franke, der zwar lange Zeit glänzend die pragmatisch-konservative Gruppe der sogenannten »Kanalarbeiter« in der SPD-Fraktion angeführt hatte, aber mit der Führung seines Ministeriums offensichtlich überfordert war, verließ das Gericht als freier Mann.

Als einziger blieb Hirt vor Gericht auf der Strecke. Da der Bundesrepublik durch seine Täuschungshandlungen ein Schaden von 6,02 Millionen DM entstand, wurde Hirt wegen Untreue und Betruges zu dreieinhalb Jahren Gefängnis verurteilt. Das Gericht war durchaus milde, denn die Strafe hätte auf fünf Jahre ausgedehnt werden können. Der Straftatbestand der Urkundenvernichtung wurde fallengelassen, da nicht festzustellen war, welche Unterlagen mit Urkundencharakter letztendlich vernichtet wurden. Zudem billigte das Gericht Hirt zu, daß er die Hälfte des erschwindelten Geldes, also 3,01 Millionen DM, nicht eigennützig verwendet, sondern hilfreich eingesetzt habe.

Anmerkungen

1 Ludwig A. Rehlinger: Freikauf, a. a. O., S. 32.
2 Brief von Ludwig A. Rehlinger an die Autoren vom 20. November 1991.
3 Ludwig A. Rehlinger: Freikauf, Berlin 1991, S. 93 f.
4 Der Tagesspiegel, Berlin, 15. März 1984.

Geheime Dienste: Agenten unter sich

Agenten-Freikauf

»Der Abschied war ebenso bewegend wie der Beginn. Es gab Tränen – auch bei Helga und mir. Nach der Umarmung folgte ein langes Hinter-uns-Hersehen. Es war schmerzlich, einen jahrelang bewährten Kundschafter in seiner hilflosen Lage zurücklassen zu müssen.« Die herzzerreißende Szene ist nicht einem Roman von Hedwig Courths-Mahler entnommen. Es sind Erlebnisse des einflußreichen Honecker-Vertrauten Wolfgang Vogel. Am 1. Juni 1989 schrieb er sie in einem siebenseitigen Vermerk nieder. Die bewegenden Worte über den Verlust eines wichtigen Mitarbeiters der Auslandsspionageabteilung HVA waren bestimmt für STASI-Chef Erich Mielke. Sie geben Aufschluß über eines der bedeutendsten Polit-Geschäfte zwischen der DDR und der westlichen Welt, den Austausch von Geheimdienstagenten.

Wolfgang Vogel, der geschäftige Ost-Berliner Anwalt, war nicht nur in humanitären Angelegenheiten unterwegs. Nicht allein die Häftlingsgeschäfte und Familienzusammenführungen waren seine Sache. Die im Ausland verhafteten DDR-Kundschafter in die Heimat zurückzuholen war ihm zuweilen ein Herzensanliegen.

Welchen politischen Stellenwert der Anwalt derartigen Deals beimaß, erläuterte er in seinem Vermerk vom 1. Juli 1989: »Es bieten sich realistische Möglichkeiten für Gegenwart und Zukunft an. Wir könnten sehr plötzlich auf diesen sehr einflußreichen Weg nicht nur für die DDR, sondern auch für andere sozialistische Staaten angewiesen sein.« Ob Vogel ahnte, daß dies der Auftakt zu seinem letzten Agentenstück vor dem nahen Ende der DDR sein sollte, geht aus dem Geheimpapier nicht hervor.

Der Ost-Berliner Anwalt fungierte seit Anfang der sechziger Jahre auch als Vermittler im internationalen Agentengeschäft. Seit seinem Gesellenstück, dem Austausch des Amerikaners Gary Powers gegen den Oberst des KGB, Rudolph Abel, im Jahre 1962 war Vogel als verbindungsreicher Mann im Hintergrund von beiden Großmächten akzeptiert. Das deutsch-deutsche Diplomatenparkett erwies sich mit diesem Austausch auch geeignet für größere Aktionen, wobei die DDR und ihre Verbündeten im Warschauer Pakt stets bemüht waren, das bessere Geschäft zu machen – sei es dadurch, daß der Westen ein paar mehr hochkarätige Spione ausliefern sollte, sei es, daß er mit Devisen nachbessern mußte.

Leistung und Gegenleistung bestimmten sich nach dem politisch-operativen Gewicht der auszutauschenden Agenten. Im deutsch-deutschen Verhältnis half die Bundesregierung mit Devisen nach, wenn die Mielke-Abgesandten und Koordinatoren für den Agententausch, Heinz Volpert oder Wolfgang Vogel, meinten, die Sache sei ungleichgewichtig. Im Fall Hans Möhring bestand die DDR von vornherein auf einer Geldzahlung.

Möhring war im Oktober 1959 in der DDR festgenommen und ein knappes Jahr später wegen Spionage zu lebenslanger Freiheitsstrafe verurteilt worden. Am 21. Juli 1976 wurde er im Rahmen eines Häftlingstransports in die Bundesrepublik entlassen. Die Spitze des Innerdeutschen Ministeriums in Bonn beauftragte den Referatsleiter in der Berliner Außenstelle im Bundeshaus, Klaus Plewa, den Forderungen der DDR-Seite nachzukommen. Nur einen Tag später, am 22. Juli 1976, fuhr Plewa im Beisein eines Beamten der Sicherungsgruppe Bonn des Bundeskriminalamtes zum Grenzübergang Invalidenstraße im West-Berliner Bezirk Tiergarten.

Auf der Ost-Berliner Seite kam ihm schon DDR-Unterhändler Wolfgang Vogel entgegen. Er erwartete eine größere Summe für den entlassenen West-Agenten. Plewa überreichte dem Mann aus Ost-Berlin einen Umschlag mit 1000-DM-Scheinen, fein säuberlich gebündelt. Der erfahrene Anwalt zählte nach und stellte eine handschriftliche Quittung aus. Die Bundesregierung hatte tief in die Tasche gegriffen. Hans Möhring kostete den bundesdeutschen Steuerzahler 500.000 DM.

Ohne Unterstützung der evangelische Kirche wäre dieser Transfer kaum über die Bühne gegangen. Klaus Plewa hatte das Geld zusammen mit dem West-Berliner Anwalt Jürgen Stange von dem Bevollmächtigten des Rates der EKD, Bischof Kunst, in Bonn abgeholt. Der Bischof wiederum hatte es im Rahmen einer Sonderaktion der »besonderen Bemühungen« vom Innerdeutschen Ministerium erhalten. Zu der zusätzlichen Barzahlung war es gekommen, weil das Bonner Ministerium nicht bereit war, einen weiteren Häftling der DDR in den Austausch einzubeziehen. So bestand die DDR auf einem Devisenausgleich, den Bonn bereitwillig akzeptierte.

Der Agentenaustausch zwischen der Bundesregierung und der DDR vollzog sich normalerweise Person gegen Person. Das Bundesministerium für innerdeutsche Beziehungen (BMB) listete auf, welche Mitarbeiter bundesdeutscher Nachrichtendienste in der DDR inhaftiert waren. Je nach Bedeutung des Falles wurden Prioritäten gesetzt. Gleichzeitig führte das BMB auch genau Buch darüber, wer für die DDR in der Bundesrepublik spioniert hatte und deshalb in Haft saß. Diese Namen wurden dem BMB entweder durch das Bundesjustizministerium (BMJ) übermittelt, oder Wolfgang Vogel selbst fragte nach, was mit ihnen geschehen sei. Doch meistens war das MfS durch seine Kundschafter ohnehin schon informiert. Auf der ostdeutschen Seite verfügte Heinz Volpert über eine Kartei, in der sämtliche Spione erfaßt waren, die weltweit in Gefängnissen saßen und für Austauschverhandlungen in Betracht kamen.

Verhandlungen über einen Austausch führten in den sechziger Jahren Ludwig Rehlinger, dann sein Nachfolger Edgar Hirt, bis Rehlinger 1982 als Staatssekretär wieder Beauftragter fürs Humanitäre wurde, und ab 1988 Staatssekretär Walter Priesnitz. Die Einzelheiten bearbeitete im Berliner Bundeshaus Klaus Plewa. Auf Ost-Berliner Seite hingegen trafen die Bonner Ministerialen stets auf die gleichen Gesichter: Wolfgang Vogel und Heinz Volpert, der für diese Aufgaben über eine Generalvollmacht von Erich Mielke verfügte.

Entschieden, wer von bundesdeutscher Seite ausgetauscht werden sollte, hat eine Regierungsarbeitsgruppe unter Leitung des Bundeskanzleramtes in Bonn. Beteiligt waren das Bundesinnenministerium, das BMJ und das BMB. Meistens bereiteten die zuständigen Ministerialdirektoren diese gegenseitigen Überstellungen vor. Doch ohne die politische Spitze des Hauses fand kein Austausch statt.

Die bundesdeutsche Seite beriet bis zu seiner Ablösung 1982 der Anwalt Jürgen Stange. Allein in den siebziger Jahren wurden 98 DDR-Agenten von westlicher Seite und 190 Inhaftierte von der DDR übergeben.

Guillaume darf zurück

Am 1. Oktober 1981 fand der wohl spektakulärste Austausch zwischen den beiden deutschen Staaten statt. Kanzleramtsspion Günter Guillaume sollte freigelassen und an die DDR übergeben werden. Guillaume und seine Frau Christel waren bereits 1953 für das MfS verpflichtet worden. Im Sommer 1956 schleuste die STASI die Perspektivagenten über das Flüchtlingslager Gießen in das Bundesgebiet ein. Ein Jahr später trat Günter Guillaume der SPD bei und schaffte es, im Januar 1970 ins Bonner Zentrum der Macht vorzustoßen.[1] Als Assistent fand er eine Anstellung im Kanzleramt. Regelmäßig berichteten er und seine Frau, die als Sachbearbeiterin beim Bevollmächtigten des Landes Hessen in Bonn untergekommen war, nach Ost-Berlin.

Es dauerte nicht lange, und Günter Guillaume hatte sein Ziel erreicht. Willy Brandt hatte ihn zu seinem Referenten berufen, und nun konnte er alle politisch-strategischen Informationen an das MfS in Ost-Berlin liefern. Im Mai 1973 gelang es der bundesdeutschen Abwehr endlich, einen der wichtigsten Spione Erich Mielkes im Westen zu enttarnen. Funksprüche, die zwar schon jahrelang aufgenommen, aber niemandem zugeordnet werden konnten, wiesen nun auf Guillaume hin. Günter Guillaume wurde zu dreizehn Jahren, seine Frau Christel zu acht Jahren Freiheitsstrafe wegen gemeinschaftlichen Landesverrats in einem besonders schweren Fall verurteilt.

Günter Guillaume, Renate Lutze, ebenfalls eine hochkarätige Informantin des MfS, und vier weitere DDR-Agenten wurden im Oktober 1981 ausgetauscht. Als Gegenleistung erhielt die Bundesregierung acht Mitarbeiter des BND und einen zu lebenslanger Haft in der DDR verurteilten Mitarbeiter des Bundesamtes für Verfassungsschutz (BfV). Unter den BND-Aufklärern war Ernst Gustav Tschentscher. Tschentscher hatte Glück im Unglück. Er war erst im August 1979 in der DDR verhaftet und im Juni 1980 verurteilt worden. Bei dieser Aktion zahlte die Bundesregierung für ihre eigenen Kundschafter noch die in Haftfällen übliche Summe: alles in allem eine knappe Million DM, die auf dem Wege des Warentransfers beglichen werden sollte.

Anders sah die Gegenleistung Bonns beim Austausch von Christel Guillaume aus, die ein halbes Jahr vor ihrem Mann nach Ost-Berlin zurückkehren durfte. Sie wurde am 19. März 1981 mit acht weiteren DDR-Agenten überstellt. Aus DDR-Haft kehrten zwar ebenfalls acht Bundesbürger in ihre Heimat zurück, unter ihnen der Verfassungsschützer Peter Felten, der wegen Spionage in der DDR zwölf Jahre absitzen sollte. Doch in diesem Fall stimmte das Gleichgewicht überhaupt nicht. So kam die Bundesregierung nicht umhin, den Ost-Berliner Vermittlern zusätzlich 2 Mio. DM mit auf den Weg zu geben.

»Wa is Boris?«

Am 28. Juli 1980 wurde der hochrangige Agent des sowjetischen Geheimdienstes KGB, Major Sergej Michailowitsch Koslow, in Südafrika festgenommen. In einer gemeinsamen Aktion westlicher Geheimdienste mit besonderer Unterstützung des BND war es gelungen, den Ostagenten ausfindig zu machen. Daß der BND dabei mit dem Geheimdienst des wegen seiner Rassenpolitik international geächteten Südafrika zusammenarbeitete, störte die Pullacher wenig.

Die Verhaftung leitete einen internationalen Ringtausch ein, an dem nicht nur die Bundesrepublik und Südafrika besonders interessiert waren. Der südafrikanische Geheimdienst, National Intelligence Service (NIS), lud alle beteiligten westlichen Dienste ein, festzustellen, welchen Schaden Sergej Michailowitsch Koslow verursacht hatte. Um einen Plan für einen Austausch zu erarbeiten, schickte der BND, der für einen Ringtausch plädierte, seinen Abteilungsleiter Rudolf Ackermann nach Südafrika. Auch die USA und Israel hatten ein Auge auf Koslow geworfen, sahen sie doch eine Gelegenheit, den Bürgerrechtler und Regimekritiker Anatolij Schtscharanskij aus seiner Moskauer Gefangenschaft zu befreien. Der NIS erklärte sich aber bereit, Koslow dem BND für einen Austausch zur Verfügung zu stellen. Der BND nannte dem NIS etwa zehn Namen, die auf seiner Liste ganz oben standen. Unter ihnen befand sich auch die zu lebenslanger Haft verurteilte Christa Schumann, für die sich der damalige BND-Präsident und jetzige Außenminister Klaus Kinkel persönlich verantwortlich fühlte.

Die Verhandlungen um den Austausch von Koslow wurden vom stellvertretenden NIS-Chef Gerhardus Rothmann geführt. Die sowjetische Seite vertrat ein Generalmajor, der sich nur mit seinem Decknamen »Boris« zu erkennen gab. Der BND oder das BMB waren an den Konsultationen, die sich von April 1981 bis Februar 1982 hinzogen, nicht beteiligt. Schließlich einigten sich die Geheimdienstler auf ein Austauschpaket. Danach sollte für den KGB-Mann Koslow Südafrika den in Angola inhaftierten südafrikanischen Soldaten van der Maescht und die Bundesrepublik zwei Mitarbeiter des BfV sowie fünf Mitarbeiter des BND erhalten.

Nachdem sich Südafrika nicht mit seinem Wunsch hatte durchsetzen können, den Austausch auf einer Atlantikinsel durchzuführen, wurde der BND gebeten, den Deal zu organisieren, bestand aber darauf, daß Chefunterhändler »Boris« bei der Übergabe der Personen anwesend sein müsse.

238

Der NIS wollte eine eindeutige Identifizierung und die Anwesenheit nutzen, eine geheime Mitteilung zu übergeben.

Der BND schaltete zur technischen Durchführung des Austausches das BMB ein. Da auch Wolfgang Vogel und Heinz Volpert im Auftrag des KGB den Austausch begleiten sollten, waren bewährte Verhandlungspartner am Werk. Am 11. Mai 1982 trafen sich auf einer abgelegenen Wiese mitten in einem Waldgelände in der Nähe von Herleshausen die beteiligten Geheimdienstler. Wolfgang Vogel und Heinz Volpert aus Ost-Berlin sowie Edgar Hirt und Klaus Plewa vom BMB, die von Anwalt Jürgen Stange begleitet wurden, waren ebenfalls angereist.

Plötzlich wurde der stellvertretende Chef des NIS, Gerhardus Rothmann, ungehalten. Er erkundigte sich, wo sein monatelanger Verhandlungspartner »Boris« geblieben sei, den er doch dringend erwartete. »Wa is Boris?«, fragte er Ost-Anwalt Wolfgang Vogel auf Africaans. Vogel fragte zurück, welchen Boris er denn meinen würde. Auf dessen Antwort, »Boris«, den Chefunterhändler, die Person, mit der er, Rothmann, verhandelt habe, erwiderte Vogel, daß doch jeder zweite Russe Boris heißen würde. Rothmann reklamierte, die Russen müßten anwesend sein, er habe mit ihnen verhandelt und müsse ihnen Koslow übergeben. Vogel entgegnete jedoch, am Austauschort seien keine Russen anwesend, sondern er sei ermächtigt, Koslow in Empfang zu nehmen. Nach einiger Erregung fand sich Rothmann damit ab, »Boris« nicht mehr zu Gesicht zu bekommen. Nachdem Vogel und Volpert Koslow identifiziert hatten, wurde der Südafrikaner van der Maescht an die westliche Seite übergeben und mit einem Hubschrauber des Bundesgrenzschutzes zur gecharterten Boeing 747 der South African Airlines (SAA) zum Frankfurter Flughafen gebracht.

Die Bonner Ministerialen und ihre Begleiter vom BND nahmen die westdeutschen Agenten in Empfang und erfuhren unterwegs, daß der NIS-Kollege schon seinen Premierminister Pieter Willem Botha über den erfolgreichen Austausch informiert hatte. Dieser gab noch am selben Tag im südafrikanischen Parlament eine Erklärung über das Gelingen der Austauschaktion ab. In ihr hob er die besondere Bedeutung des Agentenaustauschs hervor. Er berichtete, daß es äußerst schwieriger und langwieriger Verhandlungen mit dem sowjetischen Geheimdienst bedurft hätte, um die Austauschaktion durchzuführen.

Daß Vogel und Volpert den ominösen »Boris« vertreten hatten, erwähnte Botha ebensowenig wie die Tatsache, daß die bundesdeutsche Seite sich für das Entgegenkommen der Südafrikaner durchaus erkenntlich zeigte. Am 27. Juli 1982 überwies der BND eine sechsstellige Summe an die SAA zum Ausgleich für die von den Südafrikanern gecharterte Sondermaschine. Der Betrag: 196.350 Rand = 424.116 DM.

Hirt behauptete später, daß wegen des Fehlens von »Boris« mit Rothmann ein Ausgleich in Höhe von 460.000 DM vereinbart worden sei, um die Südafrikaner zu besänftigen. Keinesfalls sei es dabei um eine Schmiergeldzahlung gegangen, sondern um den Ausgleich von Leistung und Gegenleistung. Über diese Summe, die sich mit dem Betrag deckt, den Stange 1982 als Sonderauslagenerstattung von Hirt überwiesen bekam und diesem angeblich wieder zur Verfügung stellte, schrieb der *Spiegel* im Heft 47/92: »Alles Unfug. Die 460.000 Mark landeten in der schwarzen Kasse des Ministerialdirektors.«

Es sollte einer der letzten großen Coups des Obersten Heinz Volpert, der unter dem Decknamen »Heinz Krügel« den Abel/Powers Austausch mitorganisiert hatte, gewesen sein. Am Morgen des 16. Februar 1986 findet ihn seine Frau

Ingrid in der häuslichen Sauna tot auf. Der kurze Zeit später informierte Erich Mielke ist schockiert über den plötzlichen Tod seines besten Mannes und veranlaßt eine Untersuchung. Für viele im Ministerium ist der unerwartete Tod des durchtrainierten Volpert ein Rätsel. Doch die Untersucher schließen eine Fremdeinwirkung aus. Sie recherchieren, daß Volpert am Abend des 15. 2. 1986 nach einer SED-Delegiertenversammlung der STASI direkt nach Hause gefahren war. Seine Frau Ingrid hatte sich im oberen Stockwerk schlafen gelegt, während ihr Mann noch in die Sauna ging. Hier starb Volpert an Herzversagen.

Die Beerdigung fand im engsten Freundeskreis statt. Anwesend waren u. a. seine langjährigen Kampfgefährten Alexander Schalck-Golodkowski mit seiner Frau Sigrid, Schalck-Stellvertreter Manfred Seidel und Rechtsanwalt Wolfgang Vogel. Als der Sarg hinuntergelassen wurde, fiel der gläubige Katholik Vogel am offenen Grab auf die Knie, faltete die Hände und betete für seinen Freund.[2]

Der letzte Austauschplan

Den Plan, den Wolfgang Vogel in seinem Geheimvermerk an das MfS am 1. Juni 1989 umriß, hatte er von einer Reise nach Israel mitgebracht. Dort hatte er zwei in israelischer Haft sitzende Agenten des KGB, Klingberg und Kalmanovich, besucht. Sie waren wegen Spionage zu einer langjährigen Freiheitsstrafe verurteilt worden. Beide waren in keiner guten Verfassung. Sie waren »mutlos und gezeichnet«, schrieb Vogel nach dem Besuch auf.

Mit dem israelischen Anwalt Amnon Zichroni, der von seiner Regierung als Vermittler beauftragt war, einem Sonderbotschafter des Außenministeriums und dem Assistenten des Verteidigungsministers konferierte Vogel zwei Tage lang in Tel Aviv. Es war ein geheimes Treffen, nur zwei israelische Minister waren eingeweiht, und »den Amerikanern habe man auch nichts gesagt«. Den Gastgebern ging es um ihren Kundschafter Ron Arad, der in Moskau einsaß. Er sollte auf jeden Fall in eine Austauschaktion einbezogen werden.

Nach einem weiteren Treffen mit seinem israelischen Gegenspieler Zichroni am 1. und 2. September 1989 in Wien entwickelte Vogel genauere Vorstellungen »einen umfassenden Ringtausch betreffend«.[3] Über direkte Kontakte zwischen der UdSSR und Israel, die über einen bereits vorhandenen Kanal im Zusammenhang mit der Ausreise von Juden zustande kommen sollten, könnte ein Angebot unterbreitet werden. Die Agenten Klingberg, Kalmanovich und einige Palästinenser könnten gegen Ron Arad und sechs weitere junge Israelis, alle Jahrgang 1956 bis 1965, ausgetauscht werden.

Würde Anwalt Zichroni mit diesem Versuch scheitern, sollte er, so die Absprache mit Vogel, mit demselben Angebot auf Ost-Berlin zukommen. Eventuell könnte dann auch noch die Bundesrepublik mit den Terroristenbrüdern Hammadi einbezogen werden. So würde sich die Konstellation für einen größeren Ringtausch ergeben. Mit Südafrika müsse ebenfalls gesprochen werden. Präsident Botha sollte seinen prominentesten Häftling zur Verfügung stellen, sinnierte der Agentenvermittler: Nelson Mandela.

Bei soviel effektiver Zusammenarbeit zwischen dem MfS und westlichen Geheimdiensten wie dem BND in Austauschfällen bleibt die Frage, wie gut die westdeutsche Seite über ihre Gegenspieler in Ost-Berlin informiert war. Darüber, wie Alexander Schalck und Manfred Seidel über die Firma Intrac die kirchlichen Warenlieferungen »gedreht«

haben und welche Geschäfte sonst noch abgewickelt wurden, habe angeblich die Bonner Spitze nichts gewußt. So lassen sich alle im BMB Verantwortlichen, von Ludwig Rehlinger bis Walter Priesnitz, vernehmen. Der westdeutschen Aufklärung geben sie allesamt keine guten Noten. Im Ministerbüro von Egon Franke sei fast nie eine Information des BND oder des BfV angekommen, wie sich ein ehemaliger Büromitarbeiter erinnert. Dennoch waren die Mitarbeiter im bayrischen Pullach besser informiert, als ihre Dienstherren in Bonn wahrhaben wollten.

Schalcks westdeutsche Spezies

In jedem Geheimdienst der Welt gehört es zu den grundlegenden Aufgaben, die andere Seite unter der Maßgabe »Wer ist wer?« anhand von beschafften und ausgewerteten Informationen zu identifizieren. Aufgrund der recherchierten Ergebnisse soll abgeschätzt werden können, wie sich bestimmte Personen oder Personengruppen in verschiedenen Situationen verhalten würden. Ist eine Person oder Gruppe überprüft, wird anhand der geheimdienstlich ermittelten Informationen entschieden, ob und wie die Betreffenden in die eigenen Pläne und Strukturen eingebunden werden können. Dabei spielt es keine Rolle, ob die Zielpersonen und Zielgruppen in die geheimdienstlichen Vorhaben eingeweiht sind.

Es ist Freitag nachmittag, der 12. April 1985, gegen 16.00 Uhr. Gute Stimmung im Büro von Alexander Schalck-Golodkowski an der Wallstraße in Ost-Berlin. Gerade hat sein Adlatus Erich Lutz einen Brief mit brisantem Inhalt auf den Weg gebracht. Der Empfänger des Vermerkes mit dem Aufdruck »Persönlich, Streng geheim« ist Erich Mielke. Die höchste Geheimhaltungsstufe ergibt sich aus dem Inhalt des Briefes: das wichtigste Strategiepapier des Bereiches KoKo. Über sechs Seiten und versehen mit zwei Anlagen wird darin detailliert ausgeführt, wie Schalcks Bereich KoKo die Geschäfte zum Wohle und Überleben der DDR in Krisenzeiten weiterbetreibt.

In dem Anschreiben von Schalck an Mielke heißt es: »Diese Weisung und Anlagen sind untrennbarer Bestandteil der Führungsanweisung des Leiters des Bereiches in Vorbereitung der Mobilmachung und im Verteidigungszustand.« Unter der Überschrift: »Spezielle Auslandsverbindungen des Bereiches Kommerzielle Koordinierung zu Firmen und Einrichtungen im nichtsozialistischen Wirtschaftsgebiet« legt Schalck seinem Minister detailliert dar, wie und mit wem der Bereich KoKo »auch unter komplizierten Lagebedingungen bzw. in besonderen Spannungssituationen« Kontakt halten will und welche Maßnahmen eingeleitet werden sollen.

Neben Schalck und Mielke waren lediglich der Schalck-Stellvertreter Manfred Seidel und Sicherheitschef Karl Meier eingeweiht in die streng geheimen Maßnahmepläne. Einleitend heißt es dort:

»1. Intensivierung der Geschäftsbeziehungen zu ausgewählten Personen in Einrichtungen, Banken, Konzernen und Firmen im kapitalistischen Ausland. Diese speziellen Verbindungen begründen sich auf das politisch-loyale, kommerziell korrekte und persönlich disziplinierte Verhalten der Inhaber, Geschäftsführer und anderer ausgewählter Mitarbeiter dieser Institutionen bei der Durchführung der im Bereich Kommerzielle Koordinierung übertragenen Aufgaben (Anlage 1).«

Auf insgesamt 90 Personen, die er in der Anlage 1 auflistet, hoffte der KoKo-Chef im Ernstfall zählen zu können.

So richtig sicher konnte sich der KoKo-Chef seiner Sache nicht sein, kannte er doch das Gros der aufgeführten Personen nicht einmal persönlich. Der Kontakt zu den angenommenen und tatsächlichen Vertrauenspersonen, die sich über ihren besonderen Stellenwert bei Schalck auch wundern dürften, sollte in der Regel konspirativ gehalten werden.

Die Aufstellung reicht vom 1989 gestorbenen Franz Josef Strauß über dessen Freund Josef März, den Fleischhändler aus Rosenheim, dessen West-Berliner Konkurrentin Irene Krumke, den Chef des Schuhherstellers Salamander, Franz-Josef Datzert, über das Vorstandsmitglied der Stinnes AG in Mülheim/Ruhr, Hermann vom Bruck, bis zu Wolfgang Weller, Abteilungsleiter bei British Petrol (BP) in Hamburg.

Der Abteilungsleiter von Shell International, Michael Sellars, findet ebenso Erwähnung wie Holger Bahl, Direktor der Bank für Kredit und Außenhandel Zürich, Neil West von Derby & Co.Ltd London, Robert Dombret, Direktor von Citroen International, Dieter Schnädter, Area Manager von B.A.T., Axel Suck, seines Zeichens Technischer Direktor von OK-Kaugummi, und Wolfgang Schreiner. Der ist in der Öffentlichkeit, außer bei Kunstsammlern, kaum bekannt. Dafür aber um so einflußreicher.

Kunstfreund Schreiner, nebenbei Besitzer einer der größten privaten Sammlungen von Grafiken in Europa, wird in dem Geheimpapier als Direktor der Firma Leonhard/ Monheim in Aachen angegeben. Doch seine wirklich wichtige Aufgabe besteht in seiner Funktion als Kunsteinkäufer für den Aachener Schokoladenhersteller Ludwig, Kunstmäzen und Gründer des gleichnamigen Museums am Kölner Dom. Nicht vergessen hat Schalck die im Kirchengeschäft tätigen Nobert Helmes, Direktor des Diakonischen Werkes der Evangelischen Kirche in Deutschland, und seinen Vorgänger Ludwig Geißel. Zu letzterem hatte Seidel ein besonders gutes Verhältnis: Als der umtriebige KoKo-Vize die Nachricht erhielt, daß Geißel im Krankenhaus liege, informierte er sofort Schalck und schlug vor, »den Ludwig nach Berlin« zu holen. Schalck war einverstanden, und Seidel flog mit der nächsten Maschine nach Stuttgart. Er bot Geißel an, ihn sofort in das Regierungskrankenhaus nach Ost-Berlin fliegen zu lassen. Obwohl gerührt von soviel Fürsorge, lehnte Geißel ab.

Aber auch die im Kirchengeschäft erfahrenen »Vertrauensfirmen«, vertreten durch Volker Quoos, Geschäftsführer der Essener Stahl- und Handelsgesellschaft, Jürgen Sievers, Seefahrt-Reederei, und Joachim Martin, Geschäftsstellenleiter der Firma Haniel-Handel, finden sich in der Liste wieder.

Weiter heißt es unter Punkt 2 des Schalck-Papieres: »Festigung und Erhöhung der Leistungsfähigkeit der dem Bereich gehörenden speziellen Auslandsfirmen und verstärkte Einflußnahme über Firmenbeteiligungen. Zur Erhöhung der Wirksamkeit der Institutionen ist durch weitere Kapitalbeteiligungen und finanzielle Zuwendungen die materielle Abhängigkeit ausgewählter Personen weiter auszubauen. Anlage 2.« Neben 15 anderen sind auch Norbert Helmes, Edelgarth Orth und Ludwig Geißel in der Anlage aufgeführt.

Als Kontaktperson wird Seidel festgelegt und »mit der politisch-operativen Leitung, Planung und Auswertung der speziellen« Auslandsverbindungen beauftragt«. »Er koordiniert im Rahmen der ihm lt. Führungsanweisung übertragenen Vollmachten die notwendigen Maßnahmen mit den verschiedenen Diensteinheiten des MfS und den zentralen staatlichen und wirtschaftsleitenden Organen«, heißt es in dem Papier weiter. So ist Seidel auch für »die Anwendung konspirativer Mittel und Methoden zur Führung der Auslandsverbindungen« verantwortlich.

Doch auch »unter normalen Lagebedingungen« sollten »die bestehenden bzw. angenommenen Vertrauenspersonen in diesen Firmen (...) einen konkreten abrechenbaren Beitrag zur Aufklärung des Vorgehens kapitalistischer Behörden, Einrichtungen, Konzerne und Firmen« liefern. Die Auftragserteilung sollte gedeckt, unter Wahrung der Konspiration, erfolgen. Und da die ostdeutschen Wirtschafts- und Geheimdienstprofis kein allzu großes Vertrauen in die Wahrung des Post- und Briefgeheimnisses der Bundesrepublik hatten, sollte ein »operatives Verbindungssystem« aufgebaut werden.

Für die STASI-Arbeitsgruppe »Bereich Kommerzielle Koordinierung« (BKK) wurde festgelegt, daß »ein weiterer Mitarbeiter als Instrukteur bzw. Kurier zu benennen« sei.

Einer der Kuriere ist Erich Lutz. Der Fünfzigjährige ist viel unterwegs. Die geheimen Kurierdienste unternimmt er besonders gern. So sind Reisen nach Belgien, in die Niederlande und nach Frankreich keine Seltenheit. Schalck und sein Mitarbeiter haben nicht nur das Alter gemeinsam. Sie ergänzen sich auch sonst prima. Lutz, sachlich und geschickt, ist ständig zu Späßen aufgelegt und hat eine eigene Meinung, die er selbstbewußt und lässig vorträgt, was bei Schalck ankommt. »Einer der wenigen Mitarbeiter mit vorzüglichen Qualitäten, die sich das erlauben können«, so ein ehemaliger Kampfgefährte.

Erich Lutz gehört zur Führungsriege des »Bereiches Kommerzielle Koordinierung«. Er hat den Überblick über das KoKo-Imperium. Egal, ob es sich um Vorgänge beim Handelsriesen Intrac, bei Forum, Transinter, Zentral-Kommerz, Asimex oder einem anderen Außenhandelsbetrieb dreht, Lutz ist stets voll im Bild. Er bewohnt ein schönes Häuschen in Mühlenbeck, im Norden Berlins, dort, wo das berüchtigte Sammellager der zu Schalcks Bereich gehörenden Kunst und Antiquitäten GmbH stand.

Und Lutz kennt die Führung der KoKo bis ins Detail. Schließlich ist er Mitte der achtziger Jahre nicht nur einer der engsten Mitarbeiter Schalcks, sondern vermutlich auch Mitarbeiter des MfS, »mindestens aber IM, und hat als solcher wahrscheinlich den Ehrentitel OibE (Offizier im besonderen Einsatz)«.[4]

So zählt der alte MfS-Hase Karl Maier zu seinen Spezies. Maier ist von Erich Mielke als Kaderchef zu Schalck abkommandiert. Seine Diensträume befinden sich direkt gegenüber Schalcks Büro. Neben dem Chef selbst und Manfred Seidel zählt Maier zu den wichtigsten Machern bei KoKo. Deshalb wird auch so manches auf dem kleinen Dienstweg geregelt.

Maier ist zuständig für die Sicherheit im gesamten Bereich KoKo. Er schlägt vor, wer in die Führungsebene bei Schalck eintritt und wer in der zweiten Reihe stehen darf und muß. Er ist auch verantwortlich für die Außenhandelsbetriebe und Vertreterorganisationen. Nur bei den freien Betrieben hat »der Dicke«, wie Schalck im Hause genannt wird, selbst das letzte Wort. Maier ist geistig nicht so wendig wie sein Freund Lutz. Er ist kleinlich, manchmal auch nachtragend. Im Umgang mit Leuten aus dem Haus macht er sich meistens wichtig und wirkt oft etwas linkisch. Deswegen haben auch nur wenige KoKo-Mitarbeiter Kontakt zu ihm. Aber im Dienst ist er ein ausgesprochener Fuchs. Ohne Karl Maier geht in den gesamten Bereich KoKo nichts hinein und nichts hinaus. Das Abwehrnetz bei KoKo scheint dicht.

Was Bonn über Schalcks KoKo wußte

Ganz so dicht, wie die bundesdeutsche Öffentlichkeit annehmen mußte, war Schalcks Imperium gar nicht. Denn was bis heute weitgehend unbekannt ist, kannte der Bundesnachrichtendienst in Pullach schon seit Weihnachten 1981. »Ein schönes Weihnachtsgeschenk war das mit dem Günter A.«, erinnert sich ein leitender BND-Mann.

Mit Günter A. ist Günter Asbeck gemeint, am 13. Februar 1924 in Vörde geboren. Asbeck, ohne besondere Ausbildung, schlägt sich Anfang der Fünfziger im Ruhrgebiet mit Tauschgeschäften durch und kommt auf diese Weise schnell mit schwarzen Händlern zwischen den deutschen Welten in Kontakt. Er hilft, illegal Werkzeug, Alkohol und Gemüse über die Grenze zu schaffen. Nach ersten Aktionen siedelt er 1955 ganz von West nach Ost über. Die DDR-Außenhändler, für die er sich schon im Westen nützlich gemacht hatte, sind hocherfreut. Nach kurzer Anlaufzeit bekommt er einen hochkarätigen Auftrag.

Asbeck gründet die Firma ASIMEX. Mit anderen Worten: Asbeck, Import-Export. Künftig wird er Nahrungsmittel, Schmuck und Kosmetik im Westen einkaufen. Hauptsächlich ist er aber mit der Beschaffung von technischem Gerät für die HVA beschäftigt. Er macht seine Arbeit gut, pflegt einen gehobenen Lebensstil, reist viel durch die Welt und geht zur Jagd. Doch die illegale Arbeit, Embargotechnik für das MfS zu besorgen, frißt ihn auf. Immer öfter sonnt er sich im Geld, ist mit ständig neuen Freundinnen unterwegs oder beschwert sich bei seinem MfS-Freund Karl Großmann, Chef der Gegenspionage, über die wachsenden Forderungen der MfS-Oberen, allen voran Markus Wolf.

Asbecks neue Stellvertreterin, Ruth Lerche, ehemalige Sekretärin von Mielke-Vorgänger Ernst Wollweber, bekommt schnell mit, daß Asbeck hin und wieder durchhängt. Ihre eigene Karriere im Kopf, Asbeck möglichst schnell zu beerben, verpfeift sie sein Befinden an Mielke und dichtet ihm bei der Gelegenheit noch Kontakte zum BND an.

Der STASI-Chef läßt Asbeck daraufhin observieren, und nach einigen Wochen nehmen seine Spürhunde Asbeck den Paß ab. Über einen engen Freund im Apparat bekommt Asbeck den Tip, daß eine Verhaftung unmittelbar bevorstehe. Tags darauf setzt er sich in den Westen ab.

Die Zentrale des BND, der ihn schon seit längerem im Visier hat, sucht er kurz vor Weihnachten 1981 auf. Mit diesem Besuch beginnt die Desinformationspolitik westdeutscher Politikprominenz, angefangen von der Bundesregierung, die erst mit dem Auspacken Schalcks vier Wochen nach der Wende, im Dezember 1989, Details aus dem »Bereich Kommerzielle Koordinierung« erfahren haben will, über Franz Josef Strauß bis zur evangelischen Kirche. Obwohl sie alle jahrzehntelang intensiv deutsch-deutsche Geschäfte getätigt haben, verhalten sie sich so, als hätte es keine Warnungen aus Pullach gegeben.

Doch die Fakten sprechen eine andere Sprache. Denn im Dezember 1981 erhielt das Bundeskanzleramt geheime Telexe vom BND aus Pullach. Inhalt: Warnungen an die Bonner Verhandlungspartner, künftig etwas vorsichtiger bei Kontakten mit Schalck und Konsorten zu sein. Man wisse aus den Erzählungen Asbecks, daß die gesamte Spitze im »Bereich Kommerzielle Koordinierung« (KoKo) vom MfS kommandierte hauptamtliche Mitarbeiter sind.

Der BND hatte recht. Über die gesamte Führung der Schalck-Truppe packt Asbeck bei seinen Gesprächen in Bayern aus. Vom 16. bis 23. Dezember 1981 offenbart er Details, an die sich Bonner Verantwortliche erst seit der Wende erinnern wollen. Die Vernehmungen ziehen sich über zwei Jahre hin. Noch im September 1983 berichtet der Top-Informant über Vorgänge, die die Bundesregierung eigentlich zwingend zu politischen Konsequenzen genötigt hätte.

Die Fakten, die der Überläufer über die wirtschaftliche und politische Misere in der DDR lieferte, waren so brisant, daß ein Zusammenbruch der DDR noch in den achtziger Jahren möglich schien.

Doch die Warnungen wurden in Bonn munter ignoriert. Der bundesdeutsche Geheimdienst hatte zu viele Skandale produziert und zu wenig verwertbare Informationen geliefert, als daß er noch als wirksame Waffe ernst genommen wurde.

Wie fatal diese Schlußfolgerung tatsächlich war, machen die freundschaftlichen Kontakte zu Schalck und die Einfädelung des Milliardenkredits durch Franz Josef Strauß im Jahre 1983 exemplarisch deutlich.

Strauß, der immer über beste Kontakte zu »den Diensten« in Köln und Pullach verfügte, nahm bei seinen Verhandlungen mit Schalck kein Blatt vor den Mund. Weder Privates noch Politisches noch Geheimes behielt der bayerische Ministerpräsident gegenüber dem Mann aus Ost-Berlin für sich. Zu oft traf man sich entweder im Hause des Fleischhändlers und Strauß-Freundes Josef März oder gleich in Straußens Privatwohnung in München. So auch am Abend des 26. September 1983.

Tags darauf, wieder in Berlin, fertigte Schalck einen Vermerk mit dem Aufdruck »Nur für Genossen Minister« an. Darin sind neben einigen allgemeinen politischen Erörterungen mit Strauß auch spezielle Hinweise für den MfS-Freund aus Ost-Berlin wiedergegeben, die von ihrer Bedeutung her auch tatsächlich auf den Schreibtisch eines Ministers gehören.

Verständlich, daß der Vermerk nicht an das ressortmäßig zuständige Politbüro-Mitglied Mittag, sondern an Erich Mielke ging. Strauß philosophiert im Gespräch mit Schalck über seine Möglichkeiten im Rahmen des Agentenaustausches zwischen beiden deutschen Staaten. Er versichert Schalck, daß sein Einfluß »auf diesem Gebiet ... mit der Besetzung des Leiters des Amtes für Verfassungsschutz durch seinen ehemaligen Büroleiter Pfahls« wachse.

Seine Beziehungen seien so ausgeprägt, »daß er Möglichkeiten sieht, rechtzeitig auch über diesen Weg bestimmte Fragen zu beeinflussen«. Abschließend vermerkt Schalck, daß Pfahls der DDR bekannt sei und Strauß bei seinem letzten Besuch in der DDR begleitet habe. Die Redseligkeit von Strauß offenbart eine kumpelhafte Komplizenschaft, bei der nur der Mann aus dem Osten seinen politischen Gegner genau im Blick behielt. Die westlichen Verhandler setzten dagegen weiter auf vertraute Partnerschaft.

Lediglich der BND versuchte seinen Pflichten nachzukommen. Dabei bemühte er sich, geschickter vorzugehen als im Falle einer Sekretärin, die der westdeutsche Geheimdienst um die Jahreswende 1981/82 als Informantin anwerben wollte. Wie das MfS erfahren hatte, plante der BND, eine Sekretärin von Anwalt Wolfgang Vogel für sich zu gewinnen. Dieser Versuch blieb weder dem MfS noch Vogel offenbar verborgen. Der jedenfalls beschwerte sich bei seinen Bonner Verhandlungspartnern. Als die junge Frau Götzel 1982 ganz legal nach West-Berlin übersiedelte, hatte sie nicht erwartet, im Westen gleich wieder Bekanntschaft mit den Diensten zu machen.

Sie hatte aber auch nicht vermutet, so interessant zu sein. Entgegen allen Gepflogenheiten bemühten sich die Spitzen des West-Berliner Verfassungschutzes und des CIA um die Vogel-Mitarbeiterin. Nach Aufzeichnungen des MfS kümmerte sich der Präsident des Berliner Landesamtes für Verfassungsschutz (LfV) Franz Natusch höchstpersönlich um die junge Dame.[5] Im Berliner Durchgangslager Marienfelde fragte er sie im Beisein von Kollegen des befreundeten Dienstes aus. Während Natusch vornehmlich Rechtsanwalt Vogel und andere DDR-Prominente interessierten, wollten die CIA-Mitarbeiter auch »prominente Personen der BRD« nicht aussparen.

In bezug auf führende Persönlichkeiten der SPD waren die Herren besonders neugierig. Bei Willy Brandt und Klaus Bölling wurden Fragen zu deren privatem Lebenswandel gestellt, »die bereits eine Antwort suggerierten«[6]. Ungeheuerlich und beschämend fand Klaus Plewa die Vernehmung von Frau Götzel, die ihm wenige Tage später zugetragen wurde. Er fertigte sofort einen Bericht an Edgar Hirt. Darin brachte Plewa »mehrfach und mit Nachdruck sein Unverständnis über diese Vorgehensweise des US-Geheimdienstes und der Kräfte des LfV« zum Ausdruck.[7] Ferner berichtete er nach Bonn, daß diese Vorgänge auch beim Bundesnachrichtendienst Aufmerksamkeit geweckt hätten. Jedenfalls sei Plewa »durch den Residenten des BND im West-Berliner Bundeshaus bei einer flüchtigen Begegnung auf dem Gang in dieser Hinsicht angesprochen worden«[8].

Hirt reagierte auf diesen Bericht tief erschüttert. Er vertrat die Auffassung, daß die Absichten der Befrager »unschwer zu erkennen wären«. Es sei »eine Unverschämtheit, solcherart Fragen über einen ehemaligen Bundeskanzler zu stellen. Dies dürfe man sich einfach nicht gefallen lassen.«[9] Hirt plante deshalb, den Bevollmächtigten der Bundesregierung in Berlin, Staatsminister Hans-Jürgen Wischnewski, und seinen Minister Egon Franke zu informieren. Beim Präsidenten des Bundesamtes für Verfassungsschutz, Richard Meier, müsse gegen die Berliner Vernehmungspraxis protestiert werden. Die Proteste verfehlten auf jeden Fall bei den befreundeten westlichen Diensten ihre Wirkung nicht. Die Vertreter der britischen und französischen Alliierten hatten sich »in einem Schreiben gegen diese Vorgehensweise ausgesprochen und bekundet, damit in keiner Weise etwas zu tun zu haben«.[10]

Schalck packt aus

Anfang 1990 konnte der BND seine veralteten Erkenntnisse über die Führung in der DDR vervollständigen. Mit seiner Flucht in die Bundesrepublik stand Alexander Schalck-Golodkowski den Mitarbeitern in Pullach bereitwillig Rede und Antwort. Am 20. Februar berichtete er seinem Vernehmer »Granada«[11] über seinen eigenen Werdegang im MfS und Einzelheiten über weitere illustre DDR-Größen, über die der BND gerne schon zehn Jahre früher verfügt hätte.[12]

Schalck erzählte offen über sein Verhältnis zu seinem Führungsoffizier Heinz Volpert, dem Vertrauten von Anwalt Wolfgang Vogel, seinen Draht zu Erich Mielke und Details über seinen Arbeitsbereich. Dabei ließ er auch Angaben über die MfS-Funktion seiner Frau nicht aus. Beide hatten als Offiziere im besonderen Einsatz (OiBE) dem MfS gedient. Schalck selbst, so gab er gegenüber dem BND an, hatte hierfür monatlich 2300 Mark zusätzlich zu seinem Gehalt als Staatssekretär erhalten.

Nicht alles, was Schalck der bundesdeutschen Abwehr berichtete, war neu für die Geheimdienstler in Pullach. Aber es bestätigte teilweise Informationen, die ihnen schon Günter Asbeck vermittelt hatte. So interessierte sie Markus Wolf immer noch, obwohl dieser schon 1986 aus dem aktiven Dienst des MfS ausgeschieden war. Die instabile Wendezeit in der DDR konnte politische Entwicklungen verursachen, gegen die es gut war, gewappnet zu sein. So waren die Fragen zum ehemaligen HVA-Chef nur allzu verständlich. Schalck berichtete dementsprechend nicht nur über die Datsche des berühmten »Mischa«, die er in Lanke nördlich von Berlin von Günter Asbeck übernommen hatte, sondern auch darüber, daß er »ein nachrichtendienstliches Comeback W.s ... angesichts der guten Verbindungen zu Modrow und Gysi nicht für ausgeschlossen« hält.[13]

Mit Informationen über das politische Establishment hatte Schalck ohnehin viel Erfahrung. Während seiner Dienstzeit als Staatssekretär bei KoKo standen ihm und auch Unterhändler Wolfgang Vogel detaillierte Personendossiers über die westdeutsche Führungselite zur Verfügung. Just die Abteilung Aufklärung des Mannes, über den er 1990 beim BND so ausgiebig plauderte, lieferte die nötigen Hinweise. So bediente sich Schalck, wie auch Erich Honecker bei seinem Besuch in Bonn 1987, stets eines »Profils« aus dem Hause Markus Wolf.

Das machte ihm sein westdeutsches Gegenüber zuweilen etwas durchsichtiger. Im Falle des »Schäuble, Wolfgang (CDU), Dr. jur.«, des damaligen Bundesministers für besondere Aufgaben und Chef des Bundeskanzleramtes, war für Schalck die politische Charakterisierung seines Verhandlungspartners hilfreich. »Schäuble soll die politische Koordinierung und administrative Aufgaben im Bundeskanzleramt zusammenfassen. Als Bundesminister ist Schäuble gegenüber Staatsministern und Staatsekretären weisungsberechtigt.«[14] Was Schäuble für Schalck als Verhandlungspartner so bedeutsam machte, war für den »Offizier im besonderen Einsatz« vor allem dies: »Zum Aufgabengebiet von Schäuble gehört der Bereich Deutschlandpolitik.«

Die Biographien der »Ständigen Vertreter« der Bundesrepublik in der DDR, die zu den engen Gesprächspartnern von Schalck und Vogel zählten, waren sorgfältig ausgewertet und abrufbar. Über Klaus Bölling, der seit Februar 1981 die westdeutsche Vertretung in Ost-Berlin leitete, schrieb das MfS nicht nur die Etappen seiner glänzenden Karriere als Journalist und Regierungssprecher auf. Die HVA fand offenbar auch erwähnenswert, daß Bölling, 1928 in Potsdam geboren, 1946/47 »nebenberuflicher Mitarbeiter der FDJ-Zeitschrift *Neues Leben*« in Berlin gewesen sein soll.[15]

Im April 1982 wurde Bölling als Regierungssprecher zurück nach Bonn gerufen. Pünktlich zum Amtsantritt seines Nachfolgers in Ost-Berlin lag ein Dossier vor mit der Überschrift »Zur Person von Dr. Bräutigam, Hans-Otto«.[16] Kein Wunder, daß Bräutigam als Leiter des Arbeitsstabes Deutschlandpolitik im Bundeskanzleramt für die Späher in Ost-Berlin von besonderem Interesse war, zählte das MfS ihn doch »zu den einflußreichen deutschlandpolitischen Experten der BRD-Regierung«.[17] Außerdem war er für sie kein Unbekannter. Bräutigam fungierte schon 1974 als stellvertretender Leiter der »Ständigen Vertretung« und gleichzeitig Leiter der Politischen Abteilung in Ost-Berlin.

Bräutigam gehörte zur Delegation des Bundeskanzlers Schmidt für das Treffen mit Erich Honecker am Werbellinsee. Das MfS schätzte seinen operativen Wert verhältnismäßig hoch ein. Bräutigam wurde mit Günter Gaus und dem Innerdeutschen Staatssekretär Dietrich Spangenberg »zum engeren Kreis der sog. deutschlandpolitischen Experten der BRD-Regierung« gerechnet.[18] Im Umgang mit zuständigen DDR-Behörden war Bräutigam nach Einschätzung seiner MfS-Biographen bemüht, »Aufgeschlossenheit gegenüber allen DDR-Problemen zu demonstrieren. Er zeigte sich im persönlichen Umgang als kluger, korrekter, zuvorkommender und kontaktfreudiger Gesprächspartner«. Politisch war

Bräutigam nach Ost-Berliner Meinung leicht zu beurteilen. Er verlasse »nicht einmal gedanklich das Feld der offiziellen Regierungspolitik«.[19]

Ganz anders beurteilte das Mielke-Ministerium den mächtigen CSU-Politiker Gerold Tandler. In einem streng geheimgehaltenen Vermerk vom 26. April 1984 »Zur Person von Gerold Tandler« schrieb das MfS auf, was es von dem einflußreichen Strauß-Vertrauten hielt. »Festgelegt auf die politischen Positionen von Strauß, nutzt er sein ausgeprägtes organisatorisches Talent gezielt für deren Umsetzung.« Als ein ernst zu nehmender Kandidat für die Nachfolge von Strauß als bayerischer Ministerpräsident galt Tandler in den Augen der Kundschafter aus Ost-Berlin.

Operativ bedeutendere Erkenntnisse lieferte Alexander Schalck selbst. In seinem letzten Vermerk für das MfS über ein Gespräch am 19. Oktober 1989 mit seinem langjährigen westdeutschen Verhandlungspartner Neukamm, dem Präsidenten des Diakonischen Werkes, notierte er nicht nur Grüße, die Neukamm von Bundesminister Schäuble überbringen sollte. Auch die sofortige Gesprächsbereitschaft von Schäuble unter Einbeziehung von Bundesminister Seiters hatte der Kirchenmann Schalck mitzuteilen. Und Neukamm, so schrieb Schalck auf, lieferte gleich noch eine Einschätzung von Bundestagspräsidentin Rita Süssmuth, die um Termine in der DDR nachsuchen ließ, mit. Im Zusammenhang mit der Ausreiseproblematik übermittelte Neukamm: »Aller falscher Jubel müsse nun aufhören«.[20]

Anmerkungen

1 Vgl. Karl Wilhelm Fricke »Die DDR-Staatssicherheit«, 1989, S. 154 ff.
2 Aus einem Gespräch der Autoren mit Manfred Seidel.
3 »Vermerk« von Wolfgang Vogel vom 5. September 1989.
4 Laut Vernehmungsprotokoll des Günter Asbeck beim BND.
5 »Information G/6672/13/05/82« des MfS vom 13. Mai 1982.
6 Ebenda.
7 Ebenda.
8 Ebenda.
9 Ebenda.
10 Ebenda.
11 Deckname des vernehmenden BND-Mitarbeiters.
12 Vermerk des BND vom 21. Februar 1990 über eine Befragung von Schalck am 20. Februar 1990.
13 Ebenda.
14 Vermerk des MfS über »Schäuble, Wolfgang (CDU), Dr. jur.«.
15 »Biographie ›Bölling, Klaus‹« des MfS.
16 Vermerk des MfS vom 27. April 1982.
17 Ebenda.
18 Ebenda.
19 Ebenda.
20 Vermerk des Alexander Schalck vom 19. Oktober 1989.

Abkürzungen

AA	=	Auswärtiges Amt
ASTA	=	Allgemeiner Studentenausschuß
BfV	=	Bundesamt für Verfassungsschutz
BKK	=	Arbeitsgruppe »Bereich Kommerzielle Koordinierung« des MfS
BMB	=	Bundesministerium für innerdeutsche Beziehungen
BMJ	=	Bundesministerium der Justiz
BND	=	Bundesnachrichtendienst
BRH	=	Bundesrechnungshof
CIA	=	US-amerikanischer Geheimdienst
DCV	=	Deutscher Caritasverband
DW	=	Diakonisches Werk
EKD	=	Evangelische Kirche in Deutschland
FDJ	=	Freie Deutsche Jugend der DDR
IM	=	Inoffizieller Mitarbeiter des MfS
GM	=	Gesellschaftlicher Mitarbeiter des MfS
HA	=	Hauptabteilung
HVA	=	Hauptabteilung Aufklärung des MfS
KGB	=	Sowjetischer Geheimdienst
KoKo	=	Bereich Kommerzielle Koordinierung
LfV	=	Landesamt für Verfassungsschutz
MdI	=	Ministerium des Innern
MfAA	=	Ministerium für Auswärtige Angelegenheiten
MfS	=	Ministerium für Staatssicherheit
NIS	=	Südafrikanischer Geheimdienst
OiBE	=	Offizier im besonderen Einsatz des MfS
STASI	=	Staatssicherheitsdienst der DDR
VDD	=	Verband der Diözesen Deutschlands
UNO	=	Vereinte Nationen

VE	=	Verrechnungseinheiten
VEB	=	Volkseigener Betrieb
VVS	=	Vertrauliche Verschlußsache
ZK	=	Zentralkomitee der SED
ZKG	=	Zentrale Koordinierungsgruppe des MfS

Dokumente

Prof. Dr. jur. h. c. Wolfgang Vogel

RECHTSANWALT UND NOTAR
ZUGELASSEN AUCH BEI DEN GERICHTEN IN WESTBERLIN

REILER STRASSE 4
FAHRVERBINDUNG: AUTOBUS 43/53
S-BAHN FRIEDRICHSFELDE-OST
SPRECHSTUNDEN:
MONTAG BIS MITTWOCH 14 BIS 18 UHR
TELEFON: 5 25 19 27, 5 25 18 11
TELEX: 113 023 VOBE DD

BEI ANTWORT BITTE UNBEDINGT ANGEBEN

Der „Freikauf"

ist 1964 von beiden Kirchen in der BRD und auch in der DDR vorgeschlagen, organisiert und zwischen beiden Regierungen durch Vermittlung von Rechtsanwälten vereinbart worden. Er hat bis Anfang November 89 funktioniert und betraf
- politische Häftlinge
- Ausreisen
- Botschaftsfälle.

Die Kirchen waren bis zuletzt aktiv beteiligt. Prälat Zinke (katholische Kirche) und Nachfolger sowie Präses Scharf (evangelische Kirche) und Nachfolger waren alle stille Vermittler.

Die jeweiligen Valuta-Gutschriften hat durch das Diakonische Werk in Stuttgart (EKD) der Bereich Kommerzielle Koordinierung in einem mit der Bundesregierung abgestimmten Verrechnungsverfahren erhalten. Die Hochrechnung ergibt ca. 2 Milliarden und läßt sich genauestens verifizieren. Dafür sind jeweils nach Verträgen im innerdeutschen Handel spezifische Warenlieferungen erfolgt, erstmals 1964 Südfrüchte. Eine Verbindung zu Wandlitz etc. ist abwegig.

Zwischen Staatssekretär Dr. Priesnitz, der vom Bundeskanzler für die humanitären Angelegenheiten nach wie vor ein Sondermandat hat, und mir ist eine Pauschalierung vereinbart worden, um von dem Vorwurf der pro Kopf Berechnung wegzukommen.

- 2 -

POSTGIROKONTO: BERLIN 2199-53-264 64 . SPARKASSE BERLIN 6772-36-30 162
BANKVERBINDUNG BERLIN (WEST): DEUTSCHE BANK BERLIN AG. NR. 526-1599, HARDENBERGSTRASSE 27, 1000 BERLIN 12

Seit dem 9.11.1989 ist der Freikauf nicht mehr erforderlich, weil es Freizügigkeit und keine Straf-
urteile aus politischen Gründen mehr gibt.

Barzahlungen hat es zuweilen gegeben. Sie sind durch
Rechtsanwälte vermittelt, unter Zeugen übergeben und
der Bundesregierung (BMB) gemeldet worden.

Verpflichtungsbericht

Am 10.11.1953 wurde V o g e l , Wolfgang beschäftigt als Oberreferen
im Ministerium der Justiz in das Zimmer 120 bestellt.

Mit V o g e l wurde eine formale Unterhaltung geführt betreffs sei
ner Arbeit.

> V o g e l , Wolfgang
> geb. 30.10.1925 in Wilhelmsthal
> Beruf: Jurist
> z.Zt. beschäftigt als Oberreferent in der Abtlg.Gesetzge
> bung im Ministerium der Justiz
> wohnhaft: Neuenhagen bei Berlin, Kastanienstr. 38
> Parteilos
> Familienstand: verheiratet

V o g e l wurde am 9.11.53 von den geflüchteten Abteilungsleiter
R e i n a r t z aus Westberlin angeschrieben. V o g e l meldete d
Genossin B e n j a m i n den Empfang des Briefes von R e i n a r t
und gab diesen bei der Genossin B e n j a m i n ab.

Während der Unterhaltung mit V o g e l kamen wir auf den Brief zu
sprechen. V o g e l brachte zum Ausdruck, daß er sehr erstaunt war
als ihm seine Ehefrau am 9.11.53, als er vom Dienst nach Hause kam,
den Brief von R e i n a r t z übergab. Seine Frau, so brachte er
zum Ausdruck, sagte ihm, daß er diesen Brief im Ministerium abgeben
müsse und daß er unter keinen Umständen nach Westberlin gehen darf.
V o g e l brachte zum Ausdruck, daß er es nicht verstehen kann, da
R e i n a r t z gerade an ihn schreibt, denn er stand nicht gut
mit R e i n a r t z . Ich sagte ihm, daß er damit rechnen könne, noc
einmal von R e i n a r t z angeschrieben zu werden. Daraufhin brac
V o g e l zum Ausdruck "Und wenn er mich noch 10 mal anschreibt,
würde ich nicht nach Westberlin gehen". Ich machte ihn darauf aufmer
sam, wenn er weitere Briefe von R e i n a r t z erhält, so soll er
uns diese sofort übergeben, was V o g e l ohne weiteres einwilligte
V o g e l bemerkte, daß er es sich nicht anders vorstellen könne,
wie, daß R e i n a r t z , um dort drüben als politischer Flüchtling
anerkannt zu werden, jetzt versucht sich Personen zu schaffen, die
ihm Unterlagen vom Justizministerium überbringen sollen, um damit
zu beweisen, daß er als politischer Flüchtling anerkannt wird.
V o g e l sagte, daß er sich dafür nie hergeben werde, weil er sich
selbst, seiner Familie und dem ganzen friedliebenden werktätigen Men
schen schädigen würde. Ich sagte ihm, so wie er von R e i n a r t z
angeschrieben wurde, ist anzunehmen, daß noch andere Personen im
Justizministerium von R e i n a r t z angeschrieben werden.

es ist notwendig, daß in Erfahrung gebracht wird wer diese Personen
sind. Ich fragte ihn, ob er bereit wäre den Sicherheitsorganen dabei
zu helfen. Dies willigte V o g e l ohne Bedenken ein und sagte,
daß auch er ein Interesse daran hat, daß alle Elemente, dich sich
den feindlichen Agenturen zur Verfügung stellen und damit unsere
Regierung und das werktätige Volks schäden, der gerechten Strafe
überführt werden. Ich sagte ihm, daß wir uns für alle Dinge inter-
essierendie unserer Regierung und der Partei von Schaden sind.
V o g e l brachte zum Ausdruck, daß er es als deutscher Mensch
als seine Pflicht ansieht, alle diese Elemente zu melden. ~~V o g e~~
~~wurde die Verpflichtung diktiert, die er ruhig und überzeugend sch~~
Er wählte sich den Decknamen " E v a " und verpflichtete sich
alle seine Berichte mit diesem Namen zu unterschreiben. V o g e l
bekam die Telefonnummer 55 53 61 App. 287, die er aber nur in dring
den Fällen benutzen soll.
Der nächste Treff wurde mit V o g e l am 23.11.53 - 16.00 Uhr -
vereinbart.

(R o h d e)
Sachbearbeiter

2.9.54
h.

Regierung der
Deutschen Demokratischen Republik

Staatssekretariat für Staatssicherheit

Verw. / Bezirksverwaltung .... M f S'

Abteilung/Kreisdienststelle .... V | 5 | I

Gesperrte Ablage

Arbeitsvorgang

Nr. .... 4 1 4 8 / 53

Kategorie: .... GM

Deckname: .... „ Georg "

Band: II

MfS

Datum der Anwerbung: ....

Abbruch der Verbindung: ....

Archiv Nr.: 2088/57

Zentral-Archiv

Anzahl der Blätter ....

Dr. jur. h. c. Wolfgang Vogel

RECHTSANWALT UND NOTAR
ZUGELASSEN AUCH BEI DEN GERICHTEN IN WESTBERLIN

1136 BERLIN 7.1.85
REILER STRASSE 4
FAHRVERBINDUNG: AUTOBUS 43/
S-BAHN FRIEDRICHSFELDE-OST
SPRECHSTUNDEN:
MONTAG BIS DONNERSTAG 16 BIS 18 UHR
TELEFON: 5 25 19 27, 5 25 18 11
TELEX: 113 023 VOBE DD

BEI ANTWORT BITTE ANGEBEN:

V e r m e r k   vom 7.1.85

Betr.: Minister Schäuble

Um 12.30 Uhr telefoniert. Gen. Sch. möchte ihn um 13.30 Uhr
anrufen. ▓▓▓▓▓▓▓▓▓▓▓▓▓▓▓▓▓▓▓▓▓▓▓▓▓▓▓▓▓▓▓▓▓▓▓▓
▓▓▓▓▓▓▓▓▓▓▓▓▓▓▓▓▓▓▓▓▓▓▓▓ Falls ein Treffen gewünscht
werde, müßte der Ort zumutbar sein. Mit meinem Büro
wäre er einverstanden. Es sei ihm ja bereits vertraut.
Damit wäre wohl auch sein Chef einverstanden.

Er möchte bei dieser Gelegenheit anregen, daß in etwa
2 Wochen ich mich mit Rehlinger treffen sollte, um mit
ihm über die erforderlichen Haushaltsmittel zu sprechen
sowie über die Handhabung im Bereich Häftlinge und
Familienzusammenführungen für 1985. Auch Austausch sollte
besprochen werden.

Dr. Vogel
Rechtsanwalt

Tel. 17³⁰ (_ _ _ _ _ _ _ _ _ _ _ _ _ _ _ _ _)
_ _ _ _ _ _ _ 19¹⁵ _ _ _ _, also 20³⁰ _ _ _
_ _
_ _ _ _ _ _ _ _ _ _ _ _ _ _ _.

POSTSCHECKKONTO: BERLIN 264 64 · BANKVERBINDUNG: SPARKASSE 173, KONTO 6 772-36-30 162

Berlin, 16. 10. 1989

Vermerk
über ein Gespräch zwischen Gen. Dr. Schalck und dem
Präsidenten des Diakonischen Werkes der Evangelischen
Kirchen in Deutschland (BRD), Karl-Heinz Neukamm,
am 16. Oktober 1989

Das Gespräch fand auf Wunsch von Neukamm in der Dienst-
stelle des Bereiches Kommerzielle Koordinierung in Berlin statt.
Neukamm bedankte sich für die Möglichkeit des Gespräches
und betonte, daß er in der Zusammenarbeit der vergangenen
Jahre Genossen Schalck als zuverlässigen und seriösen
Gesprächspartner schätzen gelernt hat. Er habe die Möglichkeit zu einem Gespräch gesucht, weil er der Auffassung
ist, daß man auch in schwierigen Zeiten, wie sie sich
gegenwärtig zwischen der BRD und der DDR darstellen, den
Kontakt behalten sollte. Seinerseits gibt es 2 Anliegen:

Erstens übermittelte er Grüße des Baden-Württembergischen
Ministerpräsidenten Späth, der sich vergeblich um einen
Kontakt bemüht hat und mochte dessen Gesprächsbereitschaft
signalisieren.

Zweitens möchte er die Frage stellen, was können die
Kirchenvertreter der BRD gegenwärtig tun. Er selbst habe
sich bekanntlich öffentlich geäußert, um dem Medienrummel
eine realistische Position entgegenzusetzen. Diese Äuße-
rungen haben ihm nicht nur Zustimmung eingebracht, aber
es gibt auch seitens der Bundesregierung andere Töne,
die jenen Anerkennung aussprechen, die in der DDR bleiben
und bleiben wollen. Er wies darauf hin, daß realistische
Politiker der BRD, auch Späth, nicht auf "Bahnsteigen
mit offenen Armen für DDR-Bürger" posierten.

Berlin, 15. 12. 1989

[handschriftlich: Gen. Neubert]

Genossen Dr. Beil

[handschriftlich: bitte direkt erledigen]

Abwicklung "B"-Geschäft

Durch Prof. Vogel wurde gestern mitgeteilt, daß
15 Mio DM im "B"-Geschäft bereitstehen.
Auf ausdrücklichen Wunsch der Bundesregierung
soll entgegen der bisherigen Verfahrensweise die
Lieferung von Südfrüchten erfolgen. Die Abwicklung
läuft wie bisher über das Diakonische Werk Stuttgart.

Folgende Maßnahmen sind zur Abwicklung erforderlich:

1. DDR-seitig muß das gewünschte Sortiment sowie
   Lieferzyklus benannt werden.

2. Genosse Dr. K-D. Neubert wird bevollmächtigt,
   die entsprechende Vereinbarung mit dem Diakonischen Werk Stuttgart abzuschließen.

3. Der Import ist über den AHB Fruchtimex abzu-
   wickeln. Die Lieferfirma wird durch die BRD-
   Seite benannt.

Bitte um Bestätigung.

Prof. Gerstenberger

[handschriftliche Notizen: und muß vor Kim. der ... abgestimmt werden (zu spät ab)]

1020 Berlin, den 24.o1.199o
Wallstraße 17–22

Vorsitzender des
Ministerrates der DDR

Dr. Hans Modrow

───────────────────────

Sehr geehrter Herr Dr. Modrow!

Entsprechend dem erteilten Auftrag wurde am 23.o1.199o
eine Vereinbarung im B-Geschäft über   5o Mio DEM
unterzeichnet.
Die Realisierung erfolgt für 2o Mio DEM durch Lieferung von Kleintransportern (neue oder gebrauchte)
der Volkswagen AG, Wolfsburg.
3o Mio DEM werden in der bisherigen Verfahrensweise
über Warenlieferungen abgewickelt.
Die Gutschrift über das Konto o628 wird per 31.o3.199o
erfolgen.

Bitte um Kenntnisnahme.

                    Hochachtungsvoll

                    Prof. Gerstenberger
                    Kommissarischer Leiter

KN 451 850 14

Stuttgart, den 23. Januar 1990

V e r e i n b a r u n g

Als Bestätigung der heute durchgeführten Beratung wird vereinbart:

1. Die Firma Essener Stahl- und Metallhandelsgesellschaft mbH,
   4300 Essen 1, liefert an
   die Intrac Handelsgesellschaft mbH

   ca. 3 750 t Kupfer-Wirebars (Transit) im Werte von 15,0 Mio DM.

   Die Firma Brenntag AG, 4330 Mülheim, liefert an
   die Intrac Handelsgesellschaft mbH

   ca. 57 kt Erdöl (Transit)   im Werte von 15,0 Mio DM.

   Einzelheiten der Warenspezifikation, der Menge, der Lieferfirma und der technischen Abwicklung werden mit dem Außenhandelsbetrieb und mit den Lieferfirmen direkt vereinbart.

   Die Lieferungen für obengenannte Positionen sollen ab sofort
   beginnen und bis zum 15. März 1990 abgeschlossen sein.

2. Die Firma Volkswagenwerk AG, 3180 Wolfsburg, liefert an
   AHB Transportmaschinen, Export-Import, Berlin/DDR,

   VW-Kleintransporter
   (neu oder gebraucht)   im Werte von 20,0 Mio DM.

   Einzelheiten der Menge, der Spezifikation und der Liefer-
   grafik werden zwischen der Volkswagenwerk AG und dem AHB
   Transportmaschinen direkt vereinbart.

   Die Lieferungen sollen nach Möglichkeit sofort beginnen und
   baldigst abgeschlossen werden.

Dr. Neubert   Neukamm   Orth

DEUTSCHER CARITASVERBAND
HAUPTVERTRETUNG BERLIN

Deutscher Caritasverband, Hauptvertretung Berlin · Ahornallee 49 · 1000 Berlin 19

Herrn
Manfred Genth
St. Gallener Str. 19

7900 U l m

AHORNALLEE 49
1000 BERLIN 19 (CHARLOTTENBURG)
TELEFON 030 / 302 40 11

AZ _____ I/U

DATUM 7.10.1988

Sehr geehrter Herr Genth,

aus gegebenen, aber auch dringendem Anlaß muß ich
Sie um folgendes bitten:

Ich brauche für den internen kirchlichen Gebrauch eine
schriftliche Bestätigung von Ihnen, welche Beträge Sie
vom Deutschen Caritasverband, Hauptvertretung Berlin,
bzw. vom Katholischen Kommissariat Berlin als Regulierung
Ihrer Angelegenheit bekommen haben.

Mit freundlichen Grüßen

Heinz D. Thiel
Caritasdirektor

Konten: Postscheckamt Berlin West, Konto-Nr. 7 83=100, Bank für Handel u. Industrie (BLZ 100 800 00), Konto-Nr. 5 710 340 00

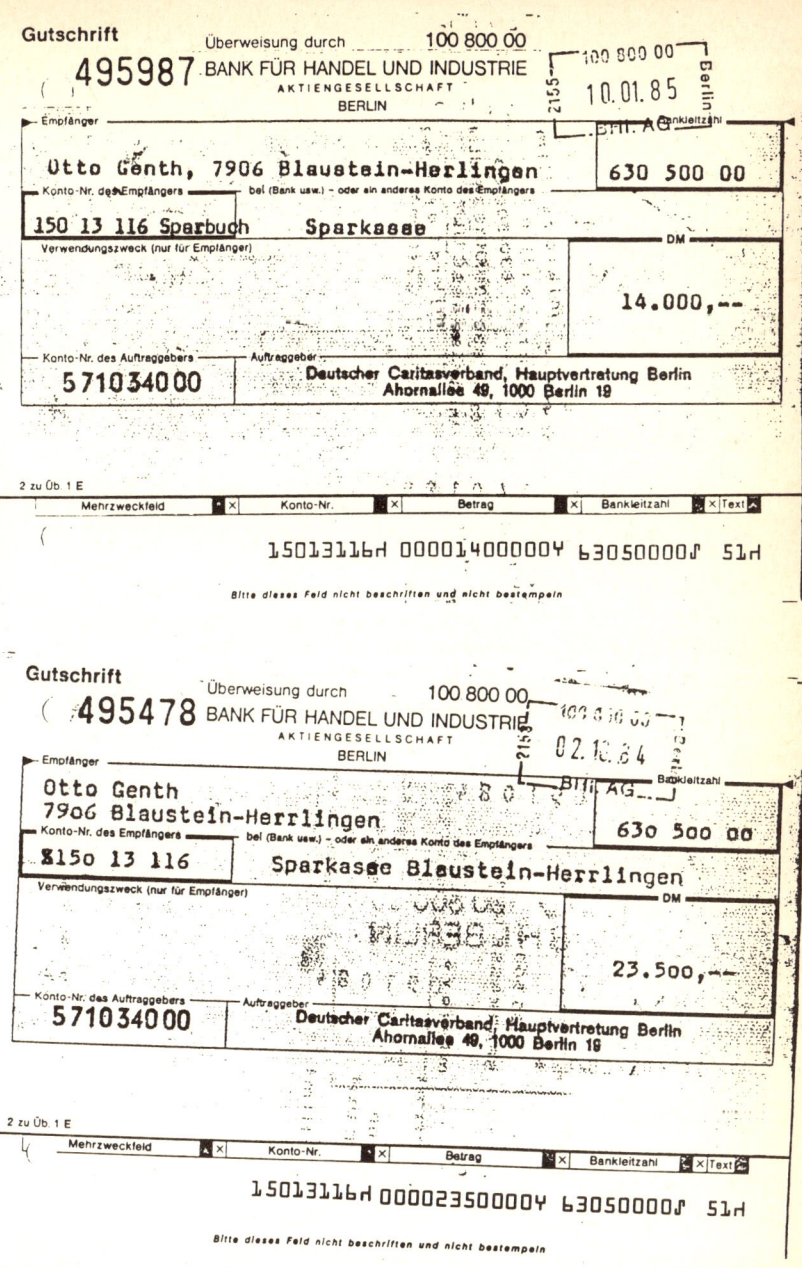

Gutschrift

Überweisung durch   100 800 00

495987 BANK FÜR HANDEL UND INDUSTRIE
AKTIENGESELLSCHAFT
BERLIN

100 800 00
2155   10.01.85   Berlin

BFI. AG

Empfänger

Otto Genth, 7906 Blaustein-Herrlingen

Bankleitzahl
630 500 00

Konto-Nr. des Empfängers ── bei (Bank usw.) – oder ein anderes Konto des Empfängers

150 13 116 Sparbuch   Sparkasse

Verwendungszweck (nur für Empfänger)

DM

14.000,--

Konto-Nr. des Auftraggebers
571034000

Auftraggeber
Deutscher Caritasverband, Hauptvertretung Berlin
Ahornallee 49, 1000 Berlin 19

2 zu Üb. 1 E

| Mehrzweckfeld | × | Konto-Nr. | × | Betrag | × | Bankleitzahl | × | Text |

15013116⑉ 000014000000⑈ 630500000⑆ 51⑉

Bitte dieses Feld nicht beschriften und nicht bestempeln

Gutschrift

Überweisung durch   100 800 00

495478 BANK FÜR HANDEL UND INDUSTRIE
AKTIENGESELLSCHAFT
BERLIN

100 800 00
2155   02.10.84

BFI. AG

Empfänger

Otto Genth
7906 Blaustein-Herrlingen

Bankleitzahl
630 500 00

Konto-Nr. des Empfängers ── bei (Bank usw.) – oder ein anderes Konto des Empfängers

⑈150 13 116   Sparkasse Blaustein-Herrlingen

Verwendungszweck (nur für Empfänger)

DM

23.500,--

Konto-Nr. des Auftraggebers
571034000

Auftraggeber
Deutscher Caritasverband, Hauptvertretung Berlin
Ahornallee 49, 1000 Berlin 19

2 zu Üb. 1 E

| Mehrzweckfeld | × | Konto-Nr. | × | Betrag | × | Bankleitzahl | × | Text |

15013116⑉ 000023500000⑈ 630500000⑆ 51⑉

Bitte dieses Feld nicht beschriften und nicht bestempeln

Gefertigt: 4 Exemplare

.. Ausfertigung

Vernehmungsprotokoll

des Beschuldigten

SEIDEL, Manfred
PKZ: 101128 4 30218
weitere Personalien bekannt

Frage: Unter welchen Bedingungen und
auf der Grundlage welcher gesetzlicher Bestimmungen wurde
das von Ihnen in ihrer Niederschrift vom C5.1C.1.C ......
Konto C52C eingerichtet ?

Antwort: Die Einrichtung des Kontos
0528 bei der Deutschen Handelsbank AG, Behrenstraße 22, Berlin,
1080 kann ich umfassend nur im Zusammenhang mit der Bildung
des Bereiches Kommerzielle Koordinierung (KoKo) im Ministerium
für Außenhandel (MAH) sowie deren Aufgabenstellung erläutern.
Bevor ich zu dieser Erläuterung komme, möchte ich darum bitten,
meine Niederschrift zu diesem Fragenkomplex vom 06.1.1990
zum Gegenstand dieser Vernehmung zu machen.

Am 16. Juni 1966 nahm ich eine Tätigkeit im Ministerium für
Außenhandel auf. Die Abteilung wo ich anfing zu arbeiten,
nannte sich Kontrollabteilung. Der Aufgabenbereich dieser
Abteilung umfaßte eine Kontrolltätigkeit des MAH sowie eine
in dieser Abteilung integrierte Arbeitsgruppe, die sich mit der
kommerziellen Tätigkeit der in der DDR zugelassenen Religionsgemeinschaften (evangelische Kirche und später die katholische
Kirche, die Mormonen, die Christengemeinschaft) befaßte.
Mit der kommerzielle Tätigkeit der Religionsgemeinschaften

meine ich den Bartransfer von seiten der Kirchen in der BRD
zur DDR, der Häftlingsfreikauf durch die BRD-Seite, die
Finanzierung von Kirchenbauten, Bauten für das diakonische Werk
und die Lieferung von Baumaterialien. Desweiteren flossen
aus der BRD Gelder in meinen Bereich für den Kauf von
Medikamenten für kirchliche Krankenhäuser und Pflegeanstalten
(eine Abstimmung mit dem Ministerium für Gesundheitswesen erfol
in jedem Fall) für den Kauf von landwirtschaftlichen Maschinen ,
Baumaterialien und viele andere Dinge. An dieser Stelle möchte
ich einflechten, daß für alle Kirchenbauten Ministerratsbeschlüs
und die entsprechenden Abstimmungen mit den zuständigen staatlic
Organe der DDR vorgelegen haben.
Die vorgenannte kommerzielle Tätigkeit der Kirchen in der DDR
mußte finanziell abgewickelt werden.

Hinsichtlich des sogenannten Häftlingsfreikaufs ist das nicht
so zu verstehen, daß die BRD-Seite für die vorzeitige Entlassung
von Häftlingen in der DDR ~~nicht~~ finanzielle Mittel der DDR
zur Verfügung stellte sondern in jedem Fall Waren, die von
uns gewünscht wurden.   In den ersten Jahren, wenn ich mich rech
erinnere bis ca. 1970 wurden diese Waren der Staatsreserve zugeführt. Auf Beschluß des ehemaligen Ministerratsvorsitzenden
Willy STOPH und des Leiters der Staatsreserve Kurs (WARN? Druck..
die W. STOPH) wurde die INTRAC GmbH beauftragt, diese Waren
in das kapitalistische Ausland zu exportieren, um Valutamittel
für die DDR zu erwirtschaften.
In den Folgejahren veranlaßte ich, daß besagte Waren für den
Häftlingsfreikauf nicht mehr körperlich in die DDR gelangten,
sondern der Intrac zur Verwertung auf dem Internationalen
Markt zur Verfügung ~~gestellt~~ wurden. Praktisch sah daß so aus, daß ich
mit der BRD-Kirche einen Vertrag über eine bestimmte Summe
machte. Die BRD-Kirche ihrerseits veranlaßte die Waren-
lieferanten in der BRD (Vertrauensfirmen) entsprechende Verträge
mit der Intrac abzuschließen. Damit konnte die Intrac eigenständ:
operieren und versuchen, soviel Gewinn zu machen, wie es nur
geht! Zum Warensortiment gehörte in der Vergangenheit z.B. Erdöl,
Kupfer, Silber, Diamanten. Die entsprechenden Abführungen der
Intrac an meinen Bereich erfolgten in den ersten Jahren nur auf
das Konto 0528 und ab März 1974 auf das Konto 0628.

Prof. Dr. jur. h. c. Wolfgang Vogel

RECHTSANWALT UND NOTAR
ZUGELASSEN AUCH BEI DEN GERICHTEN IN WESTBERLIN

1140 BERLIN   8.8.1990
REILER STRASSE 4
FAHRVERBINDUNG: AUTOBUS 43 / 53
S-BAHN FRIEDRICHSFELDE-OST
SPRECHSTUNDEN:
MONTAG BIS MITTWOCH 14 BIS 18 UHR
TELEFON: 5 25 19 27, 5 25 18 11
TELEX: 113 023 VOBE DD

Frau
 Brigitte Klump
Seepromenade 5
D 8124 Seeshaupt

Vo/Kr - ES

Sehr geehrte Frau Klump,

die Gegendarstellung ist erschienen. Ich werde mich auch
fernerhin gegen falsche Behauptungen - von wem auch immer -
wehren.

Bei der Durchsicht meiner archivierten Akten fallen mir immer
wieder Vorgänge auf, die Ihre damalige Tätigkeit betreffen
und daher für Sie von Interesse sein könnten.

E r s t e n s   geht es darum, daß unschuldige Bürger nur
deswegen bestraft worden sind, weil sie direkt oder indirekt
im Zusammenhang mit Ausreise- oder Haftfällen mit Ihnen Kontakt hatten. Ihre altruistische Hilfe ist also kriminalisiert
worden. Das war ein schrecklicher Vorgang.

Z w e i t e n s   finde ich Erkenntnisse und Nachweise, daß
alle unter Ihrer damaligen Obhut befindlichen Schützlinge
durch die Bundesregierung freigekauft worden sind, was für
die jetzt anlaufenden Rehabilitierungs- und Entschädigungs-
verfahren von Bedeutung ist. Ohne Ihre Initiativen wären der
Bundesregierung diese Fälle vielleicht gar nicht bekannt geworden. Meine früheren Gesprächspartner bei der Bundesregierung im Rahmen der humanitären Bemühungen werden gewiß bereit
sein, entsprechende Bestätigungen zu geben.

-2-

POSTGIROKONTO: BERLIN 7199-52-264 64 · SPARKASSE BERLIN 6772-36-30 162
BANKVERBINDUNG BERLIN (WEST): DEUTSCHE BANK BERLIN AG, NR. 526-1599, HARDENBERGSTRASSE 27, 1000 BERLIN 12

Sollten Sie oder auch die Betroffenen an diesen Unterlagen
interessiert sein, wäre ich gern bereit, Ihnen oder den Betroffenen, die wegen meiner Schweigepflicht bei mir anfordern
müßten, Auskunft zu geben.

Bitte mutmaßen Sie nicht wieder Motive, die nicht zutreffen.
Ohnehin muß ich mich mit diesen Problemen beschäftigen, weil
die Betroffenen wegen ihrer Rehabilitierung an mich herantreten.

Ich nehme an, Sie kennen den Entwurf des Gesetzes, so daß
Sie verstehen, was ich meine.

In der Hoffnung, daß Sie es mit der Friedensannahme (Ihr
Schreiben vom 7.5.) ebenso aufrichtig meinen wie ich,
grüße ich Sie freundlich

Prof. Dr. Vogel
Rechtsanwalt

BUNDESMINISTERIUM
FÜR INNERDEUTSCHE BEZIEHUNGEN
- DER STAATSSEKRETÄR -

5300 BONN 1,
POSTFACH 12 02 50
FERNRUF 3 06 - 2 00

27. Febr. 1984

DIENSTGEBÄUDE: GODESBERGER ALLEE 140
BONN-BAD GODESBERG

Frau
Brigitte Klump
Ilmstraße 6

8069 Rohrbach

Sehr geehrte Frau Klump,

Ihre Namensliste vom 18. Januar 1984 habe ich prüfen lassen.

Das Anliegen Jutta und Tom St█████ ist durch Ausreise am
22. Januar 1984 positiv gelöst. In allen anderen Fällen werden die entsprechenden Bemühungen fortgesetzt.

Mit freundlichen Grüßen

Rehlinger

CC

Télégrammes : UNATIONS, GENÈVE
Télex : 28 96 96
Téléphone : 34 60 11   31 02 11

Palais des Nations
CH - 1211 GENÈVE 10

RÉF. N° :
(à rappeler dans la réponse)   G/SO 215/1 GER DR

5 December 1983

Your communication
  dated 16 November 1983

Dear Ms. Klump,

    This is to acknowledge the receipt of your communication,
referred to above, which is being handled in the same manner as
your previous communication.

    A copy of your new communication will be sent to the authorities
of the country concerned and a summary of it will be confidentially
submitted to the Commission on Human Rights and to the Sub-Commission
on Prevention of Discrimination and Protection of Minorities.

. . . . .   I am again enclosing the relevant resolutions governing the
above-mentioned procedure. As you will note from paragraph 8 of
Economic and Social Council resolution 1503 (XLVIII), we are unable to
give you any further information on the handling of your communications.

Yours sincerely,

Jakob Th. Möller
Chief, Communications Unit
Centre for Human Rights

Ms. Brigitte Klump
Ilmstr. 6
D - 8069 Rohrbach
Federal Republic of Germany

Sehr geehrter Petent

das Datum am Briefkopf ist
auch das Datum der Übergabe
an die DDR.
Viel Erfolg wünscht Ihnen,
verbunden mit meinen
Weihnachtsgrüßen,
Ihre

Rohrbach, 9.Dezember 83

DER BUNDESMINISTER
FÜR INNERDEUTSCHE BEZIEHUNGEN

I 1 - 74203 - Klump, Klaus
....
(Bei Antwort bitte Geschäftszeichen angeben)

5300 BONN-BAD GODESBERG, DEN 31.3.1980
GODESBERGER ALLEE 140
FERNRUF: BERLIN
   VERMITTLUNG (030) 21 26 1
   DURCHWAHL (030) 21 26 ·   292

Der Bundesminister für innerdeutsche Beziehungen
Postfach 12 02 50 · 5300 Bonn 1

Frau
Brigitte Klump-Heckmann
Ilmstraße 6

8069 Rohrbach

Sehr geehrte Frau Klump-Heckmann!

Ich habe erfahren, daß Sie für Herrn Klaus Klump eine Publizitätskampagne planen, da nach Ihrer Einschätzung sich in der Übersied-
lungsangelegenheit nichts tun solle.

Unter dem 15.2.1980 hatte ich Ihnen mitgeteilt, daß nunmehr im
Wege der Familienzusammenführung wiederum versucht wird, Ihrem
Neffen zu helfen. Bitte haben Sie Verständnis dafür, daß derartige Sachstandsmeldungen verhältnismäßig kurz ausfallen. Wegen
des hohen Arbeitsanfalles muß sich jeweils auf den Kern der Sache
beschränkt werden. Sie dürfen davon ausgehen, daß im Vordergrund
meiner Arbeit die Bemühungen um den einzelnen Menschen drüben
stehen.

Vor der beabsichtigten Publizitätskampagne muß ich ganz eindringlich warnen. Ich muß darauf hinweisen, daß jede öffentliche Behandlung von Einzelfällen die Chance für eine positive Regelung
praktisch zerstört.

Mit freundlichen Grüßen
Im Auftrag

Breithaupt

Aus den zusätzlichen Zuwendungen im Jahre 1979 in Höhe von insgesamt 2,1 Millionen DM zahlte die Hauptvertretung Berlin des DCV auf Abruf durch den Zeugen Stange, dem jeweils eine entsprechende Anweisung des Angeklagten Hirt vorangegangen war, an den Zeugen Stange selbst, seine Ehefrau oder an seinen Bürovorsteher Taubert im Jahre 1979 insgesamt 1,9 Millionen DM gegen Quittung bar aus, und zwar in folgenden Teilbeträgen:

Am 21. oder 27.03.1979

an den Zeugen Taubert 60.000,-- DM,

am 06.04.1979

an den Zeugen Taubert 100.000,-- DM,

am 27.04.1979

an den Zeugen Taubert 400.000,-- DM,

am 08.06.1979

an den Zeugen Taubert 10.000,-- DM,

am 22.06.1979

an Frau Antonie Stange 130.000,-- DM,

am 09.07.1979

an den Zeugen Stange 400.000,-- DM,

am 17.10.1979

an Frau Antonie Stange 700.000,-- DM und

am 06.11.1979

an den Zeugen Stange 100.000,-- DM.

Im Jahre 1980 erfolgten folgende zusätzliche Bewilligungen an den DCV, die von der Zeugin Schubert nach Absprache mit dem Zeugen Thiel auf das Konto F 27 gebucht wurden:

am 19.02.1980 in Höhe von 750.000,-- DM,

am 20.02.1980 in Höhe von 80.000,-- DM,

am 09.04.1980 in Höhe von 700.000,-- DM,

Danksagung

Unser Dank für Gespräche, vielfältigen Rat, ideelle oder organisatorische Anregung sowie die Überlassung von Materialien und Leihgaben, durch die unser Vorhaben gefördert wurde, gilt vielen. Dazu gehören vor allem Christian Seeger, Lektor des Ullstein Verlages, und unser Kollege Lorenz Maroldt.

Einige Gesprächspartner möchten wir an dieser Stelle besonders hervorheben:

Rainer Breithaupt, Günter Buch, Otto Dinse, Ludwig Geißel, Edgar Hirt, Günter Hoppe, Margit Jaeger, Brigitte Klump, Gerhard Niebling, Klaus Plewa, Walter Priesnitz, Ludwig A. Rehlinger, Hermann Schmid, Manfred Seidel, Jürgen Stange, Carl-Gustaf Svingel, Heinz-Dietrich Thiel, Wolfgang Vogel, Jutta von Willich und Roland Worgitzki.

Die Autoren

Wolfgang Brinkschulte, geboren 1957 in Dortmund, Studium der Politischen Wissenschaften in Berlin, freier Journalist. Büroleiter und Sprecher des Vorsitzenden einer Landtagsfraktion sowie Pressesprecher des Berliner Senators für Finanzen. Seit 1990 freier Journalist in Berlin. Seit 1987 Lehrbeauftragter zu Fragen von Öffentlichkeitsarbeit und Journalismus an der Freien Universität Berlin.

Hans Jörgen Gerlach, geboren 1950 in Altshausen. Nach kunstgeschichtlichen und theaterwissenschaftlichen Studien Absolvent eines Pädagogikstudiums in Berlin. Von 1984 bis zum Ende der besonderen »humanitären Bemühungen« im Auftrag der Bundesregierung für sämtliche Eheschließungen im Rahmen der deutsch-deutschen Übersiedlungen in einer Berliner Anwaltskanzlei verantwortlich. Derzeit im Bereich von Begegnungen zwischen Polen, der GUS und Deutschland tätig.

Thomas Heise, geboren 1959 in Berlin, studierte ab 1987 Pädagogik, Psychologie und Politikwissenschaften an der Humboldt-Universität in Ost-Berlin. Arbeitet als freier Journalist in Berlin.

Namensregister